医 源 大 家

（增订版）

主　编　闵建颖
副主编　张晓晶　黄　荣

上海交通大学出版社

内容提要

本书介绍了上海交通大学医学院(原上海第二医科大学)的15位两院院士。书中记录了他们从普通的医学生成长为名医大家的医学故事。在他们身上有着共同的特征:精于研究,勤于创新;热爱学生,诲人不倦;医德为先,以身垂范。他们既是医学研究领域的学术前辈,又是医学教育领域的模范典型。他们的人格魅力、工作业绩、社会声誉无不体现出医学文化的脉动、灿烂与传承。从莘莘学子到名师大家,上海交通大学医学院"博极医源,精勤不倦"的精神和传统遂得以传承和发扬光大。

图书在版编目(CIP)数据

医源大家/闵建颖主编.—2版.上海:上海交通大学
出版社,2017
ISBN 978-7-313-08846-8

Ⅰ.①医… Ⅱ.①闵… Ⅲ.①医学-院士-生平事迹
-中国-现代 Ⅳ.①K826.2

中国版本图书馆 CIP 数据核字(2012)第 173891 号

医源大家(增订版)

主　　编:闵建颖
出版发行:上海交通大学出版社　　地　址:上海市番禺路 951 号
邮政编码:200030　　　　　　　　　电　话:021-64071208
出 版 人:郑益慧
印　　制:上海春秋印刷厂　　　　　经　销:全国新华书店
开　　本:850 mm×1168 mm　1/32　印　张:10
字　　数:198 千字
版　　次:2012 年 9 月第 1 版　　　　印　次:2017 年 5 月第 2 次印刷
　　　　　2017 年 5 月第 2 版
书　　号:ISBN 978-7-313-08846-8/K
定　　价:40.00 元

顾　　问　孙大麟　陈国强　夏小和

主　　编　闵建颖

副 主 编　张晓晶　黄　荣

统稿编纂　武剑华　杨　静　雷　禹

序

自文艺复兴以来，科学主义登上人类社会的前台，推动了医学发展，但是，医学也从此陷入依赖实验技术、忽视人文精神的困惑。然而，医学毕竟是"人学"，它起源于对人的关怀，所以医学是科学的，也是人文的。医学只有更好地与人文社会科学携手，才能更好地发挥作用并寻求自身发展。从这个意义上讲，《医源》系列文化丛书对名医大家医学人生的记录、挖掘和整理，为医学文化的传承做了一件实事。

因为工作经历的缘故，我曾有幸与本书中的绝大部分医学大家共事，他们中有不少还是我的老师，在积极探索医学未知领域的道路上，我与他们结下了深厚情谊。他们伟大的人格和求真务实的科学精神，也时刻激励着我积极投身于上海创新驱动、转型发展的建设中。

向医学大家学习，就要学习他们为人、治学的品格。王振义院士的为人、治学堪称楷模。我在担任上海第二医科大学校长、上海交通大学常务副校长和医学院院长期间，曾多次登门向王院士请教,他大医精诚、无私奉献的崇高人格,以及淡泊名利、甘为人梯的伟大胸怀给我留下极其深刻的印象。王院士曾说过:"一个医生,应该把病人的需要放在首位,最大的动力就是如何为病人服务。"在这一信念的驱动下,他无私无畏,勇担风险,在国际上首创使用全反式维甲酸,攻克了急性早幼粒细胞白血病的治疗难题,毫无保留地将新疗法推广给国内外同行,抢救更多病患,而个人所获科研奖励则捐献给学校和医院,支持医学科研发展;在这一信念的驱动下,他以七旬高龄开始学习电脑技术,积极掌握新理论、学习新知识,及时了解世界医学进展前沿的动态;在这一信念的驱动下,他至今仍坚持每星期进行教学查房,亲临一线,继续为血液学科培育一批又一批人才。他用自己的一言一行,为我们树立了为人为医的典范。

由于我个人与上海第二医科大学和上海交通大学医学院的渊源,本书中记载的许多故事我都历历在目,终生难忘。我相信这些故事折射出的精神能够成为医学工作者和医学生们学习和工作的动力。

沈晓眼

2012 年 5 月

目　录

在攀登科学巅峰的路上

——记中国科学院院士陈竺

　　陈竺(1953—　)，1981 年获上海第二医科大学硕士学位，1989 年获法国巴黎第七大学博士学位。现任全国人大常委会副委员长、中国红十字会会长、农工党中央主席、上海交通大学系统生物医学研究中心主任、上海血液学研究所名誉所长。第十届、第十一届全国政协委员，陈竺以突出的贡献，于 1995 年当选中国科学院院士，2003 年当选美国科学院外籍院士，2005 年当选法国科学院外籍院士，2007 年当选美

陈竺院士

国医学科学院外籍院士，2013 年当选英国皇家学会外籍会员，曾获得 1993 年国家自然科学三等奖、1995 年国家科技进步二等奖、1996 年度何梁何利基金科学与技术进步奖、1997 年法国全国抗癌联盟卢瓦兹奖、1998 年度"求是"基金青年科学家奖、1999 年长江学者成就奖一等奖、国家自然科学二等奖(2001 年和 2004 年)，卫生部、国家教委和上海市科技进步一等奖等多个奖项。2002 年获得法国政府颁发的"法兰西共和国总统骑士荣誉勋章"，2011 年被法国政府授予"法国荣誉军团军官勋位"。2012 年获得第七届圣捷尔吉癌症研究创新成就奖。被伦敦帝国理工学院、卡罗林斯卡研究所等多个国际知名大学授予荣誉博士学位。

名门之后　乡村磨砺勤自学

　　镇江是中国江苏省的一座历史文化名城。1953 年 8 月 17 日,陈竺就诞生在这个以"香醋"闻名中外的城市。父母毕业于震旦大学医学专业,是我国著名的内分泌专家陈家伦先生和许曼音女士。陈家育有 3 个儿女,陈竺是长子。陈竺的童年是在父母充满医学词汇的语言环境中度过的。陈家伦夫妇工作十分忙碌,只好请了一个保姆来帮忙照顾陈竺的弟妹,陈竺则基本上是由他的爷爷一手带大的,陈竺非常幸运,爷爷既宠爱他,又能够满足陈竺幼年的好奇心和求知欲。有学识的父母,开明的教育方法,加上慈爱爷爷的悉心教育,陈竺在这样良好的家庭氛围中快乐地成长着。

　　然而 1966 年,一场"红色风暴"转瞬就改变了他们这一代人的命运。"文化大革命"的旋风刮进了陈家,陈家伦因 1957 年"反右"中被划为右派分子,一向开朗上进的陈竺内心受到了很大的压抑,许曼音体察到了儿子的心理变化,她对孩子说:"要相信共产党是对人负责的。"母亲耐心及时地调整着陈竺的心态。1967 年到 1970 年春,陈竺在上海市红星中学读初中,虽然当时的教学秩序十分混乱,他还是在几位非常敬业的老师指导下,对科学知识产生了极大兴趣。平静的校园生活被席卷而至的上山下乡浪潮打破了,1970 年 4 月,只有 16 岁的陈竺随着上山下乡的大军,辗转来到了江西省赣南地区信丰县小江公社山香大队的老圳头生产队,开始了他为期 4 年的知青生活。

　　陈竺当时还不能完全理解现实的风起云涌,在不安中夹杂着一丝对即将来临的战天斗地的兴奋。然而现实是残酷的,当时的江西赣南地区极其贫困,吃不饱、穿不暖,从事的农业生产主要是种水田。艰苦的劳动,营养的匮乏,曾令陈竺昏倒在山间小路。农村的贫穷、辛劳,每日单调、枯燥的田间劳作,击碎了这些热血知青的雄心大志,爱思考的陈竺困惑了。他想不明白,这样能建设出中国未来的共产主义美景吗? 农村的贫穷落后的现状,让少年的心久久不能平静。陈竺开始从书本里寻找属于自己的另一个世界,他翻出父母带给他的中学数理化课本和医学专业的大专书籍。每天晚饭后开始了自学。陈竺这个年龄的中学生的学业因"文化大革命"而荒废了,插队生活更使没有多少知识储备的青少年远离了知识和文明。要想在那样的环境中坚持学习,需要一种勇往直前的精神力量。

　　江西赣南的知青和老乡,有些人也许已不记得陈竺了,但他们还记得那件让山村民众惊诧的往事。当陈竺订的1元钱1本的英文版《中国建设》千里迢迢来到这个偏僻的山村时,轰动一时。是啊,1元钱买1本书,在饭都吃不饱的当时,太奢侈了! 这本从每月仅7元的生活费里节约出来的学习资料,对渴望学习的陈竺如雪中送炭。在那些艰难的日子里,父母和初中时的几位老师,都对陈竺的学习给予了莫大的支持和鼓励。

　　山村的老乡虽然不能在陈竺的学习上给予什么帮助,但他们对这些城里娃生活上的关爱,让陈竺无法忘怀。农村劳动是高强度的,插秧、割稻、挑粮……稚嫩的城里娃常常因体力的透支而病倒。闻讯赶来的农民送来了他们自制的蜜糖水,他们以最简单、最朴素的方式关心着这些远离父母的孩子。这些真情实意给远离父母的陈竺带来了精神上的慰藉。

感情丰富的陈竺在取得了众多的科学成就,站在长江学者的颁奖台上时,曾满怀深情地怀念起远在江西的父老乡亲。他说:"此刻我的思绪也飞向了曾经下放务农的数千里之外的江西农村,那里的父老乡亲和全国的父老乡亲们一样,在国家和我们这代人最困难期间的养育之恩,让我永志难忘。"

虽然因为出身不好一再失去求学的机会,但他的好学、认真和负责赢得了老乡和知青的信任。1974年,他走上了从医的第一个岗位——赤脚医生。

因缘际会　医学殿堂遇恩师

医学对于陈竺来说并不陌生。从事医学职业的父母的熏陶,使他从小就体会到治病救人的伟大。陈竺的医学知识虽然来自自学,但作为赤脚医生能把一些理论应用于实践,很是让他兴奋。接触的病人越多,越激起陈竺对医学知识的渴望。每次探亲回家,都成了他补充提高的最好时机。他利用探亲学习了针灸等医护技能,向父母咨询请教疑难病症。得天独厚的优势让陈竺受益匪浅,然而大学仍是他心中一个放不下的梦。

1975年,表现突出的陈竺被推荐到上饶地区卫生学校读书。这所学校虽只是中专学校,但他十分珍惜这个来之不易的学习机会。1977 年陈竺毕业后留在了江西卫校任教，他踏踏实实地履行着教师的职责，工作之余，向着更深的医学领域钻研，他的知识储备、他的心和梦想，都已飞越了这狭小的天地。

1978 年，陈竺被推荐到上海第二医科大学瑞金医院血液研究所进修，结识了我国著名的血液学专家王振义教授，开始了他人生的重大转折。也正是从那时起，他和白血病结下了不解之缘。

20 世纪 80 年代，日本著名影星山口百惠主演的电视连续剧《血疑》曾轰动全国，主人公幸子因一次意外患上了白血病，山口百惠把幸子曲折、痛苦的命运演绎得淋漓尽致，征服了亿万中国观众的心。也许就是从那时起，医学科普知识很少的许多中国人，认识到了白血病的狰狞和恐怖。"征服血癌，让白血病人获得生机。"这也是中国医学科学者的梦想。刚刚走进高等学府的陈竺当时并没有想到，这个令世界医学科学家久攻不下的难题，后来在他和中国医学工作者的共同努力下，取得了突破性的成果，最终使治愈急性早幼粒细胞白血病的梦想成为现实。

在瑞金医院进修的陈竺对血液病产生了浓厚的兴趣。这里的血液科病房有来自全国各地的白血病人，他仔细研究他们反复不规则的发热，耐心观察他们毫无血色的面颊和皮肤上大小不等的紫红色瘀斑，然而医院里的治疗似乎无法阻止他们走向死神的脚步。看着病人一天比一天虚弱，一天比一天绝望和无助，身为医生的陈竺却无能为力，白血病患者和其家人的痛苦折磨着这个年轻医生善良敏感的心。就在陈竺忙碌于病床前仔细地观察、思索每个病案时。王振义教授注意到了这个年轻人。在师生接触交流过程中,王振义发现,陈竺除了勤奋、严谨、认真之外,更难能可贵的是他有着极强的独立思考能力,善于从复杂事物中抓住本质,有着非常好的科研潜质,是难得的科研人才。陈竺的执著朴实,强烈的求知欲和上进心,一点一滴赢得了王振义教授的认可。"这是一个可造就之材。"王振义教授下了这样的结论。

王振义院士1948年毕业于上海震旦大学医学院,是一位有着良好医德、医术上精益求精的学者。在繁忙的临床治疗工作中,他目睹发病率较高的白血病,特别是急性早幼粒细胞白血病患者,虽进行了难以忍受的化疗,但仍无法摆脱死亡的厄运,一个个离开人世。他在临床中反复思考,一直在探索着治疗白血病的新思路:能不能不通过传统的化疗方法"消灭"白血病细胞,而以诱导分化的方法使之转变为正常细胞呢?他对学生不止一次地说:"我是一名内科血液病医生,我注重和关心的是我的白血病病人,我深信白血病能够通过诱导分化的疗法来治疗。"

1978年10月,高校恢复研究生招生考试,爱才心切的王振义鼓励陈竺报考研究生。陈竺也相当渴望这样的深造,可自己并没有读过大学,能行吗?望着王教授那双信任期待的眼睛,陈竺心中瞬间就坚定了战胜困难的决心。父母知道了陈竺的想法后更是全力支持他报名。因为他们了解儿子的潜力,也了解儿子的远大志向——他需要更大的发展空间。他们希望这个唯一继承了父母职业的儿子能在医学事业上有所造诣。

陈竺与著名血液学家王振义讨论工作

　　考试成绩公布了,在 600 名考生中,陈竺总成绩名列第二,专业考试名列第一。总成绩第一的那位考生报考的也是王振义,这个大陈竺两岁的女孩陈赛娟后来和陈竺喜结伉俪。陈竺如愿以偿,在导师王振义的引导下,开始叩击治疗白血病的神秘之门。

　　刚刚开始的学习阶段,让陈竺感到与同学们在基础知识结构方面差距很大,但在农村磨炼出的自强进取的性格和不畏艰辛的精神,加上老师们悉心的指导,使得他很快跟上了学业。他的硕士论文刊登在英文版的《中华医学》杂志上,其中一篇关于白血病咨询方面的论文,引起国外学者的兴趣,他应邀到国外作学术报告,引起了世界著名血液学专家的关注,还被国际血友病联盟接纳为当时唯一的中国会员。

　　20 世纪 80 年代,改革开放的春风吹遍神州大地,抱着科技强国之志,大批有识之士踏上了海外求学之路。王振义教授深切地感觉到国内与国际血液学方面的差距,认识到必须吸收借鉴国外先进的科学经验,才能快速提高我国的医学科学水平。陈竺在导师王振义的推荐下,于1984年被学校选送为新中国成立后我国首批赴法国担任外籍住院医生的候选人,前往法国巴黎的圣·路易医院血液病研究所进修。

远赴巴黎　异国深造成大器

法国首都巴黎是座美丽的城市,它的绚丽多彩与千姿百态深深吸引着世界各地的人们。一到巴黎,陈竺就实实在在地感受到了差距,从塞纳河畔秀丽的风光到凝聚着文化精粹的巴黎圣母院,从优雅奢华的香榭丽舍大街到弥漫在空气中的自由浪漫气息,都与当时的中国形成巨大的反差,这种反差也会导致人心理上的不适。事实上,出国留学人员普遍都承受着不小的精神压力。语言沟通障碍,文化背景差异,生活习惯的不同,远处异国他乡的孤独,巨大的学习压力,使许多人退缩了。但陈竺却是一个越有压力越向前的人,面对差距,他更多的是反思。陈竺在参观久负盛名的卢浮宫时,感触万千,凝视展厅中陈列的一件件被掠夺至此的中国文物,他感到耻辱和悲哀。"科技强国,自己现在要做的就是在专业学科领域赶上并领先世界水平。"在那一刻,陈竺比任何时候都更加懂得了"祖国"两个字的分量。

异国他乡的学习困难可想而知。经过努力,逐渐在语言习惯和学习环境上适应了异域生活的陈竺,于1985年获得了法国圣·路易医院住院医生的职位,之后他开始了分子生物学博士学位的攻读。19 名同学中,只有陈竺这个黑眼睛、黄皮肤的中国人来自非法语区域,就连导师也为陈竺捏了一把汗。陈竺却暗暗下了决心,一定要让这些怀疑中国人能力的"蓝眼睛"刮目相看。一年后,在 DEA 考试的考场上,陈竺以《白血病 T 细胞受体基因研究》的论文参加答辩,他出色的外文表达能力、高质量的论文,使法国一流的癌症专家从惊愕到赞叹:"这已经可以作为博士毕业的论文了。"陈竺的 DEA 考试获得了全班第一名的好成绩,让导师喜出望外,如此出色的学生将来一定前途远大,他还将此事通过法国全国广播电台宣扬。从此,陈竺的学习和科研进入了攻坚阶段,他选攻的依然是利用分子生物学技术探索白血病的相关研究,远涉重洋的他和白血病展开了一次又一次智慧的交锋。

1986 年,妻子陈赛娟离别幼子,也抱着留学深造的志向来到陈竺身边。陈竺的学业虽收获颇丰,日常生活却令陈赛娟十分担心。房间里到处散乱地堆放着陈竺的精神食粮——书籍和资料,作为生活粮食的面包和蔬菜却不见踪影,似不食人间烟火。这一切,陈赛娟并不意外,陈竺需要她生活上的照顾,这或许也是她来法国攻读学位的另一个原因。妻子的到来,使陈竺不仅少了生活中的诸多麻烦,而且有了事业上的同行者,增加了许多学术上智慧火花的碰撞。

陈赛娟在法国巴黎第七大学圣·路易医院师从洛朗·贝尔杰教授攻读血液细胞遗传学博士学位,由于课题设计上的问题,陈赛娟的工作进展得并不顺利。陈竺和陈赛娟一起对课题进行了仔细的分析和推敲,在导师不同意另作他题的情况下,决定冒险悄悄地另辟蹊径。陈赛娟一边在导师的实验室里继续原来的研究课题,一边利用晚上的时间来到陈竺的实验室开始新的课题研究。三个月的夜以继日,他们欣喜地找到了"费城染色体阳性的急性白血病"的一种新的分子畸变。陈赛娟的导师得知这一结果也十分高兴,同意她改变研究方向。可是不久,一位美国学者来到陈赛娟所在的实验室,导师竟让陈赛娟把已有了眉目的课题交给这位自视不凡的美国人来做。陈赛娟将课题移交给美国人后,并没有就此罢手,而是在陈竺的实验室开始了第二次"地下"工作。半年后,美国学者一无所获,陈赛娟却已写出两篇论文。学术上的不断进步,使得导师对陈竺、陈赛娟夫妻两人刮目相看,也使他们获得了在科学研究上的更大自由度。

然而科学的道路总是充满艰险的。1987年的圣诞节,陈竺夫妇像平常一样来到实验室,却突然发现那台装有多种试验材料和试剂的超低温冰箱停止了运行。陈竺、陈赛娟手忙脚乱地转移冰箱里的试剂,这可是他们的宝贝。沮丧、烦躁之时,他俩想起圣诞之夜还要赴一个约会——一位热情的法国老技术员邀请他们俩到他家里过圣诞节。在那里,他们不但品尝到了法国普通人家的圣诞晚餐,而且听到了一个关于圣·路易医院血液病研究所的领头人让·道塞教授的动人故事。

道塞教授1916年出生于法国的图卢兹,父亲是一名出色的医生,他希望儿子能继承父业。有一次父亲让在中学读书的道塞观摩手术,道塞竟被这血淋淋的场面吓得晕了过去。不过,后来道塞在父亲的一位助手影响下,渐渐对医学产生了兴趣，从此走上了从医之路。第二次世界大战时，巴黎被占领，曾经晕血的道塞毅然参加了秘密抵抗组织，成为戴高乐自由法兰西的一名上尉军医。二战后，脱下军装的道塞来到圣·路易医院，在当时非常简陋的实验室里开始了医学研究工作，历经无数次的失败，坚忍不拔的道塞历尽坎坷，最终由于研究人类血细胞抗原在输血和器官移植中的作用这一重大成果荣获了诺贝尔生理学或医学奖。

言者无意，听者有心。道塞的科学精神和爱国勇气，让陈竺和陈赛娟忘记了实验室里的不快，在回家的路上，陈竺还向陈赛娟讲起自己与道塞教授的接触。第一次见到道塞教授是陪同中国医学代表团访问时，道塞教授满头银发，虽

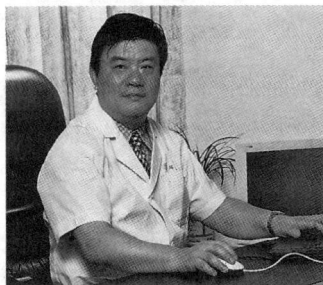

陈竺在工作中

年近古稀，但思维敏捷，又平易近人，给陈竺留下了深刻的印象。后来陈竺转入他创办的免疫遗传学实验室从事 T 细胞受体基因的工作，曾有两次机会向他汇报工作情况，道塞教授不但认真记录下汇报内容，有时还说："请讲慢一点。这个问题我不太熟悉，你能否给我重复一遍。"他谦逊而充满智慧的人格令陈竺敬佩不已。道塞的为人处世和爱国情怀，更激起他们对祖国的思念，也增加了他们克服困难、继续前进的信心。

陈竺有关 T 细胞受体 γ 链基因结构鉴定及其在人类淋巴系统恶性细胞中的重排和表达规律的研究工作进展顺利，其中有两篇文章与道塞共同署名发表于国际著名杂志《实验

医学杂志》(J Exp Med)，为博士论文答辩打下了坚实基础。同时，陈赛娟研究工作中的困难也逐渐被克服，一年之内发表了6篇论文，找到了急性白血病Ph染色体易位中22号染色体断裂点的确切位置，并提出了新的断裂点集中区域的概念，被法国同行誉为"突破性成果"，并被国际同行广泛引证。

1989年1月，经历了无数艰难曲折，陈竺、陈赛娟均以最优评分通过博士论文答辩，获得法国巴黎第七大学科学博士学位。陈竺在毕业论文的封面上工整地写上"献给我的祖国"。陈竺的导师这样评价道："陈竺的整个工作显示了高质量的科学精神，以及在实验过程中非常高度的逻辑性，所有论文均发表于高水平的国际杂志上，而他则是大部分论文的第一作者。"

在法国的5年，不仅使陈竺进入了生命科学的前沿领域，而且结识了法国生物医学界的一批学术泰斗，为他以后在医学尖端领域的探索实践和攀登世界医学高峰之路奠定了坚实的基础。

学成报国　白手起家建基业

"学成归国"，是留学生出国之前听得最多的送别之言。在20世纪80、90年代真正回国的人并不多，陈竺和陈赛娟却早已下定回国发展的决心。

陈竺在法的日子，始终保持着与母校的联系，他陆续得知：1985年，王振义教授用全反式维甲酸药物成功治愈了一位5岁急性早幼粒细胞白血病患者，这是世界上通过诱导分化理论让癌细胞"改邪归正"的第一位成功者；1986 年，王振义和他的几位弟子继续应用维甲酸治疗急性早幼粒细胞白血病，临床缓解接近 90％。陈竺知道多年来人类对白血病束手无策，20 世纪 40 年代化疗的出现，才让白血病人见到一缕曙光。然而化疗的负面影响显而易见，它对人体细胞良莠不辨地"集体枪毙"，给人体造成的损伤很大。70 年代末，国际上提出诱导分化治疗白血病的思路，王振义教授正是顺着这个思路一直不断地进行着临床尝试，如今运用全反式维甲酸药物在临床上获得成功，是肿瘤治疗史上的里程碑，这种会辨认"敌我"的药物能在不伤害正常细胞的前提下，对癌细胞进行"改造"促使细胞分化成熟，开创了恶性肿瘤诱导分化治疗的新方法。该项研究被国外学者称为肿瘤治疗史上的一次中国革命。

　　陈竺为导师辛勤投入的事业取得成功而兴奋不已。他敏锐地意识到虽然全反式维甲酸药物治疗白血病在临床上疗效显著，但是维甲酸是如何导致恶性细胞"改邪归正"的机理，却还没有得到科学的阐述。这项研究必将出现激烈的国际竞争局面，他感到这将是他运用在国外所学的分子生物学知识回报祖国的一个大好机会。"回国创业"，这个一直回响在心底的声音，就在这一刻异常清晰起来。因此，细心的陈竺从 1987 年开始，便一面学习，一面积极收集有关文献资料和试剂，为回国从事维甲酸作用机理的研究准备条件。

　　"之所以回国，不是由于我爱法国不够，而是我更爱中国。"陈竺用这句话谢绝了法国朋友的热情挽留。1989 年7 月，陈竺和妻子一起踏上了启程回国之路。在归国航班上,陈竺夫妇的心情异常平静,因为他们回国发展的决定是他们深思熟虑的结果。祖国就像磁石,深深地将他们吸引,他们希望把智慧和汗水播撒在生养自己的这块土地上。

巴黎飞往北京的航班需要在阿拉伯联合酋长国的城市沙加中途停留。同行的旅客或去机场商店购物,或去欣赏异国风情。陈竺夫妇却没走下飞机,他们小心翼翼地从行李架上取下一个箱子,仔细地检查起来。对于他们而言,这些东西确实比金银财宝更有价值。因为这是法国同事们为支持他们回国开展科研工作,1年前就开始准备的价值约10万法郎的科研试剂。此外,法国导师还特意向法国抗癌基金会争取了一笔10万法郎的资助,用于购买研究设备运往上海装备实验室。

回国后,刚放下行装的陈竺,就开始考虑如何着手实验了。然而当时瑞金医院的科研条件无法承接如此高水平的科学研究,一切只能从头开始。瑞金医院门诊五楼的超声波和心电图室外的过道有一段时间十分拥挤,旁边一间仅10平方米的房间里运来好几套设备。房间内容纳不下,将不宽敞的走道占去了大部分。每天做B超、心电图的人总是排着长长的队,走廊更是拥挤不堪。从这小房间里总会匆匆地走出一位年轻的男子,他把一些标本、试剂、试管小心地护在胸前从病人中穿过。很快人们便知道了,这个人就是从法国留学回来的陈竺博士。

百废待兴的创业初期,陈竺要考虑的事太多了——从法国小心翼翼一路捧回的科研试剂,因寄放的低温冰箱出现故障,几万法郎的试剂全部报废,进一步的实验如何开展?从法国订购的那些实验设备,已催了十几次,为什么还不到?
科研启动还缺少必要的经费,怎么办? 他要做的事太多
了——既要筹划建立血液分子生物学实验室,又要积极争取
科研课题和经费,从拟定科研方案、指挥实验,到搬仪器、烧
制蒸馏水,甚至洗试管、打扫卫生,充满干劲的陈竺在没有人
员的情况下,从导师到卫生员的工作样样都要自己动手。陈
竺虽然觉得很累,却从未后悔、退缩过,从头开始创业的快乐
反而从心底涌出。有自己的执著和梦想,有领导的信任和支
持,插队的艰苦都经历过了,还有什么不能克服的? 想到白
血病患者渴盼生存的眼神,他又获得了无穷的力量。

　　陈竺的毅力,陈竺的耐心,陈竺的苦干,他的实验室里通
宵达旦的灯光就是明证。上海第二医科大学和瑞金医院尽
其所能,在物力、财力、人力上想尽办法支持他,市科委、市教

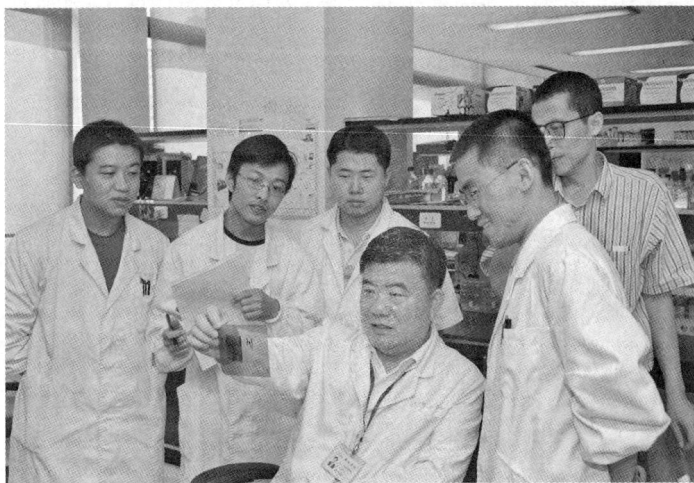

陈竺在实验室

委、国家自然科学基金委、"863"计划的科研经费也开始源源不断地充实进来。陈竺应用分子生物学技术进行急性早幼粒细胞白血病染色体易位 t(15；17)及所形成的致癌基因的研究，就这样艰难地起步了。

一例一例地试验，一项一项地分辨，一点一滴地积累。不久陈竺和他的同事们发现了一种变异型染色体易位 t(11；17)导致的融合基因，并在转基因小鼠身上证明该易位导致的融合基因具有致白血病能力，由此阐明了急性早幼粒细胞白血病的发病原理和维甲酸诱导分化治疗白血病的作用机制。课题组很快建立了检测急性早幼粒细胞白血病微小残余病变的方法，有效地指导了临床治疗。这些发现使我国在该领域内继临床突破之后又实现了基础理论的重大飞跃，使肿瘤分化疗法从纯粹的临床经验发展到科学的理论体系，为白血病患者创出了一条生存之路，也使我国的白血病基础研究跨入世界先进行列。这些工作的论文自 1991 年起在《血液》(Blood)、《欧洲分子生物学组织杂志》(EMBO J)、《临床研究杂志》(JCI)、《美国科学院院刊》(PNAS)等国际学术界最高水平的学术刊物上脱颖而出，受到国内外学者的瞩目，获得了高度评价。美国、法国等同行遇到某些疑难病例，曾专程送到中国请陈竺鉴定；作为全世界化疗最先进的日本，也将患者介绍到瑞金医院进行治疗。

曾经力劝陈竺不要回中国的法国同行惊奇了：没想到陈竺的科研在中国这块"贫瘠"的土地上能够结出如此丰硕的果实。陈竺夫妇则为急性早幼粒细胞白血病患者的治疗闯出新路倍感欣慰，更为自己在危难时刻选择回国、将自己的科研成果献给祖国而感到自豪。

古药新用　治疗肿瘤绽新彩

乘胜追击,借助祖国传统中医的博大精深,陈竺他们为急性早幼粒细胞白血病患者创出了第二条生存之路,创造了医学研究的又一奇迹。

张亭栋是哈尔滨医科大学附属一院的一名教授。"文革"期间,哈医大曾派遣从事中西医结合的张亭栋教授和一支医疗队到农村去寻访古方。张亭栋在寻找民间验方偏方的过程中,发现一种治疗关节炎、皮肤病和其他疾病的秘方,成分是三氧化二砷,俗称砒霜。砷是一种古老的药物,早在2 400多年前,希腊和中国的一些民间医生就开始用砷来治疗包括梅毒和癌症在内的各种疾病。据《本草纲目》记载,根据"以毒攻毒"的中医原理,三氧化二砷和四硫化四砷这两种砷化合物在中国古代一直被看作治疗哮喘、牛皮癣和口腔感染等疾病的良药。砷剂被用于白血病治疗的历史也由来已久。早在19世纪中叶,国外医学文献中就已经有砷剂治疗慢性粒细胞白血病(CML)的记载。Lissauer等应用含砷制剂,著名的Fowler氏液(其有效成分为1%的亚砷酸钾)治疗一例晚期的CML患者,结果取得意外的效果。患者病情好转并且维持了数月之久。在以后的30—40年中,砷剂(Fowler液)一直应用于CML的治疗,在控制CML患者的发热、脾肿大、改善贫血和降低白细胞计数等方面有一定的疗效。然而,在20世纪中期,随着抗生素的发现和化疗在临床上的广泛应用,加上砷化物本身众所周知的毒性,它在医学上的应用逐渐被淘汰。张亭栋尝试着将砒霜由口服改为针剂,检测了其对多种癌症的疗效,并在 70 年代初将中药砒霜通过静脉注入人体,对白血病等肿瘤患者身上应用获得不错的治疗效果。

1994 年,在一次学术会议上,陈竺的妻子陈赛娟与一位哈尔滨同行谈起中医药治疗肿瘤的话题,获得了这条极其重要的信息,思维活跃的陈赛娟马上把这一信息传递给了陈竺。有些人把古方、偏方视为旁门左道,而经过中西医结合研究学术熏陶的陈竺对中医素有好感。他敏锐意识到在理论上用现代科技去阐述这一临床经验,揭示其中的机理将是带给广大白血病患难与共者病人的又一大福音。陈竺着手做的第一件事就是在细胞和分子水平验证砒霜有无作用。实验结果出来了,证明在对正常细胞基本无毒的条件下,砒霜能选择性地诱导肿瘤细胞自杀或发生分化。陈竺兴奋极了,然而又一个实践到理论、理论到实践的难题摆在了他的面前。他查阅大量资料证实,中医治愈癌症的个案相当多,其神奇功效甚至吸引海外华侨和东南亚国家患者纷纷来华求医求药,关于灵芝等中药的抗癌效果已得到普遍的认同,但治疗机理尚没有得到科学、系统的解释。但陈竺大胆预见,中医中药的治疗机理如果能得到科学的阐述,它将在人类久攻不下的治癌斗争中另辟蹊径,建立奇功。

为此,陈竺迅速与张亭栋教授建立了合作关系,从 1996 年开始治疗了一大组被宣判"死刑"的复发的急性早幼粒细胞白血病患者,不仅取得了90%的临床缓解率。在开展临床

王振义、陈竺获圣捷尔吉癌症研究创新成就奖

治疗观察的同时，陈竺的实验室研究也如火如荼地进行着。经过两年的不断摸索反复实验，终于发现砒霜能选择性地诱导 APL 细胞凋亡，即令恶性肿瘤细胞走向自杀之路。《科学》《自然》杂志专题报道了此研究，使用中医"以毒攻毒"的思想在得到科学阐释后终于被主流学术界所接受。由于发现砒霜和全反式维甲酸均能作用于急性早幼粒细胞白血病的特异癌蛋白，陈竺提出了肿瘤"分子靶向"活力的学说。

　　1996 年 12 月 9 日，陈竺被邀请参加了在美国奥兰多举行的国际高水平血液学大会——全美血液学大会。陈竺以《中药砷剂药物治疗白血病的基础和临床研究》为题的主题发言，赢得了全球 3 000 多位专家的赞誉。中医中药的玄妙和深奥，更激起了外国学者对古老中国的神往。站在讲坛上的陈竺深深体会到作为中国人的自豪。

上海方案　攻克顽疾创奇迹

应用全反式维甲酸或三氧化二砷治疗急性早幼粒细胞白血病虽然能够取得较高的缓解率，但病人易复发。为彻底治愈急性早幼粒细胞白血病，陈竺提出了全反式维甲酸与三氧化二砷联合靶向治疗方案。他领导的团队随即开展了临床试验，随访85例接受全反式维甲酸和三氧化二砷联合治疗的急性早幼粒细胞白血病患者，结果证实五年后78例存活（总生存率91.7％），其中76名患者未发生不良事件（无事件生存率89.2％）。80例初治获得完全缓解的患者中76例仍处于良好的临床持续缓解状态（无复发生存率为94.8％）。研究人员尚未观察到治疗相关的远期副作用如心、肺功能异常和第二种肿瘤的发生。治疗结束两年后，患者血、尿中的砷含量仅略高于正常对照，完全处于安全范围。研究证实全反式维甲酸和三氧化二砷联合治疗不仅对不同亚类急性早幼粒白血病均有效，并且优于全反式维甲酸或三氧化二砷单药治疗的效果。此项研究成果表明了该联合治疗方法的高效、低毒性，可推广为急性早幼粒白血病治疗的首选方案。2009年2月上述85例患者的临床研究结果在美国科学院院刊发表，受到美国、新加坡、塞尔维亚等国多家主流媒体的报道。国内新华网对该创新性治疗方法的突出疗效进行了报道。

全反式维甲酸和三氧化二砷联合治疗方案挽救了全世界成千上万的患者生命，被国际同行称为"上海方案"，2014

年被美国国家综合癌症网络认定为治疗急性早幼粒细胞白血病的标准方案。

继往开来　基因科学攀高峰

面对成功与荣誉，陈竺依然是那样谦虚，那样平静。成就只能说明过去，创新攀登，夺取新的胜利，才能更显英雄本色。1990年国际上启动的"人类基因组计划"希望认识并确定与疾病相关的基因，找到防治疾病和健康益寿的真正根源。因此，国外科学家将它视为梦寐以求的"圣餐"。基因科学的神秘莫测和应用前景深深吸引了陈竺，他和国际上许多致力于生命科学研究的科学家达成了要从根本上攻克肿瘤就必须研究人类基因组的共识。

1990年，也就是陈竺与陈赛娟回国的第二年，一位急性

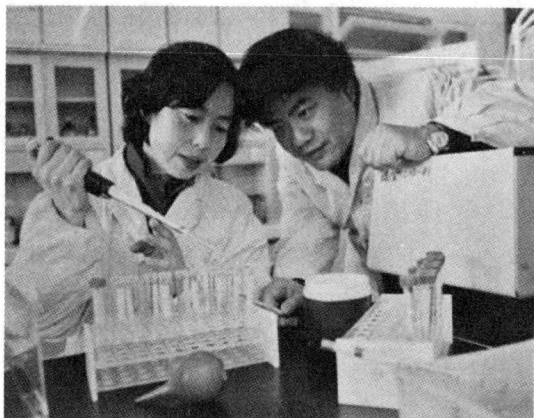

陈竺与陈赛娟在实验室工作

陈竺被法国第五大学授予名誉博士学位(2005年)

早幼粒细胞白血病的患者接受常规治疗后未见好转。在实验室检测时,陈赛娟发现了患者有一种新的染色体易位。陈竺和陈赛娟几天几夜不断变更检测手段,连续反复实验,证明了这一发现。经过一年的深入细致研究,采用新型锚定聚合酶链反应方法、基因文库的探针筛选、顺序分析以及染色体原位杂交等手段,克隆到这个 11 号染色体上的新基因。陈竺、陈赛娟及其合作者将此基因命名为"早幼粒细胞白血病锌指(PLZF)基因"。这项工作经过后来 5 年的探索研究,一步步提示了其相关基因的结构、功能,了解了 PLZF 在分子水平的发病机制,最终阐明其基因的全序列。1999 年 9 月 30 日《美国科学院院报》刊出论文《早幼粒细胞白血病锌指蛋白(PLZF)基因的序列分析、基因组结构分子进化以及异常重排》,这项比较完整的疾病基因结构与功能的综合研究引起世界同行的瞩目。

1992 年 12 月,陈竺凭着自信和胆略,争取到中法基因组领域的合作良机,获得了拷贝法国巴黎分子遗传学研究所人类多态性研究中心世界上独一无二的酵母人工染色体基因库的许可,这使他在回国后短时间内就建成了颇具特色的研究体系,拥有了国内唯一可供实用的酵母人工染色体基因库,并确定了把人类基因组总体水平的研究作为研究内容和目标。

在我国人类基因组还未正式启动的 1993 年,陈竺申请成立了"上海市人类基因组研究重点实验室"。随着研究的不断深入,引进和建立了较完整的基因组研究体系,克隆了一批白血病的相关基因,并在国际一流杂志上发表了一批有影响的论文,在人类疾病相关基因研究方面作出了突出的贡献。

作为我国基因组科学研究的先行者,陈竺敏锐的洞察力、科技兴国的忧患意识和埋头苦干的精神,在他独自一人承担拷贝酵母人工染色体基因库的工作中可见一斑。拷贝法国巴黎分子遗传学研究所人类多态性研究中心酵母人工染色体基因库基因——YAC 文库的工作量超出了陈竺的想象,总克隆数为 100 000 个的文库,既不能弄错一个克隆,也不能漏掉一个克隆。从准备培养基、浇制培养微孔板,陈竺都必须一丝不苟。尽管某些步骤有仪器操作,但也必须仔细监督,随时调整。陈竺每天工作约 14 个小时,体力、脑力消耗十分巨大。经过 2 周的拼搏,陈竺完成了 50 000 个 YAC 拷贝。想到还有一半的工作待完成,虽有一种力不从心之感,但他没有退却,"不能错过这样好的机会。若中国的人类基因组工程不搞,10 年以后我们将在生命科学的领域内丧

陈竺被香港大学授予名誉科学博士学位(2005年)

失任何发言权,发达国家将用专利压得我们抬不起头来。今天做一些牺牲跻进这个国际性的工程,未来我们就有与世界各国平等分享这一人类宝库并进行无穷尽开发的权利。"想到这,陈竺决计无论如何也要快速拿下全部的 YAC 文库,并早日将它带回祖国。他不顾失眠,连日紧张工作,最后终于完成所有的 YAC 文库拷贝。

在兴奋之余,陈竺也深深地忧虑。总数达 1 000 块的 96 孔培养板,加上包装重达 150 千克,怎么运回国内? 这个基因库带回国内后,如何保存管理,尤其是要使其运行,为全国的有关实验室所利用? 和法国人类多态性研究中心有了良好合作的开端,如何继续下去? 种种思考让陈竺辗转反侧,在万籁俱寂的凌晨 3 时,他提笔向上海第二医科大学的领导畅诉了自己的若干设想。他首先谈到基因科学研究一定要争取国家的支持，信中写道："我总觉得这么大的事，国家不投入是不行的。当年自然灾害，老百姓肚子都吃不饱，搞了两弹一星，我们国家才有了相应的国际地位，足见毛主席、周总理等老一辈领导人的远见卓识。今天各方面的条件好了，但国际竞争也更激烈了。今天的竞争，已从单纯的尖端武器竞争转变为综合国力尤其是高技术的竞争。其中生物技术是最重要的部门之一，我们一定要积极争取国家的支持和投入。"他还结合国外筹资成功的经验，建议应该加大宣传力度，提高基因研究工作的知名度，取得人民的支持和理解，以及争取国际合作等方面的具体想法和建议。一封一气呵成的长信，密密麻麻地写满了 7 页纸，它满载着一位科学家对基因科学的远虑近忧和赤子之情，飞到了母亲的怀抱。

1998 年，陈竺受命组建国家人类基因组南方研究中心和参与规划疾病基因组学的"973"项目，极大地扩展了视野，提高了宏观把握科学方向的能力。被誉为生命"登月计划"的伟大工程——人类基因组序列测定工作，由我国科学家承担的人类基因组 1％的序列测定工作已完成，以陈竺院士为首的国家南方中心完成了 1％计划中的 25％测序工作，分享着探究人类生命蓝图的光荣与自豪。

陈竺致力于白血病和人类基因组研究，取得了令人瞩目的成就，昂首进入了中国生命科学的最高殿堂，1995 年当选为中国科学院院士，当之无愧地获得了多项殊荣。然而他没有止步于学者的功成名就，毅然接受了全新的挑战和考验。2000 年 10 月他出任中国科学院副院长，2007 年 6 月出任中

陈竺在第五届 21 世纪中美医学论坛上发言(2007 年)

国卫生部部长,2013 年 3 月当选全国人大常委会副委员长,肩负着祖国和人民的重托,从科学家到政府官员的转型正在精彩演绎。

　　回顾陈竺一步一个脚印的路程,如果说执著和坚韧是他走向成功的地基,那么仁爱和勤奋就是他通向科学路径的阶梯;如果智慧和责任是他心系民生的指路明灯,那么所有的考验和挑战都将筑就前行者的道路,让我们看到他在攀登科学巅峰的道路上留下的清晰足迹。

（赵　敏）

梦想催生激情　激情成就梦想

——记中国科学院院士陈国强

陈国强,1963年出生于湖南攸县,医学病理生理学家。上海交通大学医学院教授。1985年毕业于衡阳医学院临床医学专业,1988年和1996年分别获上海第二医科大学硕士和博士学位。

长期从事肿瘤尤其是急性髓细胞性白血病(AML)细胞命运决定和肿瘤微环境调控机制研究。在低氧微环境方面,发现低氧通过低氧诱导因子-1(HIF-1)的非转录功能,诱导AML细胞分化,并揭示了Cbx4通过类泛素

陈国强院士

化修饰HIF-1α控制肝癌新生血管生成与转移的机制。在应激微环境方面,发现了白血病干/祖细胞诱导骨髓间充质细胞分化形成新的骨髓微环境和该微环境保护白血病细胞的机制。在化学生物学方面,发现了多个抗肿瘤天然化合物,尤其是发现了腺花素通过靶向过氧化物还原酶家族成员,诱导AML细胞分化。

在国际重要核心刊物如《Cancer Cell》、《Nature Chemical Biology》、《Nature Cell Biol》、《Nature Communication》、《Blood》、《JNCI》、

《leukemia》等发表近130余篇学术论文,被引用共计5 000多次。曾获国家自然科学二等奖、中华医学科技一等奖、上海市自然科学一等奖、何梁何利科学与技术进步奖等,并获全国优秀博士学位论文指导教师、全国先进工作者、新世纪百千万人才工程首批国家级人选、中国青年科技奖、上海市劳动模范、上海十大杰出青年、上海科技英才、上海优秀留学回国人员、上海市医学领军人才、上海自然科学牡丹奖等荣誉称号。2015年当选中国科学院院士。

也许,所谓信念,就是内心的一种激情,一种梦想,包括内心深处某种感动与冲动。它让生命有一个更高的目标,永远在前方闪烁,永远让我们追赶,飞蛾扑火般地执著,义无反顾,表现出博大恢弘的精气神。

也许,人活着的那点想头、劲头、嚼头,是因为我们对世界总有那么一点看不透望不穿,才让我们可以一头走到黑,也可以从黑盼到亮——这才是洇染在人们岁月长河里的一道仁慈力量。

陈国强说:"最惨的失败即在于丧失热情。"

懵懂踏上医学门,本科启蒙一生路

陈国强出生于湖南株洲市攸县的一个小山村。他是家里最小的孩子,前面还有一个年长20岁的哥哥和两个分别比他大10岁和5岁的姐姐。陈国强的少年时代是"学制要缩短,教育要革命"的年代,他在生产队的小学"学"过5年半,在大队的初中学过2年。这个"学"其实应该是"半学",

正规术语就是"半工半学"或"半农半学"。所以,陈国强经常说自己的学习基础并不牢靠。1977年,考试入学制度恢复后,才进入公社高中继续学业。他说,小时候没敢多想过什么远大理想,但当时是听着华罗庚、陈景润的故事长大的,因此一直就在懵懵懂懂中有一个做科学家的梦,并在现实中勇于前行。

陈国强教授

1979年陈国强参加高考落榜了。大哥说,国家已经改革开放了,不读书怎么行? 于是逼他去复读一年,终于在第二年考取了湖南衡阳医学院。1980年9月,陈国强走进了湖南衡阳医学院(现南华大学医学院)。那时,大多数同学脸上都是笑容,但陈国强感觉更多的是迷茫。

20世纪80年代,是一个激情四射、梦想流弋的年代,也是个特殊的年代,高考恢复没几年,考生从十六七岁到二三十岁都有,大家都铆足了劲想要求学求知,大学的门刚刚打开却开得很窄。如今的高考毛入学率不低,大家依然形容为千军万马挤独木桥,而那个时代就更加如此。1980年,高考事先需要预考,预考在前40%左右的才有机会进入高考。所以当时的实际录取率只有3%左右,差几分恐怕就是现在说的"211"学校和普通大学的差别了。陈国强中学时从来没想过学医,报考志愿时也没有填写任何医学专业,这或许是受哥哥的影响。小时候,哥哥告诉陈国强,1957年3月,他得到所在地联合诊所准备开设中医培训班培养"郎中"的信息时,找父亲商量。父亲说:"郎中还是难学,没有学到家,弄不好会诊死人的。你还是去学木匠,或者学蔑匠。斧头劈木料,万一劈错了,可以换一根,人诊死了,那就换不得呀!"湖湘文化中的这种"心忧天下""先人后己"的思维方式,从陈国强兄弟懂事那时起就深深地印刻在他们的脑海中。木料劈坏了,可以换,人诊死了没法换,说明"郎中"的责任比木匠大得多。职业的选择,不能只顾自己,更要顾及别人。只有心忧天下,才会自强不息、敢为人先,才会有敬业、奉献、担当和团结精神。正因为如此,陈国强收到衡阳医学院临床医学专业的录取通知书时,可以说是惊大于喜,但毕竟是实现了大学梦,而且他是高考制度恢复后,从这个小山村里走出来的第一个、恐怕以后也很少的"大学生"。

"大概是因为懵懂状态下进入了医学院,大学第一年,我的成绩不是很好。但是,到了第二年,我遇到了一个令我改变的老师——上海第二医学院的王振义教授,他受邀到衡阳医学院进行为期一周的学术讲座。"

陈国强说:"当时的我可以说什么都不懂,王老师讲座的内容是关于止血与血栓的,对我来说就像听天书,但王老师坦率而严谨的态度、清晰又通俗的讲解风格则深深地吸引了我。讲座一连开了7天,我就一连听了7天,感觉这一辈子都值了!原来医学还有这么多的问题没有解决,这7天的讲座,让我茅塞顿开,就好像在我心中点燃了一把火,于是我参加了当时病理生理学教研室组织的科研小组,并暗下决心,以后要成为王老师的研究生。"

在那个"激情燃烧的岁月",陈国强渐渐驱散了心头的迷茫和困惑,那个年代最流行的话就是"干一行,爱一行",他暗下决心:既然已经走上了医路,就要在这条道路上坚定走下去。之后,陈国强的学习状态发生了巨大的变化,通过发奋努力,他的成绩越来越好。在随后的四年里,学习成绩每年都是在全系排前 8 名,连续四年被评为校三好学生。

1985 年,陈国强本科毕业,他报考了上海第二医学院的病理生理学专业硕士研究生。最终,以"委托培养"的形式师从王振义老师,从事 β-血栓球蛋白与动脉粥样硬化的研究工作。

陈国强获得国家自然科学二等奖

"那段埋首前行的道路上,王振义老师已经担任了上海第二医科大学的校长,虽然忙碌,但依然坚持每个月两三次找我谈论科研工作的进展及方向，老师的科研态度和踏实作风也激励了我。三年的时光过得很快，我的硕士学位论文写了三个多月，王老师几乎每晚都在为我修改论文。"

"当时所有的稿子都是在500字方格的稿纸上手写的，最初我交给王老师的文稿大概有50多页，被修改得密密麻麻，甚至不放过每一个标点符号。王老师白天行政工作很忙，所以常常是下班后找我，就把我直接带到家里一起吃晚饭，放下碗筷，我们又一头'扎进'论文世界里。"

陈国强回忆："就这样，王老师一遍遍改，我根据修改的内容，重新整理、抄写。没有电脑，没有打印，我的硕士论文被王老师前前后后修改了十次之多，2万多字的论文我也抄了十余遍。修改论文的过程让我见识了王老师的严谨认真、一丝不苟的科学态度。这个曾经远望的讲台上的崇敬身影变得更加真实可亲，也更让我钦佩了，是王老师的谆谆教诲让我懂得了什么是科学精神，什么是真正有责任心的导师，什么是严师出高徒。"

而立之年再上路　梦想开启新航程

陈国强在博客中写到：在那硕士研究生和以前的岁月里，我有点自卑。于是，我几乎不讲话，几乎没有朋友。但是，我知道承诺是金。实际上，当时我根本没有勇气去放弃承诺：母校和我签定了一份合同，让我以委托培养的身份来上海深造，毕业后回去工作。1988年7月，在接受王振义教授和徐也鲁教授的精心指导，获得硕士学位后，根据"委托培养合同"的要求,回到了衡阳医学院工作,成为了一名高校教师,从事病理生理学的教学,也继续着动脉粥样硬化的研究。起初的三年里,作为一位高校的青年教师,在教学之余,我发表了几篇中文论文。1990 年,我作为教师登上病理生理学课程讲堂,没有书本,没有讲义,但我的课上得很流畅,几次下来似乎学生很喜欢,大概从那时起,我的性格开始显露,突然发现自己的骨子里还有那种激情,突然发现要为了自己而活着。大家说,三十而立,可我在 30 岁时,什么也没立,依然是靠借钱过日子。有人说,30 岁的人生是在赛跑,大家都在起跑点,自己拼命地跑,也不知道后面的路程别人是开着汽车还是蹬着自行车,也不知道你前面的路是弯路还是直路。其实,如果知道,人活着也许没有意思。但是,渡过 30岁之后,我突然发现:男人,成就时,期待有人欣赏他的才华;奋斗时,期待有人注意他的顽强;徘徊时,期待有人理解他的追求。既然不能理解正处于而立之年的我在徘徊中的追求,我还能祈求什么?于是,在"挤压"中,更为了实现自己儿时的理想和父母的寄托,越来越觉得自己应该去新的环境,接受新的机遇和挑战。于是,我决定冒险。在当时只有近 200 元月薪的情况下,我毅然举债近 2 万元,买断合同,重新回到了曾经让我跨入科学大门,如今充满生机的上海。

　　1993 年,陈国强 30 岁。回到了导师王振义老师的身边攻读博士学位。当时王老师门下共有 4 个博士生,陈国强被分到刚从法国学成归来的陈竺研究员领导下的研究小组,开始从事白血病研究。

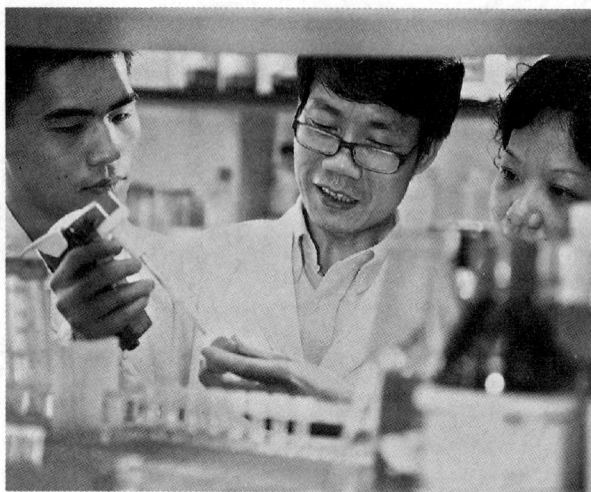

陈国强指导学生科研

1994年春节过后,刚进实验室,导师给陈国强的任务是探讨低剂量全反式维甲酸治疗急性早幼粒细胞白血病(APL)的疗效和药物动力学研究。结果,只几个月时间就完成了研究,并由陈国强作为第一作者在《Leukemia》发表了相关论文,这成了他在国外刊物上发表的"处女作"。以后,陈国强又开始了氧化砷治疗 APL 的细胞分子机制的研究。在获得博士学位前夕,陈国强关于氧化砷的研究工作的第一篇论文被《Blood》接受了,并草就了另外两篇论文。1996 年 8 月 1 日,《Blood》发表该文的时候还将其部分结果刊于该杂志的封面。8 月 2 日《Science》以"古药新用(Ancient Remedy Performs New Tricks)"为题发表了专题新闻。当时,陈竺等敏锐地意识到,这项研究工作势必"一石激起千层浪",因此必须"乘胜追击",争取更多的研究成果。

　　陈国强博士毕业后，留在上海血液学研究所，并破格晋升为副研究员。半年的时间里，他补充实验，又就相关工作整理出了两篇论文，并于 1997 年 5 月 1 日同时在《Blood》发表。如今，这三篇论文已经被广泛采用，成为我国单篇论文引用最多的论文之一。毫无疑问，也正是它们为他日后的科研发展奠定了基础，也为砷剂成为全球药物奠定了重要的基础。

　　回味这段历程，陈国强说："王振义、陈竺、陈赛娟院士等对医学科学研究'耐得寂寞'、'板凳坐冷'的韧劲和一丝不苟的精神深深地感染着我，并推动我自觉奋进"。"'枝叶'是'树根'和'树干'所养育的，我是吮吸几位院士的营养成长起来的。"

　　1997 年，他有幸赴法国作半年的访问学者。期间，他接到母亲去世的噩耗，但却强忍悲痛仍以忘我的精神投入在异国他乡的合作研究之中。但是，当申报的"国家杰出青年科学基金"需要他回到祖国进行答辩时，他立即回国，并通过答辩，获得了 60 万元的经费资助。这事一时在血研所传为佳话。

　　1999 年，陈国强破格晋升为研究员后，去美国访学深造两年。2001 年底，作为中国科学院"百人计划"入选者，成为刚成立的中国科学院上海生命科学研究院-上海第二医科大学健康科学研究所的重要一员。2002 年，他又兼任了上海第二医科大学病理生理学教研室主任一职。此时，教研室仅有员工 10 人，科研固定资产和研究经费奇缺，更缺乏国际学术成果。陈国强带领着团队，开始了新的创业征程。

陈国强说："当年我去基础医学院病生室，就是一个博弈。我找时任校长'借'了70万元装修和'武装'实验室，我跟他承诺如果这个教研室没有发展，我拿我自己的住房来做抵押。5年内，病生室科研经费要达到500万元以上，科研设备价值500万元以上，有一批高质量论文发表在国际一流学术刊物，带出一批至少能承担国家级自然科学基金项目的科研队伍。如有一项达不到，我第一个下岗，卷铺盖走人。"

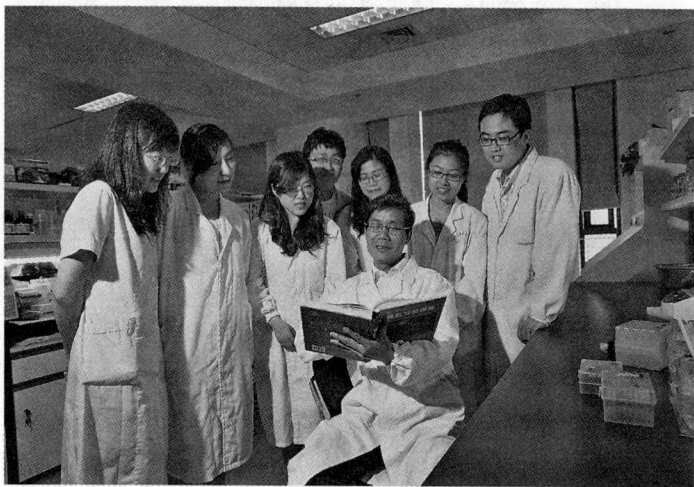

陈国强与学术团队

仅仅3年时间，陈国强领衔的病生室创建了细胞生物学、生物化学、分子生物学和蛋白质组学实验技术体系，并成为教育部重点实验室。从几乎没有科研课题，到承担了20多项国家和上海市的科研项目，总固定资产超过1500万元，总研究和建设经费达1600万元，在国际重要专业学术刊物上发表20多篇论著。用了5年的时间，就变成了国家重点学科。

　　他当时的学生顾志敏说:"在我眼中,陈老师最大的特点就是他的领袖气质,我们实验室能够这样一步一步地发展到今天,离不开他的领导才能,我们这么一个团队,能让每个老师和学生,经营好各自的一亩三分地,已经非常不容易了,但是陈老师就像一支球队的主教练一样,能让每个球员,在各自位置上施展自己的才华。"顾志敏还说:"跟陈老师做事情真的是很辛苦的,他精益求精,稍有他觉得不够格的地方,就会狠狠批评你,但是他在工作之外对你又是那么亲切,你会觉得他是一个做事情的人,然后又很有凝聚力的一个人。"

　　黄莺原先只是个中专毕业生,曾和陈国强做过几天同事。她在发愤读完夜大之后,给当时还在美国造访的陈国强发信,想考他的硕士生。从来抱定"英雄不问出身"的陈国强给予她热情鼓励,收下了这个只比他小五六岁、起点也不高的开山弟子。结果,黄莺一路出成果并获奖,在孩子七八岁时,还考取了陈国强的博士生。其间,她还被送去美国做高访学者。美国同行对陈国强说:"黄莺,她很杰出!"

　　在陈国强的教研室,当年就有 8 位 35 岁以下的青年教师获得国家自然科学基金,10 位获得上海市科委重点研究课题。在 23 位教职工中,60％拥有博士学位。在他这里,拿学位、评职称其实很"吃亏",门槛远远比别的教研室要高。13 年前,在他的教研室走廊里,就贴着《科研工作条例》,其中"研究生毕业的基本要求"规定,硕博连读研究生必须以第一作者发表影响因子大于或等于 6 以上的论文,这可能是在我国难以见到的高标准。然而,这个苛刻的标准,拦不住原创动力充沛的"陈家军"。几年来,几乎每个毕业生都超额完成任务,快活地戴上博士帽、硕士帽。陈国强的第一个博士生赵克温,戴上博士帽时,已经发表了影响因子超过 20 的论文。

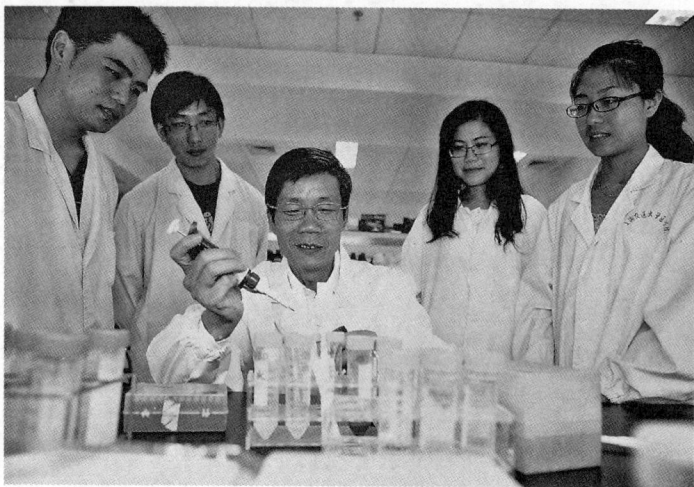

陈国强在实验室

"我的承诺兑现了。"陈国强说,"其实全是自己逼上梁山的。我做事的一个原则,便是把自己逼到没有退路;没有退路就有一种冲劲,人要敢于往前冲。"

在此期间,陈国强先后作为首席科学家及负责人承担了多项国家重大研究计划和国家自然科学基金重点项目,带领团队在肿瘤细胞命运决定和肿瘤微环境调控机制方面获得一系列创新性成果。在国际重要学术刊物,如《癌细胞》、《自然-化学生物学》、《美国科学院院报》等期刊上发表 SCI 论文 130 余篇,被他人摘引 5 000 余次。

从 1997 年获国家杰出青年科学基金,到 2015 年 12 月 7 日当选中国科学院院士,陈国强荣膺无数赞誉,从全国劳模到优秀留学回国人员,从上海市医学领军人才到悉尼大学、渥太华大学荣誉教授。还先后以第一完成人获得国家自然科学二等奖(2010 年)、何梁何利奖(2012 年)、中华医学科技一等奖、上海自然科学一等奖、上海科技进步一等奖等奖项。

悟性、冲劲、热情而专注,仿佛生命托付于期间,这就是陈国强。

随遇而进攀新峰　种桃种李种春风

2006 年,陈国强的科学热情和管理才能,获得大家认同,被任命为上海交通大学医学院副院长,兼任研究生院院长。2007 年,又在学校非常困难的时期,兼任基础医学院院长。2010 年开始担任上海交通大学副校长、医学院院长。这十年里,交通大学医学院的发展有目共睹。

"一只蜗牛立志想干一番大事业,却哀叹自己没有能力。它设想去攀爬泰山,估计要走三千多年;它设想去渡长江,估计也要走三千多年;它再估计一下自己的寿命,朝暮之间就要死去。最后,它郁郁而终……追求过程,还是享受结果?"这是陈国强在 2006 年任交大医学院副院长后,写在博客日志上的一段心语。学生回帖:写得真好,谢谢陈老师!享受过程,就是对生命尽头之悲观的蔑视。

2015 年在他担任医学院院长五周年时,有老师和学生曾经这样问他"您五年里最开心的是什么事?"陈国强不假思索地回答："我最最开心的是挥别了五届,共8 500余位学子,因为培养学生是学校的天职,学生是我的最爱。高校的本职是培养人才、创造人才,我被宣布任命院长的第二天,干的第一桩事就是深入到瑞金临床医学院听课。"

自2010年始,陈国强作为院长,每年在应届毕业生典礼上的讲话,都深深打动了莘莘学子们。语言之间,既热情洋溢又中肯坦诚;既是"大词",又潜入人心;既有校长的高瞻远瞩,又有父母般的深情关爱——

"既有得天下英才而育之的骄傲,又有对桃繁李盛香四野的欣慰,既有送君千里终须一别的不舍,又有长江后浪推前浪的期翼,既有儿行千里母担忧的牵挂,又有鲲鹏展翅楚天阔的祝福";

"如果生命里曾经有交医出现过,其他回忆都会变成将就,而你不愿意将就","无论你来与不来,母校只在乎你,在乎你是否顺利,在乎你是否实现自我,在乎你是否幸福快乐","曾经来过,就是永远;

"在失败中积蓄力量","在偶然吐槽之余,勇作积极的建设者。我们抱怨这不对、那不对的东西,也许正是我们可以发展的机会"。

陈国强殷切期盼学子能实现从医学生到医生的转换与超越,做到情商与专业技能的融会贯通。他认为,好医生要有气质,要有人文情怀,要有科学精神和贵族精神。人文情怀,是有担当有爱心,包括悲天悯人的胸襟。进入"机械化"时代,可能造成我们对医学本质中的人性因素的某种忽略;而医学所面对的始终是一个个活生生的有血有肉有情感的

陈国强在毕业典礼上寄语医学生勿忘初心

人。健康所系,性命相托。医学应该是有温度的,为患者信任的,维护人类健康的一道仁慈力量,才能显示医学的价值。

陈国强告诫学子,科学精神就是求真求实。医生的诊断是主观的,需要科学的客观性来精准落位。"科学思维应该天马行空,但科学研究必须脚踏实地"。好医生要对科研有了上瘾的、飞蛾扑火般的痴情与执着,包括终身学习的精神,"能读得懂文献,追得了前沿,跑得了现场,玩得来统计,发得出写在人类健康上的文章"。

陈国强提倡贵族精神。这种精神决非权贵土豪颐指气使的作派,而是"一种品位与修养,一种内心的高贵与优雅,是一种精神上的高尚与自律。是某种敢为人先的先锋精神,更是有尊严、重荣誉的清高,干净地活着,功利的时代尤其需要我们的贵族精神。"

陈国强院长

也许,这就是好校长的风范。

对于理想的大学,陈国强这样描述:"在我心目当中的大学,就是一批优秀的、具有创新潜力的学生,和一批卓越的、具有创新能力甚至能够不断超越自己的老师,紧密地在一起,不断奋进,互相激励,互相超越,在这培养卓越的医学人才的同时,使我们的老师同样变得更加卓越,这样才能够实现我们讲的所谓医学一流。"

陈国强还说:"我真的希望有一份担当,有一份责任,一代人必须做出一代人的牺牲,一代人必须做出一代人的奉献,这个国家这个民族才能够得到很好的传承,走向未来。如果一代人都希望更多的从社会索取,而一代代人更希望自己过得更加安定,只有索取没有奉献,医学院不会有希望,祖国的医学教育事业不会有希望,中华民族也不会有希望。所以责任奉献这两个词不是空洞的口号,我希望医学院、医护师生员工都能够有一份责任,投身到医学教育事业当中来,这样我们的梦才会真正的实现。"

陈国强告诫学生:"不管你处在人生的高峰还是低谷,命运终究需要掌握在自己的手中。当你经过长途跋涉、身心疲惫时,只有坚持'再跑一圈',才能冲出困境、跨越极限,迎来意想不到的新机遇,迈向人生旅程的新起点;当你面临困难挑战、风险危机时，只有坚持独立思考、不随大流，才能做出正确选择，敢于迎难而上，超越自我，赢得尊重；当你面对巨大压力或者诱惑时，只有坚守最基本的价值观，才能看淡得失、懂得放弃，获得内心的宁静，感受到生命的厚重。"

陈国强在学术会议上作主题报告

为了这种责任、担当和对科学的热爱，他始终没有离开他喜爱的科学事业。近二十年来，陈国强几乎没有假日，没有周末，经常工作至深夜。老师和同学说，深夜里，陈老师还在灯火通亮的实验室里。

陈国强说："我是白天做院长，晚上 7 点钟以后做科学家"。诚然，这五年里，他让青年教师独立成为课题组长，让他们担任论文通讯作者，而陈国强则主要带领自己的研究生开展科研攻关。他说，担任医学院院长之前，几乎每个月都有论文写，但是担任院长后，每年自己作为通讯作者的论文就是那么二三篇,但是都是经历数年工作的积累,因为他们可以浮躁,我可以脚踏实地了,因为我知道满足。于是,历经6年的磨练,他利用"发现抗白血病活性化合物→探索相应药物靶标→揭示白血病细胞命运决定的分子机制"等策略,发现天然小分子化合物——腺花素可与过氧化物还原酶家族成员 Prx I/II 蛋白结合,抑制其抗氧化活性,诱导多类白血病细胞分化和清除白血病干细胞,有效延长白血病小鼠生存时间,第一次明确了 Prx I/II 作为治疗白血病药靶的重要性。这些工作在作为封面亮点推荐论文在《自然-化学生物学》发表后,入选 2012 年度"中国科学十大进展",德国马普研究所的专家们将其列为大海捞针般发现药靶的十大成功案例之一。他在提出并验证体内低氧微环境有利于砷剂诱导白血病细胞分化的假说的过程中,意外地发现与对实体瘤的效应不同,低氧本身能够诱导多类白血病细胞分化,并在随后的 10 余年时间里,深入揭示了低氧诱导因子 1(HIF-1)和去磷脂层酶 1 在白血病细胞分化中的作用及其分子机制,并发现多个 HIF-1 的靶基因,揭示这些靶基因在肿瘤生长和转移中的作用。2014 年,他和他的研究生李杰、徐颖、段才文博士等历经六七年的努力,又在《细胞》子刊《Cancer Cell》发表两篇论文。这些工作引起国际学术界广泛关注。

当陈国强成功入选中国科学院院士时,他的学生和同事说:"陈老师,你太不容易了。你的付出,只有我们知道。"是呀,他作为独立通讯作者的每一篇文章,从课题设计、实验方法选择、实验结果分析、论文撰写和修改,一直到杂志社提出反馈意见的回复,甚至网上投稿,他都亲力亲为。

研究生沈少明说:"最近在EMBO REPORT 发表的论文过程中,陈老师对我的论文是逐字逐句地进行修改,不仅纠正了学术上的疏漏之处,还不厌其烦地修改英文语法和拼写错误,两年多的投稿过程中,他修改了 50 多遍,最后几乎都是老师自己写的。我作为第一作者已经不耐烦了,但是陈老师却不厌其烦,乐此不疲。"

陈国强院士

徐颖则说,在她和目前在美国的李杰博士 2015 年发表在《CANCER CELL》的论文,从课题设计、结果分析直至论文撰写和发表过程中,都得到陈老师亲力亲为,悉心指导。为了这篇论文,陈老师前前后后改了几十个版本,仅电脑里的内存就占了 3G。

学生们无不对陈老师科学严谨的治学态度钦佩不已。同时,对于不是他作为通讯作者的论文,他同样也认真修改、把关,这在实验室的 PI 们和学生中得到高度推崇。学生们说,这几年看着他从乌黑的头发变得那么花白,我们都心痛。

"社会上浮躁与功利的气氛迟早会过去,再过 10 年 20 年,学术应该也必须回归科学本位。到那时候,谁是有准备的人,谁就会脱颖而出。"陈国强对学生如是说。

(胡德荣　徐约维)

让癌细胞改邪归正

——记中国工程院院士王振义

王振义(1924—),江苏省兴化人,内科血液学专家,中国工程院院士,法国科学院外籍通讯院士,上海交通大学医学院终身教授,瑞金医院终身教授,上海血液学研究所名誉所长。他在医学上的最主要贡献是利用全反式维甲酸诱导急性早幼粒细胞白血病细胞分化,在临床上极大地提高急性早幼粒细胞白血病病人的完全缓解率和长期生存率。王振义1948年毕业于上海震旦大学医学院,获博士学位。他先后担任过内科学基础、普通内科学、血液学、病理生理学等教学工作,先后培养博士21人,硕士34人,2003年被评为"上海市教育功臣"。历任上海交通大学医学院附属瑞金医院主治医师、主任(1948—1960)、上海第二医科大学病理生理教研室副主任、主任(1960—1982)、基础医学部主任(1982—1984)、上海第二医科大学校长(1984—1988)、上海交通大学医学院附属瑞金医院上海血液学研究所所长(1987—1996)。1954年起,从事研究血栓和止血,在国内首先建立血友病A与B以及轻型血友病的诊断方法。1980年起开始研究癌肿的分化疗法。1986年在国际上首先创导应用全反式维甲酸诱导分化治疗急性早幼

粒细胞白血病，获得很高的缓解率，为恶性肿瘤在不损伤正常细胞的情况下，可以通过诱导分化疗法取得效果这一新的理论，提供了成功的范例。因而获得国际肿瘤研究奖五项，国家级奖七项（一项第一作者）。发表论文20余篇，主编专著5本。1992年当选为法国科学院外籍通讯院士。1993年获法国荣誉骑士勋章。1994年当选为中国工程院院士。2000年美国哥伦比亚大学授予其荣誉科学博士学位。2011年荣获2010年度国家最高科学技术奖。2012年3月6日，由于在急性早幼粒细胞白血病研究中取得原创性成果及开发全新疗法，与中国科学院院士陈竺共获第七届圣捷尔吉癌症研究创新成就奖。

26年前的奇迹——小病孩死里逃生

1986年，在上海儿童医院的一间病房里，死亡的阴影包围着一个5岁的小女孩严怡君，她高烧、口鼻流血、肛周脓肿、内脏器官多处感染，生命已危在旦夕。

她患的正是令人谈虎色变的急性早幼粒细胞白血病。白血病本身就已经是"血癌"，是绝症，而急性早幼粒细胞白血病更是白血病中最凶险的一种，发病急骤，病程短促，死亡快。快到什么程度？从送进医院到死亡，往往不超过1星期，甚至只有两三天，绝不给医生留一点点机会。

化疗后的女孩出现了严重的并发症，死神已扼住了她的喉咙，守在床边的母亲眼泪都已经流干……

王振义的夫人谢竞雄是儿童医院的儿科血液病科医学顾问，白天与儿童医院的主治医生诊治了这个病孩，晚上带着问题回家，她与丈夫讨论怎么办？这位血液病专家时任上海第二医科大学校长。妻子从病房带回来的信息使王振义彻夜难眠,他提出了自己的设想:给病孩口服"全反式维甲酸"。他认为,此时此刻,唯有这种药有可能挽救小怡君的生命。

上海第六制药厂生产的"全反式维甲酸",当时已通过了各种药检,这种口服药原本是用来治皮肤病的,但王振义团队包括研究生已做了多年实验:在显微镜下可清晰地看到,大量急性早幼粒细胞在这种药物的作用下,奇迹般地"改邪归正",变成了正常发育的细胞。王振义提出,既然已陷入束手无策的境地,为何不让她试一试这种药?

妻子疑虑重重:"你们的实验是在体外做的,进入人体后究竟会怎样? 假如不起作用病人死了,我们能说得清吗?"

王振义沉吟片刻:"这我也想到了。可凡事总有第一次,第一次总会有风险,对吧?"

"这可不是一般的风险,是人命啊!"

"正因为是人命,就更有必要、更值得去冒这个险了。假如成功,可以挽救多少人命?"

妻子深深地叹着气:"我何尝不想救人命。可要不成功呢? 麻烦就大了! 你能保证成功?"

王振义默然了。的确,他无法保证成功。

类似的讨论也在王振义的课题组进行,每次讨论,都转了个圈又回到原点。

这天,妻子回到家眼圈是红的,她告诉丈夫:小怡君已气若游丝,每一分钟都面临死亡。

寂静中,王振义站到妻子跟前,直视着妻子的眼睛,一字

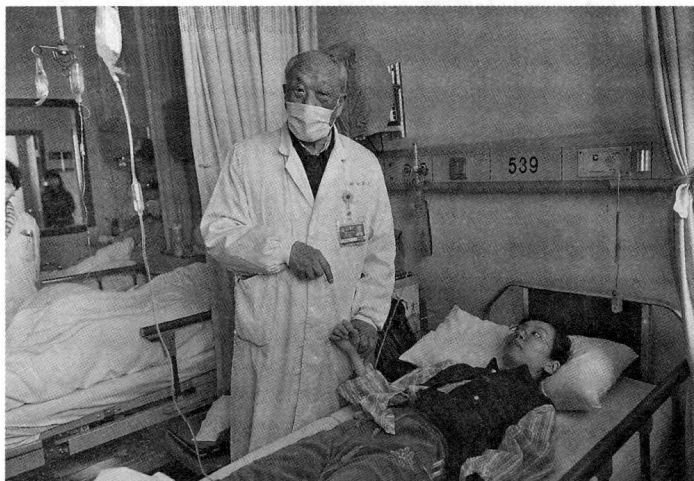

王振义在病房

一顿的语速加重了每个字的分量："竞雄,你我都是医生,我们没有其他的选择,对吧? 救人一命是天职——哪怕只有万分之一的希望!"妻子读懂了丈夫眼神里的决心,含着泪用力点头。其时夕阳的余晖正在一丝丝消失,房间里光线有点暗淡,王振义挺直高大的身躯,语气安详而冷静："我想好了,不要管别人怎么说,只要对得起自己的良心。"

说到此,王振义用温厚、有力的双手按在了妻子颤抖的肩膀上,这双手传递了镇定、勇气和力量。

当那位绝望的母亲听谢竞雄介绍了新疗法后,就像溺水的人抓住了一根救命稻草一样,死死拽住谢竞雄的手,枯干的眼睛里重又冒出了希望之光："求求你们了,就把死马当成活马医吧!"

接下来王振义夫妇度过了一个又一个焦虑、期望的日

子,奇迹终于出现:服药 3 天,小怡君病情没有继续恶化;
1 星期后,原本已烧得神志不清的病孩睁开了眼睛;1 个月
后,病情完全缓解……而 26 年后的今天,当年的病童已成青
春丽人,依然健康地活着!

这是世界上第一例口服"全反式维甲酸"而死里逃生、成
功治愈的急性早幼粒细胞白血病病人。

从 1 例到 24 例——历史时刻降临了

有人认为,这一例就是"瞎猫碰到了死老鼠",但王振义
却因为有了这第一例而变得更加勇气百倍了。在他安排下,
研究生黄萌珥骑着自行车到全市一家家医院去寻找,找什
么? 找病人! 每找到一个急性早幼粒细胞白血病人,就与该
院的主治医生商量试用他的新疗法。就这样,王振义担着天
大的风险,在该年采用"全反式维甲酸"又陆续治疗了 24 例

王振义与同事

急性早幼粒细胞白血病病人,病情缓解率超过了 90％。

王振义的一位下属回忆起当年的经历至今还"心有余悸":"想想,这 24 人,个个都已被'宣判'了'死刑'——要不然家属肯让我们治吗? 但其中哪怕只要有一个出了问题,试验就完全有可能被中断,会前功尽弃,王老师也会名誉扫地!他那会已经是名医、教授、校长,弄不好名声也完了,前途也没了。多少人为他捏着一把汗!"

"而且,你不能想象当时的条件有多差! 医院血液科就连培养细胞的温箱都没有,给病人用药时,所有的化验都是研究生骑着自行车到很远的新华医院去借别人的仪器做,病人的血液标本、试剂、试管都小心翼翼地放在自行车前的篮筐里,有时一天要来回跑两三次。要不是王老师表现出极大的镇定、坚毅和果敢,大家是不敢做下去的。"

的确,当时的王振义表现出了万夫不当之勇,仿佛成了"铁人",病人有一点"风吹草动",他就不分昼夜地指导如何处理。没有人强迫他去承担这份风险,他也可以做上十个八个见好就收,但他就像是穿上了"红舞鞋"欲罢不休,越治越坚定,越难治的病人越上劲。

他心里太明白了:从 1 个成功病例到 24 个成功病例——这意味着他们已在凶险莫测的白血病领域里,大海捞针般找到了一把"钥匙",这把钥匙,正在神奇地打开一个人类医学史上从未启开过的"锁"——急性早幼粒细胞白血病。这之前,在与此种恶疾的残酷抗争中,人类败绩累累,但从此刻起,历史要改写了。是的,一个历史时刻正在降临!

让癌细胞"改邪归正"——临床上的首创

中国老百姓最早听到"白血病"这个可怕的字眼,大多是从日本电视连续剧《血疑》里,那已经是 20 世纪 80 年代了。但作为医生的王振义,却早在 1959 年就已领教了这种恶疾的凶险与恐怖。那一年,他曾喊出不切实际的口号"三年攻克白血病",医院领导交给他一个白血病病房,希望他在短期内攻克这个不治之症。他以极大的热情投入了工作,可在短短半年之内,便眼睁睁看着 60 个患了急性白血病的病人一个接一个死去。他们全都做了化疗,都变成了光头,眼神中充满了对生命的渴望,但没有一个能逃脱死神的魔爪。他们临死时的表情更是痛苦万分,使王振义的心如遭到电击般剧痛。这惨痛的经历,既使他对化疗的方法打了问号,也激励着他去深入研究白血病的致病机理,锲而不舍地寻找有效的治疗方法。

"文革"打断了一切研究工作。直至 1978 年,大学才逐渐恢复了秩序,王振义担任了上海第二医学院病理生理教研室主任。"当时人们的思想还未从'文革'的桎梏中完全解脱出来,还在夜郎自大地以为'帝国主义一天天烂下去,我们一天天好起来',幸亏学校里还有一个图书馆,又开始订阅极少量外文杂志,从中稍可得到点外面的信息。"王振义自嘲地说。

从外文杂志中他获得了一个重要信息:以色列专家于 1972 年在小鼠实验中证明,白血病细胞能在一定条件下发

生逆转，分化成熟为正常细胞；由此，他们提出了对癌细胞
"诱导分化"的大胆设想。王振义对此的解释："诱导"就是
"劝导"的意思，"分化"在生物学里的含义就是细胞正常地分
化、发育和成熟；"诱导分化"就是用某种药物，诱导癌细胞正
常分化发育，不要疯长，不要到处乱窜破坏其他组织。

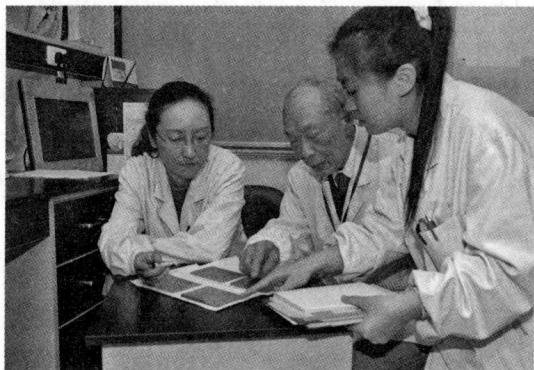

王振义在指导学生

　　无疑地，这是一条不同于化疗的创新思路！化疗是不分
青红皂白，将人体细胞"集体枪毙"，而"诱导分化"是在不伤
害"无辜"的前提下，对癌细胞进行"教养改造"，使之"改邪归
正"，变成正常细胞。

　　对于一直在黑夜中苦苦探索治疗白血病"突破口"的王
振义来说，这条创新思路不啻是一道划破夜空的闪电。他与
血液科的孙关林等医生，反复商量，把"诱导分化"的技术路
线，确定为对白血病研究与治疗的主攻方向。而研究的第一
步，是要尽快找到一种会分辨"敌我"、并对"敌人"实施"诱
导"的药物。

当时全世界已经有不少人在循着以色列人提出的这条新思路进行探索，但尚未在临床上有实质性进展的报道。王振义的研究生在实验室里试验了许多种药物，整整做了两年，也是一无收获。转眼到了 1984 年，王振义被任命为上海第二医学院院长，繁重的校务工作并没能让他离开临床，他依然指导研究生继续着那个大海捞针般的实验。

1983 年，一条振奋人心的消息发布在美国一家杂志上：有实验证明，新鲜的急性早幼粒细胞白血病细胞，可在"13 顺维甲酸"作用下，向正常细胞逆转。既然美国人用"13 顺维甲酸"有效，我们也来试呀。可反复打听，国内的厂家只能合成出"全反式维甲酸"。那么能否从国外进口一些来做实验？行不通！据了解，上海另一家大医院已试着从美国买"13 顺维甲酸"，天哪，2 000 美元一疗程！且一疗程下来，效果为零！谁也不知道究竟做多少个疗程才能见到效果？也许 1 年，也许 3 年、5 年！这可是要准备打持久战的！

王振义决定另辟蹊径。他想，"维甲酸"是维生素的衍生物，"13 顺"与"全反式"均属于"维甲酸"的同分异构体。那么，何不试试用"全反式维甲酸"来做实验？

实验是艰难的，又枯燥乏味，日复一日地重复，无数次地失败。王振义殚精竭虑地不断调整实验方案。半年后居然曙光初现，1 年后，"全反式维甲酸"对"早幼粒细胞"的"诱导分化"效果已确定无疑！

此时此刻的王振义，就像一头瞪大了眼睛、蜷缩起爪子、屏声敛息等待着猎物出现的狮子。是的，他在凝神等待着、捕捉着一个宝贵的契机，一个可以把"全反式维甲酸"推向临

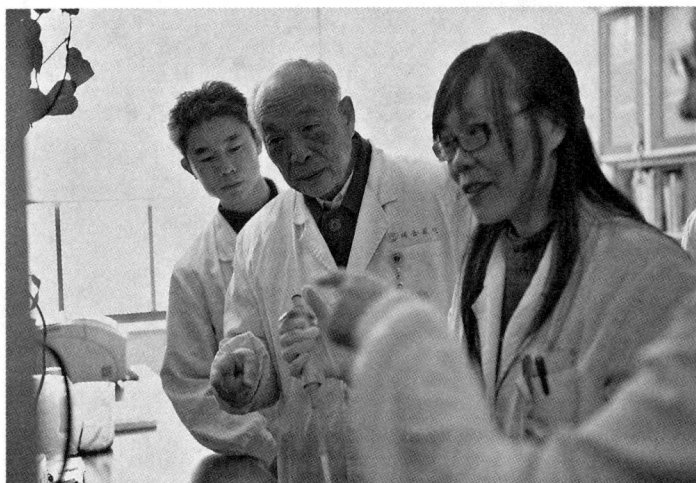

好老师王振义

床的契机。而这个契机，就是小怡君的出现，就是那 24 名奄奄一息、愿意"死马当活马医"的急性早幼粒细胞白血病患者的出现。

他等待到了这一刻！他捕捉住了这个"稍纵即逝"的契机！

这 24 例成功的病例，是世界上第一个证明了白血病细胞可被"改造"成接近"正常"细胞的临床试验。换言之，这是白血病临床医学上的首创：让癌细胞"改邪归正"。

毫无保留大力推广——新疗法走向世界

顾不上庆功，顾不上申报奖项，更顾不上申请专利——在临床已经证明了"全反式维甲酸"的神奇效果后，王振义即

王振义在实验室

刻着手做第二件事：推广。他马不停蹄地、不知疲倦地、毫无保留地把新疗法推广给国内外同行，以抢救更多已命悬一线的急性早幼粒细胞白血病患者。

推广的种种艰辛与风险尚在其次，最大的困难是药物供应不上。当时全国仅上海第六制药厂能生产"全反式维甲酸"粉剂，主要用于出口——外国人把它买去做化妆品。这种原始的粉剂必须按照严格的程序做成药丸，才能提供给病人服用。由于尚不能形成批量，厂家不愿生产。于是，医院里特别开了个小车间，把全反式维甲酸原料制作药丸。后来用药量逐渐大了起来，不仅国内一些大医院来要，国外也来要——因为全世界只有中国才能提供这种成药呀！先是欧洲的血液病研究中心和巴黎第七大学圣·路易医院血液学研究所，后来，美国和日本的血液研究机构也加入了临床试验的行列，并同样证实了这些包装普通的小药丸所产生的令人震惊的神奇效果：

1992 年	中国	544 例	完全缓解率 84%
1993 年	法国 Fenanx	54 例	完全缓解率 91%
1995 年	美国 Warrell	79 例	完全缓解率 86%
1995 年	日本 Kanamaza	109 例	完全缓解率 89%

1995 年,美国《科学》杂志在报道该科研成果时指出,已有 2 000 例以上的急性早幼粒细胞白血病病人受益。

事实胜于雄辩——掀起白血病
治疗的"中国革命"

为了尽快推广新疗法,王振义小组从 1987 年起撰写了一系列论文,论文的第一署名人是研究生黄萌珥及其他医生,最后一位署名人才是王振义——这是他一贯的作风:把合作者、特别是把年轻人推到前台。

"但在向国际一著名血液学期刊投稿时,论文两次被质疑。第一次说结果令人怀疑,学术上有问题,第二次说英文写作有问题。当时,一位著名的美国血液学教授正在上海访问,他看了研究结果后觉得很不公正,于是按美国人的英文标准将论文重写了一遍,并要求该期刊务必接受,这样论文才得以发表。论文发表后即引起轰动,被誉为白血病治疗的'中国革命'。"——这是时任中国科学院副院长、生物医学专家陈竺院士,给中科院研究生讲述的一段故事。

陈竺院士所说的期刊就是美国的《血液》(Blood)。当向王振义求证这段故事时,86 岁高龄的王振义院士脸上漾起了坦然的微笑。"这很正常嘛!"他的谈吐儒雅而幽默,不徐不疾的语调里流淌着一种淡定和从容:"在他们心目中,当时中国的医学很落后,至少比发达国家落后了 20—30 年。他们怀疑我们在造假。好在还有法国人、美国人与日本人也在做嘛,经调查,是真的,论文就发表了,那是 1988 年。呵呵,

王振义与学生们

看来还是占了这些外国人的光啰！"

　　到 2010 年，该论文在国际上已经被引证了 1 700 多次，荣获美国 ISI 引文经典奖。"引证率"高也从另一个角度证明了论文的"首创性"，证明了论文的价值。2000 年，一些著名美国教授编了一本长达 1 000 多页的书——《20 世纪具有标志性的血液学论文》，里面收集了世界各国 86 篇论文，此论文也名列其中。

"凯特林"奖台上的第一位
中国人——荣誉实至名归

　　在美国纽约最繁华的曼哈顿中心地带，坐落着一座气势恢宏的现代化大楼——纪念斯隆—凯特林癌症中心。该中心始建于 1884 年，以两大资助者的名字命名，前者是曾任美国通用汽车公司总裁的斯隆，后者是杰出的美国工程师凯特林。

该中心是世界上历史最悠久、规模最宏大的癌症中心，拥有众多大师级的医师与世界顶级的研究成果，一个多世纪来在全美的癌症治疗和研究上，均居于领导地位。中心的资助者还设立了"凯特林癌症医学奖"，用于奖励对癌症治疗与研究作出了创造性的杰出贡献的医学专家，此奖被公认为肿瘤研究的"诺贝尔奖"。

1994 年初春，一个阳光明媚的日子，一封邀请函飞越重洋来到了王振义的办公桌上，王振义打开信函，愣住了：自己已被授予"凯特林癌症医学奖"，与法国的同行劳伦·德古斯共享，特邀请他亲往领奖，并作关于"维甲酸治疗急性早幼粒细胞白血病"的学术报告。

"这也说明了该世界顶尖研究机构的一种风格：实事求是。只要证明了你的科学成果是真实的、有价值的，他们就认可，就褒奖，就推广，不管你是哪个国家的，也不管你过去名气大小——而这一点，当时在国内的科技界是欠缺的。"在说这一番话时，王振义的语调依然淡定与平和，不过脸上多了几分思索。

领奖地点是美国国会图书馆大厅。1994 年 6 月 15 日，几百位来自世界各国的癌症医学专家聚集一堂，真是群星璀璨。但此时此刻，最灿烂的明星是本届 3 个奖项的获奖者，他们是人们关注的焦点。富丽堂皇的主席台中央，并立着

3 面国旗：美国国旗、中国国旗、法国国旗，分别代表着获奖者的祖国。一个多世纪以来，第一次有黑头发、黄皮肤的中国人登上这个领奖台。此年王振义 70 岁。

2001 年哥伦比亚大学授予王振义科学博士

　　凯特林癌症中心的理查德教授在大会上如此评价该获奖成果："……我们一直梦想着有一天可以找到一种特异性的治疗方法，可以精确瞄准病人的癌细胞，从而以此疗法来代替现有疗法。从里奥·萨克的早期研究工作开始……诞生了'坏'细胞可以被转化为'好'细胞的新治疗理念。……然而，这种方法的临床应用一直没有得到突破。今天，我们要将荣誉授予两个人，他们向前迈出了一大步，使我们朝目标无限接近。这两位教授就是劳伦·德古斯教授和王振义院士。他们对急性早幼粒细胞白血病的生物学研究作出了杰出贡献,最重要的是,他们应用全反式维甲酸作为诱导分化剂治疗这种疾病具有划时代的意义。"这里说的劳伦·德古斯教授就是王振义在法国的合作者,是他第一个把王振义的新疗法在中国之外推向了临床,他与王振义一起获得了此奖项。

当年,王振义被选为中国工程院院士。而凯特林癌症医学奖成了他在国外获得的第一个大奖,之后又陆续荣获了瑞士布鲁巴赫肿瘤研究奖(1997)、法国台尔杜加世界奖(1998)、美国血液学会海姆瓦赛曼演讲奖(2003)。

名师高徒共携手——阐明分子机制

1986年,当诱导分化在白血病临床取得重大突破时,远在法国巴黎读博的一对年轻夫妇获消息后也兴奋不已。这对夫妇就是陈竺与陈赛娟,他们是"文革"后王振义最早收下的两个硕士研究生。

陈竺捧着导师的来信对妻子说:"临床药物的成功,需要得到机理研究的支持,才能具有普遍意义。我认定了今后的研究方向:从分子生物学的理论高度来进一步阐明王老师的临床效果。我们回去,和王老师会师!"

而这,也正是王振义的殷切期望。他深深懂得:临床药物的成功,只是成功的一半;从分子与基因的高度,弄清白血病的致病机理,以及"全反式维甲酸"如何在人体中起作用——这,才是征服这种恶疾的最高层次的挑战。

正是出于这种前瞻性的远见,早在他担任病理生理教研室主任期间，就力荐了 3 位中青年医生到美国去进修分子生物学。在他担任上海第二医科大学校长后，就更积极地向法国、美国的一些著名研究所派遣留学生。陈竺就是 1984 年到法国的，两年后陈赛娟也去了，夫妇俩同在圣·路易医院血液中心实验室，攻读分子生物学与细胞遗传学博士。当初委派他们出去时，有人说，国外条件优越，让他们出去恐怕会鸡飞蛋打，回不来了，但王振义不以为然。

王振义与他的学生陈竺、陈赛娟在瑞金医院

他不以为然，是因为他太了解自己的这两位学生了。

1978 年，在上海瑞金医院的进修医生中，多了一个从江西上饶卫生学校来的年轻人，名叫陈竺。王振义意外地发现，这个从赤脚医生干起、仅有中专学历的年轻人，竟有着扎实的英语功底、丰富的医学知识，做事一丝不苟，写的病史仔细、准确，字迹工整。他对其他学生说："你们以后也要这样写。"王振义鼓励陈竺报考自己的研究生。"我能行吗？""试试看吧。"结果陈竺从 600 名考生中脱颖而出，以总分第二名、血液科专业分第一名的佳绩考中。当年，王振义只招了两个研究生，另一个就是陈赛娟，后来她成了陈竺的妻子。

短短几年，小夫妇俩就成了王振义的得力助手，师生一起在《中华医学杂志》英文版上发表的 3 篇有关血友病的论文，引起国际医学界的关注，陈竺还以惊人的刻苦，很快掌握了第二外国语法语。"一个能成就大事的人，一个可造之才。"王振义在背后如此评价他的学生陈竺。在导师眼里，陈赛娟也不逊于陈竺：超常的勤奋、坚韧，并常以女性特有的细心，在实验中发现一些容易被别人忽略的"蛛丝马迹"。

在陈竺出国前师生俩多次促膝长谈，谈的是那个"永恒"的话题：中国的血液病学科如何发展？如何创新？"经过'文革'，我们与发达国家的距离拉大了，派你们年轻人出去，就为把国外先进的科技学到手，拿回来。我们老了，学科的发展今后就靠你们了！"导师推心置腹、语重心长，学生悉心聆听，憨厚的脸上凝聚着一种庄严的承诺……

不负导师的厚望，1989 年 7 月，双双获得博士学位的小夫妻俩，手握着当今医学世界最前沿的新式"武器"——分子生物学，怀抱着由法国同行赠送的价值 10 万法郎的科研试剂，回到了瑞金医院下属的上海血液学研究所——这是王振义 2 年前离开上海第二医科大学前夕创办的。在这里迎接他们的，正是他们的导师、血液学研究所所长王振义教授和他已为他们申请到的霍英东科研基金 2 万美元,作为科研启动经费。

初创的研究所条件之简陋超出了小夫妻的想象:全部"领地"就是一间 10 平方米的小房间,还是由瑞金医院老门诊楼的一间灶间改造成的,没有一台高档的设备,门外的走廊里堆满了瓶瓶罐罐……由于连保存试剂的低温冰箱都没有一台,小夫妻一路上小心翼翼带回来的 10 万法郎试剂,一星期后竟全部报废!用陈赛娟的话说:"真是哭也哭不出来。"

研究小组对白血病基础理论的研究,就在这样的 10 平方米的小屋里起步的。无论刮风、下雨、酷暑、严寒,骑着自行车,带着瓶瓶罐罐到外边实验室"借做"实验,成了陈竺每日的"功课",而王振义则开始了真正的"七十学艺",戴着老花镜向自己昔日的学生,刻苦学习分子生物学的相关课程。而陈赛娟呢,用她自己的话说:"我的老师王振义主要从事白血病的临床治疗工作,陈竺主要进行分子细胞遗传学方面的研究,怎样把两者有机地结合起来成了我的研究重点。我成了王振义老师和陈竺研究之间的桥梁,用陈竺的研究成果,确定白血病病人的分类、分型,为王老师临床治疗不同病人时提供一种适宜的治疗方案。"

这真是绝佳的黄金搭配!当时谁也没想到,事后这师生 3 人竟个个成了中国的"院士",成了身怀绝技、名扬国际医学界的医学大师!

瑞金医院的领导慧眼识才,房源再紧也硬是给他们调整出了 2 间实验室,还特批了一台低温冰箱,并由他们在全院挑选"精兵强将"。不久,市科委的科研经费也及时下达了。这些实实在在的支持,使这个黄金搭配的研究小组如虎添翼,研究工作势如破竹。

1990 年,研究小组找到了急性早幼粒细胞白血病患者的特殊基因改变:15 号染色体与 17 号染色体各自发生臂断裂,然后互相交换,在结合点就出现一个新的融合基因(PML - RARα),最终导致细胞癌变。这样,就从分子学的高度揭示了该疾病的发病机理。

同年,研究小组又发现了急性早幼粒细胞白血病的"特殊亚种"——此类患者对"全反式维甲酸"毫无反应。跟踪观察了 1 年多,发现这次是 11 号染色体与 17 号染色体发生交叉,形成一个新的融合基因(PLZF - RARα),导致癌细胞产生了对维甲酸的耐药性。他们进而克隆了这一新的基

王振义院士

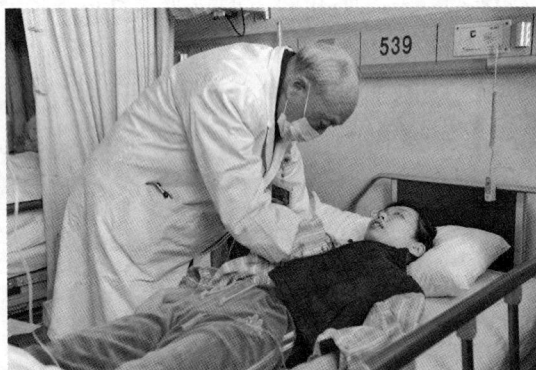

八旬高龄的王振义还坚持在临床上诊治病人

因——这是我国生物医学领域中第一个克隆出来的新的人类疾病基因。之后，又在转基因小鼠模型等实验中，证实了其致白血病的作用。

研究并未就此止步。一种是耐"全反式维甲酸"的特殊亚型，一种是对"全反式维甲酸"敏感的经典类型，这两者之间究竟有何关联与区别？经反复比较研究，"全反式维甲酸"对早幼粒白血病"诱导分化"的机制，终于真相大白。研究小组还比较了"13顺维甲酸"与"全反式维甲酸"在基因上的差别。"你看。"王振义打开电脑指给记者看，"13顺的最后一节羧基是向下的，全反式最后一节是向上的——就这么一点点细微的差别，使后者的'诱导分化'作用比前者大了10倍！"

现在，美国、法国等同行遇到"特殊亚型"病例，都要专程送到中国，请上海血液学研究所鉴定后才作定论。

如日中天勇于让贤——可敬的
抛物线理论

陈竺的每一个成绩，王振义都看在眼里，喜在心头。他无比欣慰地认定：昔日的学生如今已超过了自己，到自己该让位的时候了。

瑞金医院院长接到王振义的辞职报告十分为难。不错，陈竺是非常优秀，但从某种意义上，上海血液学研究所所长这个位置，代表着中国血液学研究的最高水平，王振义是当之无愧的，他刚在国际上荣获凯特林大奖又入选了院士，其人气正"如日中天"，现在易帅合适吗？是的，他年纪大了，71岁，但他身体不错呀，还一直在临床与科研的一线，又有什么必要让位呢？

但王振义找到院长，他陈述的理由让人感动也令人深思。

他说，人生就像抛物线，人的体力、创造力达到某个高度后就不可避免地要进入下降趋势——这是自然规律。我主张，在有能力时要努力地干，一旦进入"下降通道"了，就要有自知之明，及早地退，让更有能力的人来干。

他说，陈竺现年43岁，人品优秀，学术上更势如破竹，现代医学发展那么快，血液学研究所要不断创新，是由陈竺这样的俊才当领衔者好？还是由我这个知识结构已经"落后"的"垂垂老者"当下去好？

"因此，请你们尊重我的意愿。我最乐意看到的，是血液学研究所能不断挑战新的高度。至于我个人,退下来后也不会闲着,我会当好顾问,当好士兵。"

王振义坚请"让位"的事,在陈竺、陈赛娟心中激起了一阵阵热浪。回顾在科研攻关的路上,始终有导师的时刻提携和深切关注:是王老师于 1978 年力排众议,破格录取了陈竺这个"中专生"为自己的硕士研究生;是王老师手把手指导各项实验,把他们一步步领入了神秘莫测的血液世界;后来又一起撰写了有关血友病的系列论文,令他们意想不到的是,王老师每一次都坚持把他们列为论文的第一、第二作者,而把自己排在了最后!这对论资排辈已习以为常的中国学术界来说,真乃"破冰"之举!陈竺知道,"文革"打断了老师这代人的职称评定达 16 年之久,直到 1981 年,已 58 岁的王老师还只是个"副教授"!他需要评"教授",所以亦非常需要有自己署名的论著,但他还是把学生推到了前面。之后,王老师知道了国际上发表论文的惯例正好相反,导师作为"通讯作者"署名放在末位,于是等他们从国外回来后,又把"通讯作者"的位置让给了他们。

16 年后的今天,陈竺、陈赛娟早已双双成了院士,陈竺并已成为全国人大常委会副委员长(之前先担任了 6 年中科院副院长和 6 年共和国的卫生部长),陈赛娟也早已接过了上海血研所所长的担子。陈赛娟领衔着一支平均年龄仅 30 岁、充满活力的高水平科研队伍,承担了 17 项国家重点项目与国际合作项目,每一项都瞄准了该领域的前沿。

更令王振义感到欣慰的是,所里的良好学术氛围代代相传:近年来,全所在国内外一流刊物上发表论文 69 篇,年轻人为第一作者的达67％；每周一次文献报告会，由研究生轮流主持；每两周一次数据分析会，各研究小组将自己发现的数据拿出来供大家分析，在这样的学术会上，人人平等，为了一个问题可以争得面红耳赤……

现任上海交大医学院院长的陈国强作了一个形象的比喻：如果把我们研究所比作一棵四季常青的大树，王振义老师是树之"根"，陈竺、陈赛娟老师是树之"干"，而我们，就是旺盛繁茂的"青枝绿叶"。

也许早在16年前"让位"之时，王振义就已经预见了这一切？

耄耋之年学无止境——别开生面的"开卷考试"

王振义早年毕业于震旦大学，说着一口流利的法语，但英语却是他的弱项。为了与国际上更多的血液学专家交流，年过六旬的他开始学习英语口语，王振义的孙女王蔚回忆起她儿时，每次去爷爷家都可以看到他的单词笔记本里密密麻麻地记录着的英语单词。二十几年的坚持让他在耄耋之年能够说出一口和法语一样流利的英文。

王振义永无止境的学习劲头还表现在他对新鲜事物的接受上，平日里总能看见他在闲暇的时候学习幻灯片的制作，上网收发电子邮件，安装软件和国外的亲朋好友视频通话。他特别有好奇心，每次发现有什么好用的软件，就会很兴奋地要学习如何操作，就像一个对新事物永远抱有新鲜感的"孩子"。

王振义说，我退下来后也不会闲着。那他究竟还想干些什么呢？"写书嘛，是总结过去的经验，我不想写。现在医学科技发展太快了，等我忙乎两年写出一本书来，内容已陈旧了。"如何才能发挥自己最大的"余热"，最终王振义想出了"开卷考试"。不是他考年轻人，而是让年轻人考他。每周，血液科里的年轻医生们会把临床上无法解决的难题出给王振义，由他来解答。王振义一般用3天的时间来备课，他会先了解病人情况，再从网上查阅国内外最新资料，然后做成多媒体课件，每次考试时间总要在2个多小时。每当这一天，20多平方米的血液科医生办公室里总是爆满，以致后到者只能站在门外的走廊上伸着脖子看，伸长耳朵听。对于"开卷考试"，王振义觉得好处很多："首先是有利于病人，可及时解决临床上提出的疑难问题——我穿了一辈子白大褂，为病人解除病痛，是我最大的满足啊；第二，有利于年轻医生以最快的速度成长，他们现处在第一线，太忙了，没空从网上看那么多东西，而我退下来了有很多时间，可以搜索、阅读、下载本领域最前沿的东西，经过汇总、分类，直接提供给他们，谁要对该课题感兴趣，还可以进一步深入研究嘛；第三嘛，呵呵……"每每说到此，这位87岁的老院士总会禁不住笑出眼泪，语调里迸发出不无得意的快乐："这第三是对我自己有利呀，多动脑，多思索，可防止老年痴呆症嘛！"

王振义的教学查房也非常有特色，一位青年医生回想起第一次在工作中直面王振义，发现他询问病史比一般医生可要详细多了，除了问病症以外，还会像唠家常一样地问病人：

"你每天吃几餐饭啊？每餐吃点什么啊？"但就是在这些细致的提问与回答中，导致病人病症的原因也就水落石出了。原来他是个素食主义者，因而导致了目前临床上不常见的严重维生素 B12 缺乏性贫血。青年医师不禁感叹道："其实我们都问了病人的饮食情况，但只是非常随意地问了一句：你吃饭规律么？胃口还好么？却忽略了他饮食的质量问题。"王振义循循善诱，告诉青年医师：询问病史的时候不仅要详细，还要有针对性，要针对病人的病情，在询问病史的过程中进行鉴别诊断，不能忽略了细节。通常一句话就可以避免许多不必要的检查，既为病人省了钱又可以为治疗争取时间。

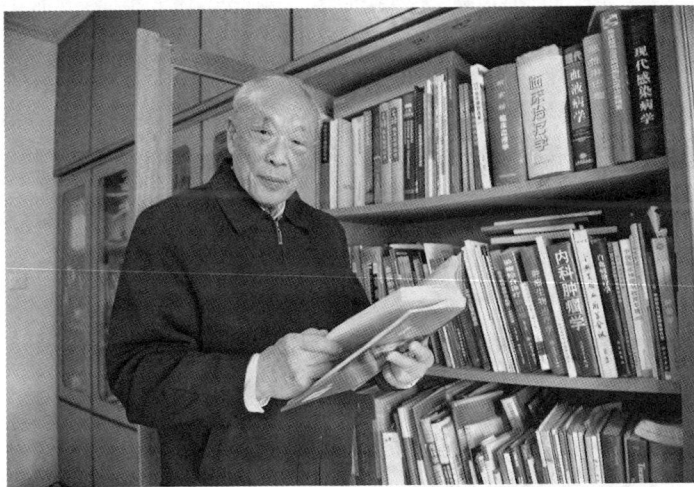

耄耋之年的王振义仍在坚持知识更新

他总是用自己的行动来诠释，一个医生如何把病人的需要放在首位——唯有爱病人。有了爱，我们才能不断督促自己学习，充实自己，从中累积的经验才能成为为病人解除病痛的利剑。他说,自己这匹识途的老马愿意把成功的经验和失败的教训都贡献给年轻人,让他们少走一些弯路。

清贫的牡丹——大师的人格写照

2010 年 12 月,就在王振义获得国家最高科技奖的前夕,他的妻子安详地走了,王振义失落地说,他最大的遗憾就是不能与这位他生命中最爱的人来分享这份荣誉。

王振义的妻子谢竞雄,原来是新华医院小儿血液科的主任医生,她不仅是王振义工作中的伙伴、生活中的伴侣,更是他人生道路上不可缺少的知心人。就是这位王振义生命中最重要的人,在他获得美国凯特林奖的第二年,被确诊为老年痴呆症。

胡锦涛和王振义合影

所有的光环带来的喜悦都无法弥补亲人病痛时的哀伤。王振义从书本上了解到，老年痴呆症的病人需要有一个亲人陪伴在身边，这样可以延缓病情的发展。从那时起，整整 16 年，近 6 000 个日日夜夜，他精心地照顾妻子，希望她的病程能减慢一些，再减慢一些。在妻子还能走动的时候，王振义每天都牵着她的手一起出去走走；当她身体机能减退以后，只要天气好，王振义都会推着轮椅带她去家里附近的小花园晒晒太阳。再后来，症状发展到完全无法与人交流，可王振义还是坚持每天拉着她的手，陪她说话，揣摩她的心理，为她做各种事情。看到妻子的吞咽咀嚼功能逐渐减退，王振义就把食物用粉碎机打成糊状喂给她吃。

所有的点点滴滴，他都是亲力亲为，即使再忙再累。妻子的事哪怕是再小的事，都是他心中最牵挂的事儿。每天中午，王振义都准时回家和妻子一起吃午饭，打一盆热水，给她擦手擦脸，抬起手轻抚她稀疏花白的发丝。虽然妻子此时只会以孩童般的笑声回答，但是王振义已经觉得很满足了。

孙女王蔚回忆道："奶奶的病让她忘记了我这个孙女儿是谁，也时常会记不得我的伯伯、爸爸和叔叔都叫什么，但她始终没有忘记的就是爷爷的名字。奶奶走了以后，爷爷每周都会为她买一束白色的玫瑰，摆在她的遗像前。我知道，爷爷是在思念奶奶，他们多年来的相濡以沫、互相扶持，是人世间最真挚的情感。爷爷说，照顾奶奶是他的责任，他很乐意去做；更何况奶奶是病人，更需要他这位王医生的爱护。作为他们的孙女，我看在眼里，感动在心里，爷爷就是这样用自己的行动，真真切切地告诉我应该如何去爱一个人，爱一个家。"

王振义院士等获奖

老爱人走后，王振义怀着无限的哀伤叙述了一些感人肺腑的往事："年轻时我一心扑在研究上，她分娩那天，我都没有陪她，可她不怪我。后来想想，实在对不起她呀！'文革'中，一家五口人分在了五处：我在干校'改造'，她带领医疗队在南汇县农村，大儿子去了安徽插队，二儿子去了黑龙江农场，小儿子分到了上海郊区一个工厂当翻砂工。可怜啊，她的那颗心生生被分成了五瓣！我这个人在钱上看得很淡，够用即可。维甲酸的成果没有申报过专利，一是当时我国还没有专利权的制度，二是我没有这种动机，我更愿意看到自己的研究成果为全人类共享，挽救更多的生命——这，她完全赞同。1996年给了我'求是基金会杰出科学家奖'，奖金是100万元人民币，我把大部分拿出来捐给了研究工作，她也赞同。很多年，我们过的都是一种简朴的生活，她从无怨言。记得前些年她还能行走,我们傍晚常一起散步,那时周围的路还在修,高低不平,我就紧紧地挽着她的手臂,她靠着我,深情地说:'现在是我们一生中最美好的岁月!'"

王振义院士

在王振义家客厅的墙上悬挂着一幅国画,画的题词是"清贫的牡丹"。王振义曾这样解释:牡丹嘛,大红大紫,一般都象征着荣华富贵,但我这幅牡丹却是白中带粉,很恬淡、清雅——我喜欢。但光是"恬淡、清雅"是不够的,人要有志向,要做一番事业,这又如牡丹的雍容大度。

这幅画,难道不正是王振义人格的写照?

（樊云芳　倪黎冬）

仁心济世树丰碑

——记中国工程院院士江绍基

江绍基院士

江绍基(1919—1995),江苏无锡人,内科消化学专家,教授,中国工程院首批院士。1937年毕业于无锡中学,1938年起就读于上海圣约翰大学,1942年获理学学士,1945年毕业于圣约翰大学医学院,获医学博士学位。毕业后,首先在上海宏仁医院内科任职,1954年任副院长。宏仁医院并入上海第二医学院后,他于1957年转入仁济医院工作,先后担任仁济医院副院长,内科副主任、主任,内科教研室主任,医学系二部副主任、主任,上海市消化疾病研究所所长、上海市免疫研究所副所长等职。

20世纪五六十年代起,江绍基主持血防工作获得重大突破,消灭了祸害华夏、让"华佗无奈"的血吸虫灾害。他创立内科学消化专业,进而建立消化研究所。他开拓新领域,组织创办风湿免疫科,为发展我国医学事业作出了不可磨灭的贡献,受到国内外同道们的普遍尊敬和钦佩。

毕生奉献　硕果累累

1919 年 4 月 3 日,江绍基诞生在无锡一个工商业者家庭。6 岁入张巷第十七国民小学读书,自幼勤奋好学,12 岁考入私立无锡中学。在他的《自传》中曾经写道:"在学生时代就立志尽自己毕生精力为改变我国落后的医学科学做出努力。"1938 年江绍基以优异的成绩考入上海圣约翰大学,1945 年于圣约翰医学院毕业,获医学博士学位。毕业后,他来到宏仁医院内科担任主治医师。1952 年 2 月,他不顾自身安危,毅然奔向长春投身于抗美援朝的行列中,在 5 个月的积极工作中,他救治了不少伤员。1954 年江绍基任宏仁医院副院长,同年,宏仁医院并入上海第二医学院。江绍基于1957 年转入仁济医院任副院长兼上海第二医学院内科教研室主任,后又任医学系二部副主任、主任。

江绍基热爱自己的事业,并为此投入了毕生的精力,作出了杰出的贡献。无论是顺境还是逆境,他都不改初衷,潜心研究医学,并谆谆教导后辈,要刻苦钻研,热忱对待病人,帮助他们解除痛苦,无愧于崇高的职责。他在国外有许多至亲好友,多次希望他出国行医和定居,但都被他一一谢绝,他认为自己应该留在国内,为祖国、为人民服务。即使是在病榻上,他仍念念不忘消化所的科研和研究生的培养工作。他曾经说,他这一生做了两件事:一是五六十年代参加了血吸虫防治工作;二是创建了内科消化学科、上海市消化疾病研究所,进行慢性胃炎、胃癌方面的临床研究工作。

　　早在解放前，血吸虫病就在江南农村猖獗肆虐。骨瘦如柴、大腹便便的晚期血吸虫病人随处可见，触目惊心。1956年，党中央号召消灭血吸虫病。江绍基就开始穿梭于农村疫区，住茅棚草舍，吃粗粮青菜，常常赤脚走在泥泞的田埂上，全身心投入到了血吸虫病的防治工作中。之后的三四年间，他与黄铭新教授几乎牺牲每个星期日奔波于上海市郊指导血防工作。

　　在实践中，他首先总结并提出了急性血吸虫病综合征的标准。在疫区，有很多患有血吸虫病的侏儒症患者，身材矮小，发育不全。他与黄铭新教授进行了实地调查，在实验室重点研究探讨了该病的机理，发现经治疗后，这些患者大多能重新生长发育，并且治疗越早，效果越好。最后，他们提出了血吸虫病性侏儒症这一疾病的概念并阐明其机理。在他们的倡议下，对这些患者进行优先治疗，很多侏儒症患者由此获得了劳动能力。

　　此外，江绍基还率先采用乙状结肠镜观察和研究血吸虫病的结肠病变，针对性地提出了防治方法。当时，锑剂是唯一能够有效治疗血吸虫病的药物。然而，在大规模治疗中，医生们经常会发现一些猝死病例，这在国外的教科书中并无明确记载，国内医学专家对此也并无认识。经过我国学者的反复研究，逐渐明确了这是由于锑剂中毒诱发的心室纤颤，最终导致阿—斯综合征直至患者死亡。江绍基和黄铭新、潘孺荪教授等发现阿托品能够有效治疗锑中毒引发的恶性心律失常。在临床实践中，他进一步证明了只有大剂量阿托品能够救治锑剂所致的心律失常。在他们的倡议下，全国血防工作组曾以大剂量阿托品治疗锑剂心脏中毒作为常规,使死亡率从 50% 下降到了 10%,挽救了大量血吸虫病病人的生命。

由于在血吸虫病防治工作中的突出表现,江绍基被长期委任为全国血防研究委员会临床组副组长、上海市血防委员会临床组组长,还与黄铭新、潘孺荪主编了《血吸虫及血吸虫病》一书,这是由我国学者应用自己的临床实践经验编著整理的有关血吸虫病诊治的第一本参考书。为表彰他为血防工作做出的创造性贡献,江绍基曾被授予为上海市血防工作先进个人,记大功一次。

消化病学科在我国是从内科中稍晚成立的分支。建国后,由于大批人力、物力投入到心血管病的防治,而占医院一半以上病种的消化专业却没有被重视起来。20 世纪 50 年代,江绍基就看到了它的前景,并不倦地开拓这个内科新领域。当时仁济医院只有一套腹腔镜、一根半曲式胃镜,生化方面刚刚开展了 SGPT、SGOT 和蛋白电泳,有许多项目等待研究开发。1962 年,江绍基和当时刚做主治医师不久的萧树东白手起家干了起来。不幸的是,此项工作因"文革"爆发而停顿下来。1974 年,江绍基借在上海第二医学院图书馆翻译国外文献之际,在不到两年的时间内补读完了"文革"期间未读的文献,使自己赶上了国际先进步伐。1976 年,仁济医院又重新建立了消化病房,1978 年开始招收研究生。1984 年,仁济医院消化科已经在上海小有名气,发表了很多研究论文,并获得了很多科研成果及奖项。在此基础上,上海市科委批准仁济医院成立上海市消化疾病研究所,江绍基挑起所长和学科带头人的重担,重点研究常见的慢性胃炎和消化性溃疡的发病机理,胃癌的预防、早期诊断和治疗。

期间,江绍基与萧树东研究小组在国内首先证实我国存在慢性胃炎引起的恶性贫血;首先建立狼犬胃癌模型,并研究维生素与胃癌的关系,发现叶酸、硒、维甲酸能对胃癌癌前病变诱导分化,为胃癌防治开辟了新途径。为了寻找更有效的治疗方法,江绍基还曾经和二医大中医教研室的陈梅芳教授牵头,带领一批医、教、研人员积极进行中西医结合的治疗,外科、内科、中医、检验几方面合作,术前、术后动态观察,中西医序贯治疗。

江绍基先后培养了近30名博士和硕士研究生。他所领导的上海第二医科大学消化学科被评为国家教委和上海市教育局的重点学科,上海市消化疾病研究所实验室被评为国家卫生部重点实验室。鉴于他在消化学科领域内的杰出贡献,他连续三届被推选为中华医学会消化病学分会副主任委员、上海市消化学会主任委员、国际胃肠内外科医师俱乐部上海分会名誉主席等职,并于1994年12月当选为中国工程院医药卫生工程学部首批院士。

除了广为人知的消化病学新天地之外,江绍基在内科学的其他新领域也颇有建树。早在1964年,黄铭新、江绍基就提出并指导陈顺乐开展自身免疫风湿性疾病研究,后因“文革”而中断。1979年,当时的二医大成立免疫研究所,余㵑任所长,黄铭新任第二所长,江绍基任副所长。临床免疫研究室设在仁济医院,江绍基任主任,陈顺乐任副主任,并开设专科门诊,设病床8张,对系统性红斑狼疮和系统性硬皮病及类风湿性关节炎开展大规模的临床和免疫学调查。目前,该学科在全国,乃至国际上,已经具有广泛影响力。

业精于勤　治学严谨

读书可说是江绍基一生的挚爱,即便是在"十年动乱"中,只要有空,他仍坚持看书钻研。上海交大医学院附属第三人民医院的李如源教授曾回忆道:"'文革'期间,大家都无心学习,唯独江教授仍然孜孜不倦地从浩瀚的医学文章中汲取知识。有一天深夜,我们几个年轻人还在他家玩时,突然听到江师母一声惊叫,赶到其房间一看,才发现江老已经昏倒在床上,原来是读书时间过长,疲劳过度的缘故。经过抢救才慢慢苏醒过来。江师母说:'他老是这样,每天晚上都要看书到深夜,不听人劝阻,这样昏过去已经好几次。平时从不陪我上公园,难得去一次也是坐在公园的石凳上看书。'"

几十年来,他醉心于医学,几乎每天只睡五六个小时。他的一个学生曾说,江老师经常在他家附近的菜场早市开秤时才睡觉。江绍基阅读文献所做的摘记有百余本,记录过的文献少说也有6 000篇,而他自己留下的医学著作也有1 000多万字。江绍基曾经开玩笑说:"我的一生除了'文革'中一封检讨书外,从来没有被退过稿,也从来没有人改动过我的文字。"他中英文学养极为深厚,善于画龙点睛,增减一字一句都能使文章增色不少。他写作语句精炼,文笔流畅,要点突出,许多英汉医学字典还未收入的词汇,他却能意想不到地根据其涵义写出恰当的意思。他发表的论文达 200 多篇，其中不少获各种形式的奖励。他还花费了许多精力，总结自己的实践经验，主编过《临床肝脏病学》、《临床胃肠病学》，并与黄铭新教授共同编写了《血吸虫及血吸虫病》、《内科理论与实践》等国内外很有影响的学术巨著。江绍基参加过第二、第三、第四版全国教材《内科学》的编写，为了及时完稿，他夜以继日地工作，就在发病前还在伏案工作。

江绍基在工作中

1984 年起，江绍基任上海市消化疾病研究所所长。1990 年 10 月改任名誉所长。他历任卫生部医学科学委员会内科专题委员会委员、中华医学会理事、消化学会副主任委员、中华医学会上海分会副会长、上海消化病学会主任委员、上海市科协副主席。创办并担任《中华消化杂志》和《国外医学消化系统疾病分册》两本杂志的第一届和第二届主编。同时还担任许多著名医学杂志的编委，以及《斯堪的纳维亚胃肠病学杂志(中文版)》的主编。该杂志的国外主编让江绍基从杂志原文版中挑选最好的、最实用的论文,译成中文,并由该杂志支付印刷费用,印就的论文附在《中华消化杂志》上发表,免费赠给订阅者。江绍基的工作态度、翻译水平远播重洋,反馈到斯堪的纳维亚,北欧学者试着要求在中国留学的挪威学生,将他的中文译文复译成挪威文,两相参照,他们极其高兴和惊讶,中国学者竟如此深入全面地把握原作文意,遣词造句简直到了天衣无缝的地步,认为江绍基的工作不单单嘉惠于中国千万胃肠病学者,同时也对中国和北欧文化交流作出了贡献。

江绍基作为一代名医,医术高明,医德高尚,医疗作风严谨,循循善诱地引导、教育了一大批医务人员。他总是强调做一名人民需要的好医生必须要有正派的作风、和蔼的服务态度、精湛的诊疗技术。他的许多基本功,比如心脏听诊、肝脾触诊及肛指等十分扎实,力求体检正确而仔细,能从错综复杂的临床表现中抓住细节从而做出判断。听他对疾病的分析,年轻医师均感到收获很大,因为他擅长摆事实,讲道理,思路清,逻辑强,容易让人接受他的观点。他一直对他的学生说,做一个临床医生,知识面要广,这样才能思路宽,而且概念要清楚,思维不脱离事实,善于运用所知,贯穿所有现象,这样才能判断正确。诊病如侦探,诊断如破案,要不放过每一个细节。要达到这样的境界,并非一日之功,是他多年来不放松学习,不断更新医学知识的结果。

曾有一位严重腹水的病人,经过数次查房后,大家都认为是肝硬化腹水,但是江绍基经过仔细询问病史和体格检查后,马上补充做了肛指检查,即刻诊断为直肠癌并发腹腔转移和腹水，令其他医生敬佩不已。他的查房极为严肃，提问尖锐，盘问到底，促使年轻医生将似是而非的医学知识牢记于心。

江绍基始终密切关注国内外医学发展动态。在长期临床实践中解决了许多疑难杂症，如结节性脂膜炎、Budd-Chiari 综合征、血栓性血小板减少性紫癜等疾病，都是他在医院内首次诊断。曾有一名病人，下腹部有一个肿块，全市多次会诊，最后剖腹探查证实为腹内型脂膜炎。事后，有人问周围的医生当时是谁诊治出这个疾病的，大家都异口同声地说，只有江老师提出这一少见疾病的诊断。

江绍基重视与国际同行的交流。他渊博的学识、厚积而薄发的学术功底，得到很多国际知名学者的高度肯定。1978年，我国改革开放后不久，国际肝病学会主席、来自美国的Rudi 教授来沪讲学。会上，他向中国医生提了个少见的医学问题，当时无人能答，但是江绍基完满地回答了这个问题。Rudi 教授当场就称赞江绍基书读得很多，他们也由此成了好朋友。在江绍基逝世后，Rudi 教授专门发来唁电，称江绍基的名字将伴随他终生。

1981 年，国际著名肝病学家奥田邦雄来中国交流访问。在上海，他被介绍给江绍基。奥田和江绍基都是重视学术的学者，很快就成为好友。奥田后来说，江教授是中国消化病学界学术水平最高、最具权威性的学者。奥田本人是世界闻名的日本肝病专家，他自己水平很高，眼界也高，但他对江绍基的评价却是发自内心的。

1988 年 11 月，由江绍基任大会主席的上海第一届国际

江绍基参加学术会议

胃肠病学会议召开,到会代表 369 名,其中来自美、日、挪威、奥地利、韩国等国家的专家 98 名。这是当时上海召开的规模最大的国际会议之一,整个会议没有花国家一分钱,促进了学术的发展,提高了我国在国际上的学术地位。此外,他还用自己的学术影响,邀请了世界上许多著名的专家来沪讲学和交流,先后有 40 余批 70 多人。来沪专家均对消化所出色的工作十分赞赏,美国、日本先后有三所院校与仁济消化所建立了姐妹关系,不少外国专家愿意提供经费接受中国青年医生去进修或共同研究,条件是只要是江绍基推荐的就行。这些事例足以证明江绍基在国际同行中的口碑。

　　瑞金医院的吴云林教授曾回忆,1995 年初上海医学会举行"幽门螺杆菌学术会",江绍基在会上作了幽门螺杆菌研究进展报告,他对这一世界性的医学课题的发展动向进行了深刻精辟的阐述,使到会学者惊叹不已,当时江绍基已年逾古稀,但对当今世界医学却了如指掌。黄铭新教授也曾感慨地说:"江绍基在一次有关风湿病学的基础免疫研究发言中,不用发言稿,神气酣畅,侃侃而谈,头尾一个半小时,听众都被他周密的思路、充分的论据、雅正的言辞所折服,全场鸦雀无声,到报告结束时全场掌声雷动,久久不歇。"

仁心济世　医德楷模

江绍基学富五车、著作等身,作为一代名医,他始终把时间和精力花在救治病人身上。曾有一位老太太,突然发热后神志不清住院治疗,经检查脑脊液微有浑浊,白细胞增多。由于病人原患类风湿性关节炎,长期服用激素药,拟诊为霉菌性脑膜炎。江绍基复查后,提出需考虑肺炎链球菌性脑膜炎的可能,应立即再做脑脊液检查。检查结果果然是肺炎链球菌性脑膜炎。经对症治疗,病人恢复了健康,老人一家一直念念不忘江绍基的救命之恩。

早在江绍基还在宏仁医院工作的时候,一年深秋,极司菲尔路(现万航渡路)上某家翻砂厂的员工小杜身患重病,被确诊为伤寒。虽然厂主陪同四处求医,但两三个月过去了收效甚微,眼看着一步步病情恶化。一天夜里,病人突然泻血不止,脸色苍白,家属痛哭流涕,同厂工友也都极为同情和感伤,但却束手无策。一筹莫展之时,有位工友提议找宏仁医院的江绍基看看。这时已是深夜12点,他们试着打了电话,江绍基二话不说,在凌晨1点赶到了厂里。深秋的晚上很寒冷,江绍基一到就立即进行抢救,又是检查又是注射,一直忙到凌晨 3 点。天亮后病人被送去宏仁医院,随后经住院治疗20 多天后痊愈出院。

还有一次,一位远在东北的小病孩持续发高热,经多家医院医治无效,拖了半年,不得已来上海求医。住进仁济医院后,儿科病区医护人员全力进行救治,但一直未能查出病因,病情日益严重。有医师建议请江绍基看看。这时的江绍基已是国内外知名的专家了,工作非常繁忙,且年事已高,但得知这一情况后,他立即放下手头的工作,赶到小病孩的身边,翻阅了病历,仔细做了检查。对主治医师做了医嘱,很快,小孩的病情转危为安,由重转轻,不久神奇般地痊愈出院了。

江绍基还曾多次参加农村巡回医疗。这位大上海的名医,与下乡的所有医务人员一样,背着小药箱,踏着泥泞的小道,走村串户地为病人治疗。当这位名医下乡的风声传开,来找他治疗的病人络绎不绝,而他不论有多忙多累,都是热情接待,认真诊治,并不厌其烦地向病家解释病情,直至病家满意为止。医疗队领导见他忙得有时连饭都顾不上吃,几乎没有休息时间,提出对求医病人在数量上加以控制。江绍基不同意,说:"农民看次病不容易,要多为他们想想,这是我们做医生的本分。"对于有些重病人和急症患者,不论是电闪雷鸣的雨天,还是漆黑茫茫的深夜,他总是上门诊疗。江教授的儿子江尧湖回忆说,印象中不论是多晚的深夜,只要有电话来求诊,父亲都会立马动身,披上一件大衣和司机一同出门。农民们亲切地称呼他是"没有架子的好医生"。

江绍基为人豁达,平易近人,乐于助人,容得五湖四海,不计个人得失。据上海市第一人民医院巫协宁教授回忆："1973年，我完成编写《败血性休克的抢救》一书，也是由江绍基老师帮忙审校的，但他不愿署名。他一生中从不宣扬自己，而是将荣誉归于别人，这种美德在当今之世界很难找到同样的了。"上海联合名医保健中心陆正康回忆江绍基："他担任《世界医学信息》和《海普医药交流》主编，直至创办上海联合名医中心都是义务的，可他从不宣扬自己。"

江绍基院士

作为《中华消化杂志》的创办人和主编，在杂志审稿过程中总会遇到全国不少单位的不同学术观点，其中不乏专家和权威人士，处理时相当棘手。但江绍基常常对编辑部的工作人员说，对待专家、权威的观点不宜有先入为主的主观意见，即使是同一单位的不同观点也是正常的，不能以大压小，而应以科学性、先进性、实用性的准则对待学术研究问题。他对待基层单位的来稿总是一视同仁，只要有一点可取之处就要用其一点，从不求全责备或专挑不足之处。《中华消化杂志》的夏维新在刚从临床工作调到杂志编辑部工作的时候，一切都还很陌生。一次与江绍基交流问题，谈及全国不少单位在学术观点上有不少差异，而其中不乏专家和权威人士，处理时感到很棘手；另外基层单位条件较差，难以进行高难度的工作，难以写出高水平的论文，也使他感到很困惑。然而江教授说了八个字，便使他茅塞顿开。他说，对待专家和权威不宜有先入为主的"门户之见"，而对基层单位则要用"一孔之见"来处理他们的稿件，能用一点是一点。这八个字成为夏维新今后工作的格言。

1991年，适逢中华消化学会换届，前任的主任委员郑芝田教授年事已高，当时不少人认为以人品、学识、资历而言，新主任委员非江绍基莫属。但他却以工作为重，提议由北京常委继任为妥。他常对自己的学生说，事情要大家做，要团结二医大各医院、上医大、二军大及其他医院的消化科医生，为消化病学及祖国的医学事业的发展，攀登医学高峰而作出贡献。江绍基在1991年底的全国消化学会年会上，他带头作专题报告，以示告退，报告之末，赋诗一首，讲到"长江后浪推前浪"，其顾全大局，不争名位的高风亮节，令人敬佩。

第三军医大学的刘为纹教授，初次与江绍基相识是在1962年，当时部队系统在上海延安饭店第一次召开全军消化病专业组会议，大会30余人曾到上海仁济医院参观江绍基的腹腔镜工作，深受启发。10年后，刘教授调至长海医院工作，初到上海，人地两疏，曾多次请江绍基会诊，江绍基总是有请必到，言无不切，态度谦虚。无论是医德还是医术，都使刘为纹获益匪浅。江绍基就是在这些日常交往中与全国各单位的教授们结下了深厚的友谊，为业内的团结与和谐创造了良好的氛围。

关于江绍基的美谈还有很多很多，曾经有一位申请副主任医师职称的医生，求江绍基为其预审论文，江绍基其实并不认识他,但仍为他仔细修改,使他得以通过。

除此之外,江绍基还是民盟上海市委顾问、民盟二医大基层委员会顾问。作为民主党派成员,他是中国共产党的挚友,长期与党同心同德,为民盟的组织建设和思想建设,为党的统一战线政策的实施,为贯彻共产党与民主党派的长期共存、互相监督、肝胆相照、荣辱与共的方针,作出了积极的贡献。他是政协上海市委第六、第七届委员和常委,在政协的医卫委员会中发挥了参政议政作用,在人才培养、医院管理等方面提出过许多建设性意见。他还曾被评为上海市劳动模范。"文革"期间,很多旅居国外的学生和朋友都怪江绍基不听建议,没有早些出国,有的甚至主动提出,想办法尽早请他出国定居。但是当时的江绍基,虽然被打为"反动学术权威",却仍坚定地回答"不",他说这是他生活、学习和工作的祖国,乌云总有散去的一天,人的意志要在逆境中接受考验!

一代名医 桃李芬芳

赞颂江绍基"万众桃李",不是过誉之词。他在上海圣约翰大学毕业后,在从事医疗实践和医学科研的同时,兼任教职。50年中,聆听过他医学课程的学生有万人之多,其中不少学生已经成为国内乃至国际医学界的栋梁。为使自己的事业后继有人,江绍基倾注了大量精力,他不顾高龄亲自上讲台执鞭示教,直到手术前两天他还让助手为其准备遗传学讲稿,并说这些东西年轻人懂得太少了,等病好了要为他们补上这一课。江绍基十分重视医学教学工作,他生动活泼的讲课内容深受医学生的欢迎,多次被评为各级优秀教学工作者。他一直说,老师对学生的影响很大,他之所以选择内科并以消化学科为自己的专业,与学生时代老师的熏陶和启发不无关系。

严师出高徒,江绍基对学生要求非常严格,一丝不苟。瑞金医院的徐家裕教授生前回忆起他追随老师的岁月总是感慨万千。先前提及的肛门指检确诊直肠癌并发广泛腹腔转移和腹水的病人就给了徐家裕很深的触动。他认为"那一次的教育极其深刻",使他终生难忘,以至于后来他自己带教学生和诊治病人时每次遇到腹部膨隆疑有腹水的病人,他总要做肛门指检,以排除可能的漏诊。有很多学生和青年医师,早已传闻了他的这个"脾气",还给他起了一个"肛检"老师的绰号。徐家裕回忆说江老师来查房,学生们是又怕又要跟,但是在查房后休息时,他又待学生们如弟妹。徐家裕记得当时宏仁医院离南京西路上的"凯司令"西点店很近,江老师经常会摇个电话给他:"家裕,把白大衣脱了去吃栗子蛋糕。"如此的高尚学风,这样亲切的师生关系,奠定了江绍基与学生之间的深厚情谊。

上海市卢湾区中心医院消化科的屠柏强主任经江绍基启蒙,做过一些氧自由基和抗氧化剂的课题研究。有一次去江绍基家中看望,顺便谈起科研工作,江绍基指点说近来国外有关于半胱氨酸作为增强胃粘膜防御的研究,如对NSAID损害的预防等。为了能使他了解得更清楚,江绍基走进书房拿出一沓笔记本,这一本本笔记本是他勤学奋进的佐证。屠柏强当时赶紧做了摘录。后来在做实验的过程中又缺少一些试剂,江绍基知道后,认真地写在出国访问时随身携带的笔记本上,回来后又将国外的见闻和了解情况,详细作了解释。这对他日后的课题进展起到了深远的影响,作为学生,屠柏强至今感激不已。

房静远教授是江绍基的关门弟子,他说自己是"江教授的许多学子中最幸运的",江绍基一丝不苟做学问的精神对他产生了重大的影响。江绍基要他"吝惜时光,大量阅读相关文献"。他在不断积累资料的基础上,写了 7 篇反映消化内科新进展的综述论文。每一篇江老师都是逐字逐句地阅读,核对参考文献。回到他手中时的修改稿连潦草的字迹都被一一改正,英文文摘的语句也理顺了。房静远回忆,他去江绍基家里,几乎总能见他坐在摆满中外文书籍的书房里,或是替人审稿,或是编写专著。尤其是在他生病住院、手术前一天,还通知自己到他床边,交还一篇审过的综述草稿和一段书面意见。望着老师的白发,房静远深深地被感动了。他的课题是维生素防治胃癌的分子生物学方面的研究,在进入消化研究所之前课题设计已经完成。江绍基及早地提出了测定胃癌血供动、静脉血内维生素的设想,并多次征询他对课题设计的新想法和课题的实施情况,一再地叮嘱他一定要实事求是。当老师听说维生素 C 的含量出现意想不到的结果时,立即要他去查相关资料,并着手准备采用较先进的高效液相色谱分析法测定。江绍基敏捷的思路和严谨的科学态度深深地影响到了房静远。

江绍基言传身教,不仅对学生传授医术,而且注重培养他们的医德和品格。他教育学生要热爱祖国,做一个堂堂正正的中国人;他要求学生在对病人治疗时要慎之又慎,不能有任何的误诊;他启发学生要一生勤奋,永不自满。上海第二医科大学原校长王一飞教授曾是江绍基的学生。在江绍基病重时几乎隔天就会前来探望一次。"文革"刚结束时,他曾与江绍基在图书馆相遇。江老师对他说:"逝去的时间已不复返,我只能抓住今天迎接明天。要学的东西太多了,免疫学、细胞生物学、分子生物学……学海无涯啊!"王一飞曾有幸 3 次随同江绍基出访美国。他俩朝夕相处,相谈甚欢,江老表示要在有生之年多为二医牵几条线,要为学生多开几条路,并且要让中国的传统医学也能载入世界医学的史册。王一飞回忆道:"他以 70 岁的高龄,起早摸黑,不辞辛劳,牵线搭桥,笔耕不辍,我感到诚挚的中国情,我见到了堂堂正正的中国人。"后来王一飞担任校长之后还特聘江绍基为医学教育与研究的顾问。江绍基是名副其实的又"顾"又"问",在讨论医学教育改革时,江绍基曾与他长谈一个下午。他建议要大刀阔斧地改革现行的医学教育课程并改变教学方法,以适应生命科学的新纪元。他主动承担开设"肿瘤学"等课程,并建立相应的教研室。他提出住院医生培养的新规定与新措施。每次想到这里,王一飞总是说:"他的慈祥宽厚已经铭刻在我们的心灵深处,永世不可磨灭。"

　　江绍基的学生如今散布在全国各地,活跃在医、教、研的第一线,他们业务精湛,学识渊博,能力出众,医德高尚,这些都离不开江绍基的早期培养和言传身教。江教授深知办好研究所、带好科室,人才是第一要素。他将消化学科分成胃肠病和肝病两大组,为每位医师指方向、定目标,使其各有所长。一方面他从各方面罗集人才,求贤若渴;另一方面他在改革开放之初就竭力与国外熟悉人士联系,推荐业务骨干和青年医师到国外医院和医科大学深造,并且积极利用国外资助,落实出国人员的生活费用。在他的努力下,当时所内的医疗骨干和年轻医师一批批地到国外学习,被派往的国家有日本、美国、法国、澳大利亚等十几所医院和研究机构,为其他各科室的医师所羡慕。

瑞金医院消化内科主任吴云林教授是江绍基的第一位博士生,在江绍基和萧树东教授的多方联系下,吴云林以中日联合培养博士生的身份,前往日本昭和大学学习。江绍基曾两次为他饯行。第一次是在襄阳路的乔家栅,第二次是在杏花楼。就餐前江老师和吴云林单独谈话,叮嘱他:"对他人要谦让、容忍、大度。自己的利益不要看得太重,一个人不要有过分的奢求。"吴云林回忆说:"他知道我曾经插过队,工作上有一股劲,反倒劝我不必像日本人那样拼命,在外要当心身体,有困难可以向他反映。"这番话深深地触动了吴云林的心。吴云林还说在自己事业成功的时候,江老师却不像别人那样说些好听的话,倒是委婉地告诫他须知"山外青山楼外楼";而当他遇到困难和挫折的时候,江老师却乐呵呵地拍拍他的肩膀,说:"你见过哪个意志软弱的人在事业上是成功的,可以说一个也没有。"

回顾江绍基的一生,可谓踏实中方显厚重,平淡中蕴含辉煌。自幼聪颖过人,少年便怀有悬壶济世之心。医术精湛,拯救黎民苍生于疾苦。医德高尚,无论病家、学生抑或同道均对其赞不绝口,心悦诚服。治学严谨,著书立说,留下论文专著无数。甘为人梯,万众桃李,培育了无数医学栋梁。

一代名医,报国报民,呕心沥血创业绩。

万众桃李,继师遗愿,齐心协力展宏图。

人世楷模,容得五湖四海,德高望重。

医界泰斗,读过千宗万卷,功垂业就。

这两幅挽联是江绍基的学生莫剑忠教授为江绍基追悼会撰写的,对江绍基一生的医术、医德、学识、人品和贡献、成就进行了高度的概括和确切的评价。

（黄　欢　董　樑）

双螺旋线谱上的作曲者

——记中国工程院院士顾健人

顾健人院士

顾健人(1932—　)，江苏苏州人，肿瘤分子生物学家、教授、中国工程院首批院士。上海交通大学医学院附属仁济医院上海市肿瘤研究所研究员、名誉所长，博士生导师。1954年毕业于上海第一医学院。1979—1981年在英国Beatson肿瘤研究所做访问学者。1986—1995年应邀与美国国立卫生研究院(NIH)长期合作与互访。1995—1999年任美国通用汽车癌症基金委员会评奖委员会国际评委。

1987—2000年任国家"863"高技术规划生物技术领域《基因工程疫苗、药物和基因治疗主题》专家组组长、专家委员会委员及基因治疗重大项目责任专家。2001—2004年任《国家重点基础研究发展规划》(973)第二届专家顾问组成员。2008年起任《国家中长期科学和技术发展规划纲要(2006—2010)》传染病重大专项评估与督导组副组长。50多年来，主要从事肿瘤病理、肿瘤生物化学、肿瘤分子生物学领域科研、教学工作。1985年创建癌基因及相关基因国家重点实验室，1987年至2002年任该实验室主任，2003年至2007年任该实验室学术委员会主任。先后承担国家科研项目15项。在国际上首次发现了肝癌的活化癌基因谱,获国家科技进步二等奖、卫生部科技进步一等奖。发现了染色体17p13.3存在高频率缺失,证明了LOH最高频率的区段。1998年起,主持了以细胞生长为基础的高通量功能基因筛选,发现了300余个具有抑制或促进细胞生长的新基因全长cDNA,获上海市科技进步一等奖。是我国癌相关基因及基因治疗研究的奠基人之一,提出了肿瘤是一种系统性疾病的概念及证据。顾健人教授共发表论文500余篇,获中国发明专利64项和美国专利4项。曾荣获上海市先进卫生工作者、上海市首届科技功臣、卫生系统模范工作者、全国"五一"劳动奖章和全国先进工作者、上海市医学荣誉奖、何梁何利基金科学与技术进步奖、光华工程科技奖。

深透灵魂、富寓哲思的古典音乐是顾健人院士的酷爱。对于自己从事的肿瘤科学研究,他有着极富音乐性的理解:"DNA中的AGCT四种碱基,排列组合,形成千变万化的遗传密码,就如同琴键上12个音阶的变幻组合,呈现出各种不同的旋律与乐曲。"顾健人院士就是这样一位以"AGCT四个碱基"为音符,在双螺旋线谱上创作的科学家。让我们静心聆听,共同欣赏这绚丽的乐章。

跳动的音符

从病理科医生,到筹建上海市肿瘤研究所;从中科院细胞所的学生,再到国家公派访问学者;从病理学,到生物学、核酸生化、分子生物学,顾健人围绕着"癌症的真相"这一主旋律,不断地变奏,上下求索,恰似一串串跳动的音符。

1932年，顾健人出生在美丽的历史文化名城——苏州，在这里度过了美好的童年和少年时光。他的父亲是一位颇有名望的医生，而且是苏州第二人民医院的创始人之一。由于深受父亲的影响，顾健人从小就立志从事医学事业，想成为一名技术娴熟的外科医生，可以治病救人，受人尊敬。1948年，16岁的顾健人以优异的成绩考取了当时的上海医学院医疗系。就这样，这位喜欢古典音乐、酷爱贝多芬和莫扎特的少年，拉开了他医学人生的序曲。

1953年，高等教育部号召一部分医疗专业学生转学基础医学专业，学校分配顾健人学习病理学，他欣然接受了，因为病理学这门神秘的学科可以告诉人们"疾病发生的道理"。于是，顾健人来到了广州，师从著名病理学家梁伯强、秦光煜学习病理学知识。这一年，顾健人第一次对尸体进行病理解剖，一步步分离脏器，再仔细缝合尸体，当持续了7个小时的解剖在凌晨结束时，顾健人不禁陷入了沉思。他问自己：我学病理是为了什么？怎样才能对得起为医学贡献出遗体的逝者？要敬畏生命，告慰逝者，造福生者，这是崇高的使命！从此，顾健人爱上了病理学。

1954年，顾健人被分配到上海市肿瘤医院做病理科医生。在这个岗位，他一干就是5年。在这里，他遇到了临床病理的南方创始人顾绥岳教授。顾教授告诫他："只看着切片是做不好病理医生的，一定要去床边看病人。"每天的工作量是巨大的，顾绥岳教授仍然带着病理科的医生们去查房，和临床医生沟通。尽管很辛苦，可是，当看到自己的知识能够为病人的诊断和治疗提供帮助时，顾健人的心里洋溢着自豪。他要成为顾绥岳教授那样优秀的病理科医生，虽不治病亦救人。

　　顾健人原本以为病理科医生就是他的终生职业了，可是生命的交响乐再一次变奏。1958 年，组织上要他参加筹建上海市肿瘤研究所，任务是进行肿瘤的病因与发病机理的研究。这一任命令他深感原先学过的病理学知识远远不够用。而此时，他也渐渐萌生了一个想法——病理可以解决肿瘤的诊断，但仅仅依靠形态学是不能解析肿瘤发病机理的，靠什么才能揭开疾病的真相呢？此时，Chargoff 的《核酸》一、二卷出版，顾健人认真研读后，大受启发和鼓舞：肿瘤细胞来自正常细胞，但又不同于正常细胞。肿瘤细胞增殖不息并持续它的恶性行为，肯定是遗传物质（即核酸）出了问题！此时，双螺旋理论刚刚提出，遗传物质的本质仍在争议之中，顾健人对此产生了浓厚的兴趣，迷恋上了"AGCT"这四种碱基。

　　28 岁的顾健人决定再次"改行"，向已经从事多年的医学和病理学"告别"，从头学起。他以一名讲师的身份来到中科院细胞所做了 4 年学生，跟随吕家鸿教授学习核酸生物化学。白天在细胞所做实验，晚上进行肿瘤所的筹备工作。在此期间，顾健人受到文献的启示，随后通过实验，发现小鼠正常肝细胞的 RNA 处理肝癌细胞后，不仅致瘤性被抑制，而且癌细胞的糖代谢通路发生向正常细胞表型转化，提示了细胞的恶性行为可能被逆转。从此，顾健人的一生与肿瘤核酸研究紧紧相连。

　　50 多年过去，顾健人回过头来再看自己这一科学发现时，他认为：当时的实验仅提示了通过基因产物的干预，使癌的恶性行为得到部分"逆转"的可能性。实际上,实体性恶性肿瘤逆转为良性肿瘤几乎不可能,但是某些实体瘤在适度治疗的干预下,使癌的恶性行为有所制约,最终形成肿瘤与机体长期共存即"带瘤生存"状态,这还是有可能的,但却是一个尚待研究的命题。

1978 年,顾健人考取国家公派留学,在英国格拉斯哥 Beatson 肿瘤研究所师从国际著名分子生物学家、欧洲细胞生物学会主席约翰·保罗(John Paul)教授从事基因表达和调控研究,正式进入了分子生物学领域。1981 年,顾健人结束了为期 3 年的研修,回国后开始探索原发性肝癌的癌基因及其相关基因的研究,在基因水平上寻求肝癌防治的新途径。

优美的旋律

在艰苦和漫长的实验探索中,顾健人这位"双螺旋线谱上的作曲者",创作出一段段优美的旋律。以其敏锐的洞察力,丰富的想象力,不断开拓肿瘤研究的新思路、新方向。他挥动科学的翅膀,在 DNA 双螺旋结构的天空中不断地冲破云霄,自由翱翔。

20 世纪 80 年代,国际上普遍认为是一个或者两个基因的突变造成了细胞的癌变,顾健人对此提出了质疑。他首次报道了肝癌存在多种原癌基因及生长因子受体基因的激活。他认为癌症并非单一基因改变所致,是一群基因决定了癌的发生及其发展。1981 年,顾健人承担了国家"六五"(1981—

1985)科技攻关项目"人肝癌癌基因的分离、表达以及肝癌癌基因与乙型肝炎病毒对肝癌的关系"研究课题。癌基因来自细胞中"原癌基因"的激活,如果把这种癌基因分离出来,再用一定方法将其转移到正常细胞中去,该细胞即会发生癌变。原癌基因在人类漫长的进化过程中,一直被保留下来,说明它们有正常的生理功能。它们在胚胎发育、细胞再生和神经发育中是必不可少的。人出生后,原癌基因处于受控制状态,所以很安全,只是一旦受到环境因素如化学致癌物、射线或病毒侵袭后被激活,从而产生大量致癌的蛋白质,使细胞代谢异常、增殖和失控,最终发生癌变。1980—1989 年期间,当时国际上认为,一种基因的改变即可引发恶性肿瘤。但顾健人和他的助手们经过数年努力,相继发现了包括 N-ras、c-myc、c-est2、IGF-II 受体及 CSF-1 受体等 7 种癌基因及相关基因有异常的激活,成为肝癌相关的癌基因谱。顾健人提出了人肝癌的发生不可能仅由于一两个基因的改变,而是存在一个异常的激活的癌基因谱。他回顾这段历程时说:"20 多年过去了,癌症已被公认为多基因参与的疾病,涉及癌发生的基因已远远不止以上几种。癌症是涉及一大群基因激活和失活的'网络性'疾病。不同肿瘤以及不同病人中涉及的基因类别也不尽相同,而且有其特征的谱型,这可以成为个体化治疗的基础。"这是当时国际上最早提出多基因参与癌发生的实验室之一。顾健人当时的相关研究成果被授予卫生部科技进步一等奖、国家科技进步二等奖。

肝癌被喻为"癌中之王",中国是全球肝癌发病率最高的国家之一。肿瘤流行病学资料表明,肝癌的发生与乙型肝炎

顾健人在工作中

病毒感染密切相关。顾健人提出 HBV DNA 是乙肝病毒感染的最重要标志物，并首先于 80 年代初在国内建立了利用斑点分子杂交诊断乙肝病毒 DNA 的技术平台，获得了国家科技进步二等奖。同时，他与浙江大学何南祥教授合作，在乙肝病毒与肝癌关系的分子机理研究中，发现乙肝病毒携带者的流产胎儿肝细胞中存在 HBV DNA 的整合，这是国际上首个对乙肝病毒母婴传播的直接证据，是经得起历史考验的研究结果。此外，在儿科临床随访中发现新生儿乙肝标志阳性者，可发生肝功能异常。后来，在与美国国立癌症研究所的合作中，又发现乙肝病毒 X 基因可阻断 p53 基因调控的 DNA 修补基因 ERCC3，而使基因组在环境致癌因子作用后易发生修复错误，对化学致癌更为易感而导致癌变。根据实验室的研究数据，顾健人于 1988 年提出了"人肝癌发生的两种模式"：一是子宫腔内或围产期乙型肝炎病毒感染以后再接受化学致癌因子作用。从婴儿期起乙肝病毒已在肝脏内存在,以后在特定条件下形成肝癌,这或许是我国的一种特殊模式。二是早年受化学致癌因子攻击,导致肝细胞损伤,形成"启始",以后再发生乙肝病毒感染,后者可能起了促癌作用。国际著名杂志 *Carcinogenesis* 的编委特邀他撰写了一篇综述,将上述两种模式的观点公开发表,在国外肿瘤研究学术界引起极大关注,迄今对肝癌防治仍具有重要意义。

20 世纪末,国际上出现了肿瘤基因组研究的热潮,当时国际上都集中于对各种肿瘤表达的 cDNA 谱型进行研究。顾健人认为,仅仅着眼于基因表达丰度的研究具有很大的局限性,因为在表达的基因中,仅一部分基因与癌的发生有关。他在肝癌基因组学研究中,另辟蹊径,创新性地设计了以细胞生长为基础的高通量 DNA 转染技术平台,以基因功能为切入点,直接在基因组水平筛选出对肿瘤细胞生长有促进或抑制作用的基因群。分离与疾病相关的基因是人功能基因组学研究的重要组成部分,也是我国基因组研究的战略重点。这种新的基因筛选策略,加快了有应用价值的如对癌的诊断、药靶及基因治疗的新基因的发现,为开发具有自主知识产权的生物制品提供了物质基础。在为期 6 年多的研究中,共做了 3 万多个转染实验,观察对癌细胞克隆形成的影响,看这些指标是促进其生长还是抑制生长,结果发现有 3 814 个基因具有促进或抑制细胞生长的作用,其中已知基因为 2 836 个,全长新基因 372 个,还有 598 个尚未确定性质的新基因序列。在对 2 836 个已知基因分析中,意外发现其中有一群基因,包括环境、营养、氧化还原相关基因;与免疫相关的基因;离子通道及离子、小分子的转运蛋白;神经递质受体等同样与细胞生长相关,顾健人把这一大类基因定位为"系统性调控基因群"。这些宝贵的、大量的生物信息学的数据为顾健人进行的癌症机理研究提供了全新的启示。用顾健人自己的话来说:"这些结果对我本人认识癌的发生,具有颠覆性的意义。"

人体肿瘤的形成虽然与基因缺陷或异常有关,但是环境因子如化学物质、病毒或其他微生物、营养以及机体的各种因素(包括精神、免疫、激素、代谢或中间产物等内外因素)也十分重要。癌症研究仅仅局限于癌本身以及癌细胞是远远不够全面的。从此,顾健人将癌症定位于"以局部组织细胞异常生长为特征的系统性疾病"。癌症既然是细胞异常生长为特征的疾病,但机体对细胞生长的调节系统应该是多方位、多层次的。肿瘤的发生可以理解为神经、激素以及免疫监控等已存在缺陷,癌的发生发展可能是机体系统性调控失衡,发生缺陷或错乱的结果。顾健人由此和杨胜利院士提出了癌的系统性调控以及癌是一种系统性疾病的理论体系。这项耗费了 6 年多时间的工作发表在《PNAS》(美国科学院院报)上,并在国际上得到了极高评价,认为他"开辟了一个新的领域",引起学术界的广泛关注。

长期以来,癌症被认为是一种局部脏器或组织的病变,如果癌症是一种系统性疾病,那么怎样来治疗是需要认真思考的问题。顾健人指出,首先我们应从系统整体观认识肿瘤,进而思考对肿瘤的治疗模式。癌症治疗必须是以不牺牲机体的调控系统功能及其修复为前提。对于早、中期的恶性肿瘤,无论是手术、放疗、局部介入治疗等,去除其病灶应有利于整体调控系统功能的修复。但同样重要的是,对肿瘤治疗,除了现有的手段,应该加强修复和重建机体对细胞调控的平衡态,包括神经、激素、免疫等系统新的标志物的发现与检测,以及重建平衡的新方法,这将是今后研究的重要方向和领域。

协 作 的 乐 章

"带领学科团队就好比是交响乐队的指挥,要尽可能调动每个人的积极性,协调他们之间的关系,使得每个人发挥最佳水平,这样才能取得最佳效果。"

1985 年,由于上海市肿瘤研究所在癌基因研究方面的突出贡献,国家批准建立"癌基因及相关基因国家重点实验室",这是隶属地方研究所中第一个国家重点实验室,顾健人任实验室主任。

顾健人做了 18 年的实验室主任,作为学科发展的引领人,他综观大局,既有战略眼光,又有战术思想,立足前沿,交叉融合,协作攻关,将科研工作保持在可持续发展的轨道上。他对同事和学生们说:"我出的点子,有十分之一证明是对的就算不错了,如果出了错点子,实验失败,我来负全责。"

作为国家重点实验室主任,顾健人的任务之一是敞开协作大门,使实验室向全国开放。这就要有"甘当配角"的思想境界,在顾健人言传身教的带领下,实验室与有关兄弟单位

顾健人和他的科研团队

进行了协同作战,取得了令人可喜的成绩。如早年与华西医科大学黄倩协作完成了抑癌基因 Rb 的系统研究,建立了 Rb 基因大肠杆菌表达系统,是继美国李文华实验室后建立的第二个表达系统。实验室还自行设计合成了多肽片段成功制备抗体,在 19 例中国视网膜母细胞中证明全部有表达缺陷。浙江大学医学院何南祥教授的研究生在顾健人的实验室里完成了"乙肝病毒人白细胞中 HBV DNA 的存在状态研究",在国际上首次证明了胎肝中乙肝病毒 DNA 的整合,具有标志性意义。

作为博士生导师,顾健人始终坚持为人师表,甘为人梯。想方设法为青年一代创造良好的学习、科研环境,为后辈创造条件,以自己的影响力为中青年科研人员保驾护航。以自己良好的学风,严谨的治学精神,创新的研究思路,开拓未来。长江后浪推前浪，看到今天一批新生代已成长为学科带头人，顾健人为他们感到骄傲和欣慰。

现代科学研究必须协同合作，是团队智慧的结晶。顾健人常说：带领学科团队就好比是交响乐队的指挥，要尽可能调动每个人的积极性，协调他们之间的关系，使得每个人发挥最佳水平，这样才能取得最佳效果。

永不休止的进行曲

"在知识的海洋里，我永远是一个初学者，要承认自己的无知。"

顾健人回忆："我自幼智商远不如他人，小学念算术，对'鸡兔同笼'中的'1'代表什么，总是不得要领。羡慕别的小同学真聪明，只能怪自己太笨。语文成绩经常是在及格线上下挣扎，对'也、矣、焉'不知怎样用法。但是先天不足可以用后天勤奋来弥补。一遍不行，数遍乃至十遍总有弄懂的时候。我大学毕业后，从病理学到生化和分子生物学，除了老师指导，主要靠自学。感谢老师们给了我一把自学的钥匙，使我终生受用。"

学习，永远没有画上句号的时候。70岁以后，为了更新知识，顾健人重新学习新版的生物化学、胚胎学。2004年，他又开始自学神经生物学。正因为在知识的海洋里他永不倦怠，所以在科研的浩瀚宇宙中，他前进的步伐永不停歇。最近，顾健人和他的年轻同事们在世界上首次证明了肝脏细胞和肝癌细胞可以产生非神经源性的神经递质乙酰胆碱,但肝癌细胞中乙酰胆碱酯酶在 70% 以上的病人中表达下调,而乙酰胆碱酯酶的水平与肝癌患者的预后直接相关。这一发现,令顾健人兴奋不已! 这再次证明了肿瘤是一种系统性失控的疾病。由此,他想到肝脏这样一个外周器官,它的细胞可以产生神经递质,肝脏是否存在一个由神经递质—激素—免疫系统组成的器官水平的调控系统,相当于一个"地方政府",从而提出了机体由中枢及外周器官的两级调控系统的大胆假设。这个假设已在他主编的英文版《原发性肝癌》一书的第一、第二章中作了描述。该书已于 2012 年 6 月由 Springer 与浙江大学出版社出版。他在该书中对系统性调控的理论作出了全面描述,他认为:机体存在中枢的神经—激素—免疫系统为核心的"中央调控系统";器官存在自身的神经递质—激素—免疫系统为核心的局部调控系统,两者构成了强大的防御系统。只有在这两级防御系统失控的条件下,才会发生肿瘤。事实上,肿瘤每年的发病率约在 0.2%,远远低于高血压、糖尿病的年发病率。也就是说,在人群中,有 99% 的人其实是没有患肿瘤的,尽管化学致癌物质和致癌的病毒感染无处不在。那么,这究竟是因为什么? 唯一的答案是:人体具有对肿瘤的强大防御机制。第一

顾健人院士

道防线，是防毒和解毒系统，比如 ATP 泵的转运、P450 和谷胱甘肽的解毒等；第二道防线，是细胞 DNA 的自我修复系统。一旦致癌物未能解毒而作用于细胞 DNA 造成损伤，细胞可启动 DNA 修复系统，进行自我修复，防止突变的发生。第三道防线，是机体的免疫系统，它不仅可抗御外来的微生物，而且对体内的"突变"细胞进行清除。理论上每 10 亿次细胞分裂就可能产生一个突变的细胞，这些自发突变细胞或由致癌物导致的突变细胞理论上大部分将被机体免疫细胞所清除，上述机体的防御体系可解释大多数人不生肿瘤的原因。破译这些防御系统如何在人体日常运作，如何去监测它的正常工作状态，不仅对预防肿瘤，而且在肿瘤手术、放化疗后如何进行重建机体的平衡态将提供新的思路。

"战胜肿瘤"是每一位医学工作者追求的梦想，人类对于肿瘤治疗的探索从未终止。80 多岁的顾健人虽然不再是一个医生，但他永远有着一颗济世救人的心，依然在思考着永恒的人体之谜。"如果健康条件许可，在肿瘤的诊断和治疗研究中能添上一砖一瓦，解决一个关键问题，来到地球一次，就算不虚此行啦！"朴实的语言，崇高的科学家精神，这首激昂的、永不休止的进行曲，振奋人心，感动和鼓舞着年轻人。

未完的乐章

"我似乎又回到了起点，但是更高的起点。""科研生涯如登山，走不尽的路，爬不完的山，刚攀上高峰，才知顶峰还在前头。"

　　回首半个世纪的科学历程,对于成果、荣誉,顾健人格外淡泊和谦虚。他如此评价自己的科研工作:我是一个普通的科学工作者,一生成就不多。回顾平生,幸运的是,我遇到了很好的导师和朋友,得到了领导和家庭的大力支持。我永远怀念我的恩师们,肿瘤医院的顾绥岳教授是我进入肿瘤学和病理学大门的引路人和启蒙老师;中科院的吕家鸿和姚鑫老师使我脱胎换骨,从病理学转向细胞生物学和核酸生物化学;英国的John Paul教授把我带进了分子生物学殿堂;肿瘤所前所长朱瑞镛亲自和我去北京筹建国家重点实验室……恩师们的人格和学术造诣永远是我心中的楷模。还有肝胆相照的知己、甘苦与共的老同事和朋友,尤其是60多年来和我相濡以沫的老伴。尽管我一生贡献有限,但尽力去做了,虽然不够完美,也无怨无悔。要说有多少成果,我自感业绩平平。几十年的磨炼,唯一的收获是开始悟出医学与生物学之间的接口,形态与功能之间的内在联系,从分子到细胞,从组织、器官到机体的统一性。任何实验结果,必须在整体中

这个世界真奇妙呀
顾健人作画
方利君命题
二〇〇二年

顾健人所画小虎

得到验证,否则将毫无意义。在肿瘤研究的道路上,顾健人说:"我似乎又回到了起点,但是更高的起点。"

当有人问他,成功的秘诀是什么? 顾健人说:我的一生还说不上成功,但不断进步是有的。我一生学过病理,看过门诊,当过赤脚医生,做过研究,不论在哪个岗位,都坚定一个信念:要敬业,把手头的工作做好,不要虚度光阴。即使岗位变了,也不要遗憾,因为每一份经历都是宝贵的人生财富。不要过于在乎得失,有得必有失,有失必有得。这在过去、现在和将来都是真理。我们不能强求天时地利,但每个人头上都有自己的一片天空,选择了一条路,就执著地走下去。

"科研生涯如登山,走不尽的路,爬不完的山,刚攀上高峰,才知顶峰还在前头。"顾健人院士和他的同事们有着为科学事业甘于寂寞的勇气,在肿瘤的科研之路上不断奔跑。科学的最高追求是达到艺术的境界,顾健人院士手持科学的笔杆,在 DNA 的双螺旋线谱上,创作着优美动人的乐章。用他自己的话来说:科学,对于个人来说,永远是一曲未完成的交响乐。

(苏克剑)

梦想诞生奇迹

——记中国工程院院士曾溢滔

曾溢滔院士

曾溢滔（1939—），广东顺德人。1965年复旦大学遗传学研究所研究生毕业。上海医学遗传研究所首任所长，上海交通大学讲席教授。1994年当选为首批中国工程院院士。长期致力于人类遗传疾病的防治以及分子胚胎学的基础研究和应用研究，为我国基因诊断研究和胚胎工程技术的主要开拓者之一。他将分子生物学与临床医学相结合，发展了一整套遗传病分子诊断技术，建立了主要遗传病的基因诊断和产前诊断的理论与方法。在国际上首次克隆了牛类性别决定基因SRY的核心序列；在转基因动物—乳腺生物反应器研究方面成绩卓著，研制出首例在乳腺中表达人凝血因子Ⅸ的转基因山羊和携带人血清白蛋白基因的转基因牛。在国内外发表学术论文400多篇，主编了6部专著，5次荣获国家级、20多次荣获部委级和上海市科技进步奖，并获得全国先进工作者、全国"五一"劳动奖章、上海市科技功臣、上海市医学荣誉奖、何梁何利科学技术进步奖、中国动物生物技术杰出贡献奖等荣誉称号。

"菜园变花园"的梦——走进生物学

　　曾溢滔出生在广东一个普通知识分子家庭,幼时的他是一个充满好奇的"幻想儿童"。家里养了鸽子和猫,曾溢滔就问父母:为什么猫生下来的是小猫,而鸽子生下来的却是蛋?回忆童年,曾溢滔十分感慨,父母不仅不厌其烦地回答他的问题,还鼓励他把幻想与求实结合起来,不仅要动脑也要会动手。因为科学光凭想象和思维是不行的,还必须实践,即把幻想与求实结合起来,拓展思维能力,才能通过实践把幻想变为现实。

　　自小勤于动手,碰壁不可避免,年幼的曾溢滔也闯了不少祸。家里养的金鱼,他会把它们抓出来放进空瓶里观察,结果自然是金鱼死了。一包养花的肥料被曾溢滔全部溶化后,一下子都浇到花盆里,他天真地以为营养丰富了,花朵可开得更大、更香,谁料到第二天盆里的花朵反而枯萎了。甚至有一次曾溢滔的小小实验差点把房间烧了。每一次天真的遐想和痛苦的失败都得到了父母的宽容与开导。正是这些实践过程,使曾溢滔产生了强烈的求知欲,以后随着与外界接触面的扩大,视野越来越开阔,知识越来越丰富,想象力也越来越强。他把一些只有少年才独具的"幻想",延续到了青年、中年,直至贯穿了他的一生。

　　11岁那年,一个偶然的事件成了他人生中的第一个转折点。曾溢滔有一次去公园玩,遇到一个农业技术展览会。在那儿,他被一棵"奇怪"的植物迷住了。说明牌上标识着:

这是一棵用嫁接技术培育的植物,上面结着番茄,下面长着马铃薯。"我立刻想到:要是把花苗接到萝卜、洋葱上,菜园不就成了花园了吗?"曾溢滔回忆道。回到家里,他立刻动手"嫁接",把家里种的花剪下来,接到花盆里栽种的葱上面。结果自然是以失败而告终。"我却由此领略到了生物学的魅力。它的深奥、它的奇妙,对我是一种巨大的吸引力。"

正是以这件事为诱因,怀着对生物学的好奇,怀着培养新品种作物的憧憬,1951 年,曾溢滔读完高小后考上了中山县初级农业技术学校,一心想当一名农艺师,实现自己"菜园变花园"的梦。通过 3 年的学习,曾溢滔了解到绚丽的生物学是一个如此深奥和美妙的世界,1954 年初级农业技术学校毕业后,曾溢滔在父母的支持下,又考上了由何香凝创办的广东省仲恺农业学校,选读桑蚕专业。

"蚕宝宝睡眠"的梦——名师指明路

20 世纪 50 年代,农业互助合作运动开展得如火如荼,农业教育也随之蓬勃发展。作为广东省级重点农校——广东省仲恺农业学校的毕业生,曾溢滔能说能写能干,刻苦耐劳,常被人称赞为"铁脚马眼神仙肚"!在仲恺农校的 3 年求学期间,曾溢滔阅读了大量的文献资料,这个"读过图书馆每一本书的学生"令母校的老师至今记忆犹新。

选读桑蚕专业,也是源于小时候的一个梦想——"蚕宝宝睡眠"的梦。在曾溢滔年少的时候,邻居家的园子里有一颗很大的桑树,每年春天还会送几条蚕宝宝给他养。"我发现蚕宝宝吃了几天桑叶会停下来,然后昂着头一动不动地'睡觉'了。我观察到蚕宝宝一生中要'睡'4次,每次'醒'来就脱了一层皮,长大了一些。我就盘算:如果想办法让它们多"睡"几次,岂不会长得更大?"

1956年初,曾溢滔在读了华南农学院蚕桑系杨邦杰和唐维六教授有关培育家蚕品种的论文之后,总觉得有些观点值得商榷。思考再三,曾溢滔写了一封信给两位教授,表达了敬佩之情,希望在自己的文章中引用其资料,同时也提出几点疑问,期望能向两位教授请教。唐维六教授收到信后竟坐车换船,花了两个多小时,亲自到仲恺农校来找这位二年级的学生。唐教授这种惜才爱才的大家风范至今仍令曾溢滔感动不已。通过此次交流,唐教授与曾溢滔结下了特殊的师生关系。

唐维六在家蚕育种方面的造诣很深,待人处事上更是堪为楷模。从此,曾溢滔在求学的道路上多了一盏指路明灯。学习中遇到的问题和下一步学习的计划,曾溢滔或通过书信方式或到唐教授家去当面求教。一个好学勤问,一个诲人不倦。在唐教授的点拨下,曾溢滔在桑蚕专业方面的造诣已远远超出他的学历水平。科学工作者的成长离不开导师的指导与培养,而要做出创造性的成果,又离不开独立思考与勇于创新。只有这样,才能青出于蓝而胜于蓝。"伴随着学识的积累,我对唐教授所持的米丘林遗传育种的观点却越来越不敢苟同了。"正在曾溢滔迷茫之际,一本《青岛遗传学座谈会纪要》为他今后的学习点燃了新的动力。

新中国成立以后,全面学习苏联,在"一边倒"的大环境下,通过各种行政性指令,把米丘林学派封为唯一正确的"新遗传学",而遗传学另一个学派——摩尔根学派则被视为伪科学,禁止在中国传播,这种情况持续到1956年。是年8月,中国科学院会同高等教育部,在青岛召开遗传学座谈会。学术界称此次会议是"贯彻'双百'方针的一个典型"、"国内开始学术争鸣的重要标志"。这次会议的成功得到毛泽东的肯定,后来他在接见与会的复旦大学生物系教授谈家桢时说:"你们青岛会议开得很好嘛!要坚持真理,不要怕,一定要把遗传学研究搞起来"。这次学术会议的影响之大,得到中央最高领导层如此的关注,在新中国科学史上是罕见的。

　　曾溢滔在读了《青岛遗传学座谈会纪要》,看过每位与会科学家的发言记录后,对谈家桢先生在会上关于遗传物质论述的发言特别感兴趣。米丘林学派和摩尔根学派分歧的焦点,就在于是否承认遗传有物质基础。曾溢滔提笔给谈家桢教授写了一封信,结合自己的所学所得,在信中谈了自己对遗传学的一些想法和困惑。想不到很快就收到了谈先生热情洋溢的回信。收到谈家桢的回信之后,曾溢滔欣喜之余又觉得有些为难。唐教授虽不是自己学校的老师,却耳提面命的为自己传道授业解惑。自己此时却萌生了到谈家桢教授的复旦大学学习的想法。"唐教授会赞同我的选择吗?"曾溢滔觉得心里没有底,再者"一想到与唐教授亲密相处的日日夜夜,自然不舍。"当曾溢滔试着和唐教授提出自己的想法的时候,唐教授非但没有责怪他,反而赞赏他的独立思考能力,还立即亲自给谈家桢教授写信推荐。在唐维六教授的鼓励下,曾溢滔与谈家桢教授继续通过信件交流。谈家桢教授表示欢迎他到复旦大学生物系深造。按当时国家的规定，中专毕业生必须接受国家统一分配，工作三年后才能报考高校。为此，谈家桢还写了一封信给广东省仲恺农业学校的领导。

曾溢滔在谈家桢院士家中向恩师谈家桢（左）和唐维六教授（中）汇报科研工作进展（2000 年）

由于谈家桢和唐维六教授的推荐，经广东省农业厅领导的同意，曾溢滔毕业后由学校推荐报考高校。然而，好事多磨。因为当年复旦大学仅限华东地区招生，无法招收广州地区的考生。为此，谈家桢先生又和上海市高校招生委员会多方联系，在原上海市高教局局长舒文的支持下，由上海市高校招生委员会给广东省高考招生委员会发出专函，把曾溢滔在广州参加统一高考的考卷单独寄到上海批阅。最终，曾溢滔以优异的成绩考入了复旦大学生物系。

　　两封信,两位大教授的鼎力推荐,成就了一名非亲非故的中专生的求学梦想。"一日为师终身为父"。在同学聚会上,提及恩师的教诲和帮助,曾溢滔十分激动地说,亲情可贵,师生之情就是亲情!

　　在大学的学习生活中,曾溢滔从谈先生的一举一动、言传身教中学到他的思维方法和治学精神。其一,关于基础课。谈先生领导的生物系,基础课都由系里的名教授授课,例如动物学由黄文几教授授课,植物学由王凯基教授授课,遗传学由刘祖洞教授授课,而谈先生本人则负责生物系一年级第一学期新生的"生物学引论"课。上述基础课的授课老师都是当时系里最有名的教授,负责给生物系各个不同专业的同学上大课。谈先生强调学生要上好基础课,要打好扎实的生物学基础。谈先生还提倡通才教育,甚至提议生物系要取消专业的划分,要设就设一个生物学专业。其二,关于科研选题。曾溢滔曾为自己的大学科研选题多次请教谈先生,他的回答总是"不要着急,先把基础打好"。到了大学五年级,在一次谈话中,谈先生根据其对人类遗传学的兴趣,正式建议曾溢滔跟刘祖洞教授搞生统遗传学,并强调生统遗传是人类遗传学的基础。在刘先生的指导下,曾溢滔从双生子出生的调查入手,应用数学统计分析方法,完成了两篇大学毕业论文,由谈先生推荐,先后发表在《复旦大学学报》上。

　　1962年大学毕业后,曾溢滔考取了复旦大学遗传所刘祖洞教授人类遗传学专业的研究生,刘先生建议曾溢滔在双生子调查研究的研究基础上,进一步应用数理分析开展群体遗传学研究。但曾溢滔对实验科学的兴趣更大,在沈仁权教授的建议下，参观了生化教研组方深高老师的淀粉胶电泳实验。当时方老师用电泳方法分析中国人结合珠蛋白的类型。受此启发，曾溢滔联想到他正在思考的血红蛋白变型的分析，似乎可以用生化的方式入手。通过与谈先生和刘先生交流探讨，曾溢滔的想法得到两位先生的赞同，研究方向也从生统遗传学转为生化遗传学，最终选择了血红蛋白生化遗传作为自己的研究生课题。日常工作也就从手摇计算机转到拿试管、做实验。

"探索分子病"的梦——血红蛋白研究

　　复旦大学遗传所当时并没有生化遗传研究的工作基础。曾溢滔的实验室最初是一间空房间，连一根试管也没有。正当他感到困难的时候，谈先生介绍他到杭州拜访浙江医学院郁知非教授。在杭州，曾溢滔参观了郁先生的血液病实验室，发现实验室相当简陋，但就是在这里，郁先生发表了国内最早的地中海贫血（血红蛋白 H 病）的研究论文。回到上海后，曾溢滔信心满满地准备在复旦遗传所建设一个血红蛋白研究室。

　　当时正值暑假，同学们都休假回家了，曾溢滔就利用暑假这段时间搞实验室建设。实验室需要电泳仪，他从木工间借来一台电锯，用有机玻璃自制血红蛋白电泳槽。当时正值国家经济困难时期，铂金丝是稀缺物品，为此曾溢滔犯了愁，如何才能弄到作电极用的铂金丝呢？没想到第二天，在他汗流浃背地锯磨有机玻璃时，谈先生笑容满面地把一根亮晶晶的铂金丝递到他的面前。"我记得很清楚，那天天气格外闷热,原来谈先生是顶着烈日从家里走到复旦西北角的设备科,领了铂金丝再走五层楼送到遗传所的。看到他满头大汗的样子,我感动不已。一根铂金丝,现在看来不足为奇,可我正是用这根铂金丝制作了第一台血红蛋白电泳仪,鉴定了国内第一例异常血红蛋白。”

血红蛋白研究在实验室的建设中同步开展。曾溢滔很快就掌握了淀粉胶电泳、淀粉板电泳和琼脂电泳方法,攻克了血红蛋白的肽链解离和人—狗血红蛋白分子杂交技术,探索用“指纹法”分析血红蛋白化学结构。复旦大学遗传所当时在血红蛋白方面做了一些国际前沿性研究工作。1964年,谈先生推荐曾溢滔在复旦大学校庆学术报告会上报告血红蛋白研究工作,并通过《文汇报》和《科学画报》向公众介绍“什么是(血红蛋白)分子病”。上海市第六人民医院吴文彦主任听了曾溢滔的学术报告后,立刻联想到在门诊中曾遇到过一例显性遗传的紫绀病人,便派她的助手黄淑帧医师送来血标本。在遗传所,曾溢滔和黄淑帧应用生化和分子杂交技术,很快就鉴定出这是一种血红蛋白 M 病,文章发表在《科学通报》上。而国内鉴定的第一例异常血红蛋白也成了曾溢滔和黄淑帧喜结良缘的“月老”。

随着研究的不断深入,缺乏病人标本成为制约曾溢滔开展血红蛋白病深入研究瓶颈。曾溢滔建议与广州市儿童医院合作建立一个科研点。在谈家桢先生和广州市儿童医院院长张梦石的支持下。曾溢滔和谈涌佈一起在广州市儿童医院筹建了血红蛋白病实验室,并统一了血红蛋白检测标准。正当曾溢滔准备全身心的投入到血红蛋白病的研究中时,政治风云突至,他被派往宝山县江湾公社开展"四清"运动,血红蛋白的合作研究也因此中止。"四清"运动结束后,根据谈先生的建议,曾溢滔总结了两篇研究生论文:一篇是专题评述"血红蛋白的分子进化",另一篇是研究论文"不稳定血红蛋白"。但这时,"文化大革命"开始了。"文化大革命"期间,遗传所的血红蛋白研究工作被迫完全中断。曾溢滔也被分配到上海市第一结核病总院(现上海市肺科医院)搞针刺麻醉研究,直到1978年。

国内"文化大革命""轰轰烈烈"之时,国际上血红蛋白研究突飞猛进,曾溢滔眼睁睁看着复旦大学遗传所的血红蛋白研究工作在国际上一步步落伍,就连原先已取得的一点研究成果也未能对外发表。1974年,《科学通报》和《中国科学》相继复刊。谈先生希望发表之前已完成的血红蛋白研究成果,于是曾溢滔重新总结了《血红蛋白的种间杂交和人类血红蛋白异常肽链的鉴定》、《一种新型的不稳定血红蛋白》两篇论文交给谈先生。不料过了一个星期,谈先生步行到上海第一结核病总院亲自把论文还给曾溢滔。因为复旦大学工宣队不同意给论文开介绍信,曾溢滔忘不了当时谈先生脸上那种难过而无奈的表情。他只好把署名单位改为上海市第一结核病总院,很快就在《科学通报》发表了。

曾溢滔随上海医疗队在黑龙江巡回医疗时,收到了《中国科学》编辑部一封约稿信,希望他把其它研究成果总结发表。这让曾溢滔十分为难,一方面政治形势严峻,复旦大学遗传所因为血红蛋白"翻案"正在风口浪尖上;另一方面,"文化大革命"中断了国际学术交流,责任感使得曾溢滔认为应该对外介绍我国的研究成果。在与夫人黄淑帧商量后,坚定了曾溢滔的想法。曾溢滔终于"冒险"在《中国科学》上发表了长篇论文《异常血红蛋白生化遗传的研究》。1978 年春,全国科学大会在北京召开,"异常血红蛋白生化遗传的研究"获得了全国科学大会奖。

1981 年曾溢滔夫妇获美国佐治亚州普兰斯市(美国第 39 届总统吉米·卡特的故乡)荣誉市民称号后与卡特总统合影

"文革"结束后,谈先生全力重建复旦大学遗传所。为了召回爱徒,谈先生多方努力,得到了当时国务院和高教部领导的支持。谈先生第二次步行到上海市第一结核病总院高兴地把这个消息告诉曾溢滔。这时,受上海市卫生局的委派,曾溢滔到上海市儿童医院协助主办全国第一期医学遗传学培训班,负责授课并安排课程和学员实习。没想到学习班结束后,儿童医院院长李存仁却不愿放曾溢滔走,他和谈先生施展拉锯战术,足足磨了 6 个月。最终,在郁知非教授和唐维六教授建议下,谈先生考虑到儿童医院可为曾溢滔提供大量可供研究的病例,答应让曾溢滔留在儿童医院工作。

1978 年夏,上海市儿童医院医学遗传研究室成立第三天就接待了一位来自也门共和国的女留学生,她患有严重贫血,国内很多医院都诊断不出病因。这位留学生的亲戚是当时也门共和国的总理,她说如果再查不出来病因,就等亲戚访华时带她去欧洲诊治。面对这个严峻的挑战,曾溢滔夫妇通过自己动手制作的高压电泳仪,应用血红蛋白指纹图谱分析技术,终于在也门共和国总理到沪的前三天,成功地诊断出该女留学生患的是一种异常血红蛋白复合奇特的贫血病——$\delta\beta$ 地中海贫血复合镰形细胞贫血病。这也是我国第一例血红蛋白化学结构分析病例。1981 年 4 月相关论文发表后,引起了国际血红蛋白研究权威 THJ Huisman 教授的注意。他立刻写信给曾溢滔,要对医学遗传研究室进行访问。Huisman 教授到上海后,在与谈先生的会谈中提出想邀请曾溢滔以国际研究员身份到他的研究室合作研究而又苦于曾溢滔没有学位时,谈先生立刻写了一封信亲自交给他,说明中国当时尚没有学位制度,而根据曾溢滔在复旦大学研究生时的研究成果已经达到了 Ph. D. 的水平。Huisman 教授于返美的第二天就给曾溢滔寄来邀请函,并为他申请了 H－1 签证。

在与 Huisman 教授的先进设备实验室合作研究 8 个月期间,曾溢滔发表了 13 篇血红蛋白研究论文,应邀到美国前总统吉米·卡特的故乡访问并获得荣誉市民称号。回国后的曾溢滔带领科研团队,与全国 70 多家兄弟单位协作,完成了 131 个家系的异常血红蛋白化学结构分析工作,发现了 8 种以中国城市命名的国际新型血红蛋白变种,填补了中国在世界异常血红蛋白分析版图上的空白。短短 3 年时间里,研究所在血红蛋白分子病的研究中获得了 7 项成果,4 次获得了卫生部和上海市重大成果奖。

曾溢滔向科研人员介绍由他主编的学术著作《人类血红蛋白》(2002 年)

1982 年,曾溢滔向美国国立卫生研究院(简称 NIH)提交的有关中国人血红蛋白病研究的科学基金申请,经过全美 21 位第一流医学科学家的严格评审和激烈的国际竞争,以高分获得通过。曾溢滔成了第一位获得美国 NIH 科学基金的中国科学家。国外评审机构评论道:"曾溢滔能获得此项基金,是与世界上最好的科学家竞争后得到的。"此后,曾溢滔又连续两次获得此项基金。

谈先生在上海市儿童医院医学遗传研究室成立十周年纪念会的主席台上，手举研究室十周年论文集感慨地说："当初我帮助曾溢滔考进复旦大学是对的，后来我同意他调入儿童医院也是正确的。"谈先生简短的话语令曾溢滔感动不已："我从心底里永远感激我的老师谈先生，他的两封推荐信，一封帮我考进复旦大学，选择了血红蛋白研究课题；另一封让我到国际著名的 Huisman 实验室合作研究，使我能在血红蛋白研究领域向更高的目标攀登。"

"家家欢乐"的梦——产前基因诊断

作为一名科学家，不仅要钻研业务、发明创造，更要有社会责任感。曾溢滔在广州市儿童医院遇到了一个接受输血的脸色苍白的小孩。小孩的父母告诉曾溢滔：他们第一个孩子死了，第二个孩子又患上了同样的血红蛋白病，为了给儿子看病与输血，已经折腾得快要倾家荡产了……曾溢滔听了心都要碎了。这种病在我国南方比较多，全世界有一亿多人带有血红蛋白病的基因。曾溢滔敏锐地意识到：在目前大多数遗传疾病尚无根治方法的情况下，只好对患有严重遗传疾病风险的胎儿进行产前基因诊断，以杜绝患病胎儿的出生，让个个出生的婴儿健康活泼，家家户户幸福欢乐。

强烈的科学责任感驱使曾溢滔将科研的重心转移到对常见的、危害严重的遗传性疾病的产前基因诊断上。为此，他先后建立了DNA点杂交、限制性酶酶谱分析、限制性酶切多态性连锁分析、寡核苷酸探针杂交和聚合酶链反应等基因诊断新技术,并率先在国内完成了地中海贫血、苯丙酮尿症、血友病B、性分化异常、进行性肌营养不良和亨廷顿舞蹈病等遗传疾病的产前基因诊断。当一个个健康活泼的孩子在这些家庭中诞生时,感激不尽的父母给医学遗传研究室寄来孩子的照片,感恩地为孩子取名为"谢上海""向上海"……科学研究最大的乐趣莫过于研究工作得到社会的肯定。

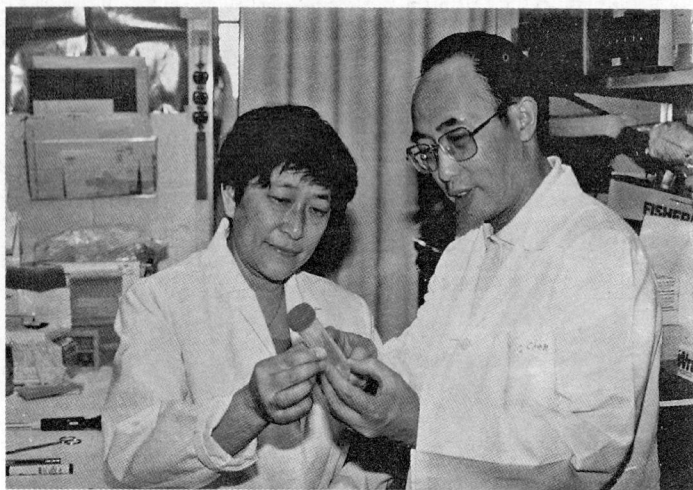

曾溢滔院士和夫人黄淑帧在美国国立卫生研究院(NIH)的实验室观察实验结果(1995 年)

当曾溢滔领衔的研究所对与性别有关的遗传病产前诊断获得成功的消息发布后,北京农学院胡明信、吴学清教授夫妇来找曾溢滔,希望合作研究奶牛胚胎性别鉴定和性别控制技术。因为谁都希望生下来的奶牛是母的。想到能把医学产前基因诊断的技术应用到农牧业,为我国畜牧业发展服务,曾溢滔自然十分乐意了。

　　曾溢滔想:人和牛都属哺乳动物,人能用 Y -特异 DNA 探针早期鉴定胎儿性别,牛是否也可以呢? 他带领研究所的同仁花了两年多时间,用了各种不同的方法,进行了上千次实验,但均以失败告终。问题出在哪里呢? 是实验方法不正确吗? 这时,扩增基因的聚合酶链反应(PCR)技术诞生了,全所同仁夜以继日地努力,试图用 PCR 技术扩增牛 Y 染色体的特异 DNA 片段来鉴定牛的性别。他们参照人的 Y 染色体 DNA 序列来设计 PCR 引物,先后扩增了牛的 DNA 标本三四千个,又花了两年,进行了近 4 000 次实验,仍没有收获。实验如同迷失了方向的航船,在茫茫的科研大海中漂浮。实验陷入困境,是退还是进? 曾溢滔本能地意识到:科学研究本来就是一条充满荆棘之路,惟有创新才有出路。

　　1990 年下半年,曾溢滔赴美讲学,在飞机上翻阅最新出版的英国《自然》时,一篇介绍英国科学家发现 SRY 基因的文章像磁石一样吸引了他:在哺乳动物的 Y 染色体中,有个主宰性别的基因——SRY,在 Y 染色体数千万个核苷酸中,只有这个由 250 个核苷酸组成的 SRY 基因核心序列才是使胚胎发育成雄性的决定因素,并已在老鼠胚胎上做了变性实验而得到证实。这促发了他的创新灵感。苦于在美国讲学还没有结束,他只能接二连三以电传方式遥控上海课题组的技术路线,并指示将这个最新成就应用于奶牛胚胎的性别鉴定。

　　由于国际上还没有任何有关牛的 SRY 资料可借鉴,唯一出路在于走自己的创新道路。曾溢滔一赶回上海就开展了 DNA 直接测序技术,对牛的 SRY 基因的 DNA 序列进行测定。奶牛性别决定基因 SRY 的 DNA 核心序列测出后,他们又根据 SRY 序列设计合成了特异性引物,再通过聚合酶链反应(PCR)专一性扩增牛胚胎的 SRY 序列以鉴定牛胚胎性别。前后整整花了 4 年多,进行了上万次实验,技术路线一次次创新,研究终于获得成功。

"牛奶治病"的梦——转基因研究

科学发展是无止境的。1984 年,中国科学院施履吉院士提出了用哺乳动物乳蛋白基因的启动子控制外源基因来研发转基因动物的构想。施履吉院士提出,若要通过转基因动物作为生物反应器来生产基因药物蛋白,动物乳腺是最理想的表达场所,因为乳腺属于外分泌器官,乳汁不进入体内循环,不会影响动物自身的新陈代谢;如果构建用乳蛋白基因启动子调控的外源基因,由此制成的转基因动物的外源基因就只在乳腺细胞中表达,并不断地分泌到乳汁中,我们可以从转基因动物的乳汁中获取基因产物。为此,只需要饲养大量的转基因羊或转基因牛等家畜,就可源源不断地从动物的乳汁中获取人类所需要的药物蛋白质。这个创新的科学思路触发了曾溢滔的科学灵感,他在科普演讲中兴奋地表示:"转基因动物的乳腺好比是一个'生产车间'。生产 1 克药物蛋白,用传统工艺生产大约要 4 万元成本,而利用转基因动物大约只需 4 元⋯⋯"对于这样关乎人类健康的大课题,曾溢滔投入了超乎寻常的关注。

　　可惜在当年，施履吉院士这一原创性的科学思维并没有引起有关部门的重视，几经周折施院士的想法才得以立项，可是得到的科研经费太少，令他无法做转基因牛，只能考虑改做转基因羊，后来又不得不改做转基因兔……1991年，国外第一头转基因牛问世；1992年第一头乳腺表达外源基因的转基因羊在英国出世，在这种转基因羊的每升羊奶中含有价值6 000美元的蛋白酶。

　　一个诞生于中国的科学原创思想，最终却在国外开花并结果，令曾溢滔感到痛心。于是，他下决心制订一项长远的动物转基因研究规划。为此，在有关部门的支持下，1993年，以曾溢滔为首的医学遗传研究所到奉贤县奉新镇建起了动物试验场，开始了转基因羊的研究。但研究一波三折，急需专家充实研究力量。当时黄淑帧在美国国立卫生研究所担任项目负责人，了解妻子的曾溢滔拿起电话："回来吧!"黄

曾溢滔与转基因羊

淑帧不假思索，放下手头卓有成效的研究，带上三大箱试剂和资料回到上海，负责转基因动物的技术攻关。

他们研究转基因羊的目标，就是将人工构建的外源基因通过显微注射导入羊的受精卵的原核中，然后将其植入母羊体内，发育成小羊。出生的小羊若带有所注射的外源基因，就有可能在其乳汁中分泌出人类所需的外源基因产物。但是，转基因羊研究难度极大，成功率极低。曾溢滔科研团队分析了经典的转基因动物技术路线上的缺陷，创建了一套"整合胚移植"的转基因技术路线：用体外受精卵作基因注射，以寻找最佳"基因导入点"；对胚胎是否整合了外源基因作植入前的分子鉴定，以"去伪存真"；以非手术的胚胎移植技术来提高动物妊娠率……应用上述创新的技术，已有一些山羊整合了人凝血因子 IX 基因，并且其乳汁中含有活性的能治疗乙型血友病的人凝血因子 IX 蛋白。这项研究的成功，迈出了构建"动物药厂"极可喜的一步。上述科研成果被两院院士选为 1998 年"中国十大科技进展"之一。

转基因研究在国际上是一场严格意义上的科技竞赛，它在医药产业上的神奇前景十分诱人。考虑到牛的产乳量几乎是羊的 20 倍，他们又连续地进行了转基因牛的研究。1999 年 2 月 19 日子夜，带有人体血清白蛋白基因的转基因试管牛"滔滔"在上海医学遗传研究所的动物试验基地——上海奉贤区奉新镇诞生了。这天正逢农历正月初四，正要大放鞭炮迎接财神的村民闻知这一喜讯后，满心喜欢地把这头转基因牛也称为"财神"了。这名字自然充满吉祥之气，但是如果用在正式场合或书面文本中，不懂中国文化的人怎么知道"财神"是什么意思啊？大家就一个劲地想名字？不知谁说了一句，这头牛胚胎移植的那天正好是 5 月 27 日，这不是曾老师的生日吗？于是，"滔滔"就这样叫开了。这项成果，再次被两院院士选为 1999 年"中国十大科技进展"，并载入"中华世纪坛"。

从胚胎性别鉴定、胚胎移植到转基因动物研究，曾溢滔团队把基因工程和胚胎工程有机地结合。正是这种学科交叉，产生了一系列重要的科研成果。

为了转化科研成果，曾溢滔率领他的团队在上海市松江区石湖荡镇建立了颇具规模的转基因动物研究基地。在该基地已建成了配备先进仪器设备的科研大楼、胚胎实验楼、SPF 级小动物实验房、大批现代化的牛舍和羊棚……目前，多种转基因牛已在松江基地育成，有些转基因药物如凝血因子 IX 等已经进入临床前研究阶段，离实现"牛奶治病"的梦已经为时不远了。

"超越自我"的梦——换位思考的艺术

从"菜园变花园"的梦到"蚕宝宝睡眠"的梦，从"血红蛋白研究"的梦到"产前基因诊断"的梦，或者从"控制奶牛性别"的梦到"转基因奶能治病"的梦，都源于曾溢滔"超越自我"的梦，也源于曾溢滔"假如我是他"的思维方法。

"假如我是他"是曾溢滔对学生和同事们常说的一句口头禅，在日常生活中碰到每件事，遇到每个人，他都会想：假如我是他,我会怎样做?设身处地站在别人的角度去想,就容易把关系处理好,周围的人都说"曾溢滔人缘好"、"曾溢滔情商高"。"假如我是他"既是一种思维换位的艺术,也是一种不断进取且挑战自我的动力。有人笑曾溢滔有"思维多动症"。事实上,每一次思维换位(角色转换)都让他多一份收益;每一次深入地思考,也往往激发起他的创新灵感。因而,他往往能比别人想得早一些,想得多一些,想得深一些,也想得远一些;常能预见困难并尽早想法子予以避免或克服,也常能激发他的创新激情和思路。

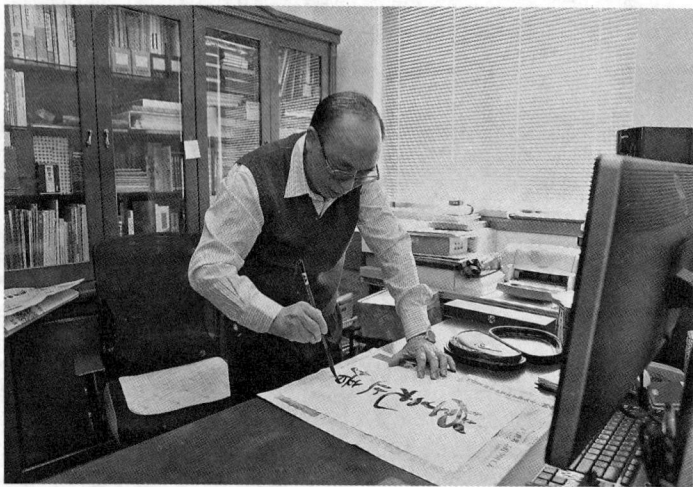

曾溢滔为上海交通大学医学院成立 60 周年题字(2012 年)

曾溢滔阅读学术论文,从不盲目跟着作者的思路走,不轻易接受作者的结论,而是边读边想:假如我是他(作者),我会怎样想,如何写,作出什么结论。读科研论文时,他通常先看材料和方法部分,再看结果,但不急于阅读其讨论部分,而是停下来想一想：用该文的材料和方法能否获得该文的结果，再设想该如何讨论这些结果，然后才阅读讨论部分，并与自己提出的论点进行比较、分析。

"假如我是他"也是曾溢滔指导博士生的思维方式。作为导师，他绝不会强行要求博士生去做什么，怎么去做，而是给他们以点拨和启示，尊重他们的创新思维，鼓励他们的科研自主性。当学生在科研工作中抓不住头绪，产生迷茫时，曾溢滔会适时地给予指点，最大限度地激发他们的科研创造性。"科学工作者的成长离不开导师的指导与培养，而要做出创造性的成果，又离不开独立思考与勇于创新。"曾溢滔感慨道。曾几何时，正是在唐维六和谈家桢两位恩师的指点下，曾溢滔的学科视野被拓宽。在恩师的亲自指点和栽培下，他的专业知识大有长进。

年过九旬的唐教授有一次到上海，亲自将曾溢滔 50 多年来写给他的每一封信，都收拾得平平整整，一封不少地还给了曾溢滔。更令曾溢滔感动的是，每一封信都编了号，写上评语和意见。正是这种潜心培养人才的师风师德潜移默化的结果，而今曾溢滔无论待人接物还是科研探索，也都十分认真和执著，对周围的同事会真诚地掏出一颗心，凡事都处理得井井有条，纹丝不乱。

谈家桢教授则是另一种风格。曾溢滔回忆道："记得大学二年级时，我利用暑假留校搞科研，有一天当我走进生物楼二楼走廊时，就听到谈先生在厉声批评一位老师。原来是这位老师未征得谈先生的同意，就让我在果蝇遗传实验室饲养家蚕。见到我，谈先生火气更大了，要我立即把家蚕搬走。

我告诉他家蚕已饲养到四龄，还有几天就吐丝结茧了。但他还是坚持己见，没有半点商量的余地。我当时真埋怨他不近人情，只好把家蚕搬到宿舍，养在暑假回家的同学床铺上。但事后我以谈先生的坐标看问题，感到也确有道理。深深为自己的错误举动而惭愧。当我把日后发表的这篇家蚕研究论文送给谈先生时，他已经把这件事忘得干干净净了，我却从中学到了谈先生对实验室规范管理的思路与风格。今天我对实验室管理之严格在同行中也是出了名的，现在想起来，这正是谈先生给我言传与身教的结果。"

"科学研究或埋头苦干是出自对科学的兴趣与好奇，想去解决问题。而通过实践来检验自己的想法是否正确，才能得到真正的理论知识。"曾溢滔深深知道，现代科学研究不是

曾溢滔在上海医学遗传研究所所长办公室(2008 年)

中世纪小作坊式的个体研究,单靠几个人是不行的,必须团结带领全体同仁共同奋斗,才能攻克科研难关。科学研究不能是独舞,必须是群舞。在研究所的管理中,实行分工负责制,把工作分给所里的 4 位骨干;在科研分题和选助手上,不搞论资排辈,而是量才而用;在发表论文的排名上,也是谁贡献大谁排在前;研究所保持合理的人才结构,既有高级职称的中年科技人员,也有"文革"前的大学生,还有新毕业的研究生及中专生,这种人才结构将各种人才资源合理整合,发挥最大的人才效应;研究所还注重人才的调整与更新,每调整一次,队伍就经受一次考验,焕发出新的活力,这成就了一个战斗的集体、快乐的集体、凝聚的集体、和谐的集体。每个人的人生价值在这里得到充分实现。

作为上海医学遗传研究所的首任所长,曾溢滔带领研究

充满音乐艺术氛围的曾溢滔之家(摄于 2013 年)

所的同仁,奏响了生命的乐章,聚集了世界的目光,赢得了世界的喝彩。第三世界科学院曾在一篇评论中写道:"对于到中国访问的每位遗传学家来说,上海医学遗传研究所是一个首先应该去的地方。"研究所与20多个国家和地区的大学和研究机构建立了友好的学术交流和合作关系,先后主办了"中国地中海贫血国际学术会议"、"国际遗传病分子生物学学术会议"、"海峡两岸遗传病分子诊断学术研讨会"、"中—欧生物技术学术会议""、"医学科学前沿学术研讨会",成为国内外有影响的生物学和医学科研基地。

总结曾溢滔的科研生涯和人生经历,"假如我是他"是他超越自我的思维特色,也是其事业取得成功的艺术。"假如我是他"的思维本质是推己及人的人际关系处理艺术和处世之道,表现为时时处处替别人着想。有了这种人文情怀,必然能真诚地对待他人的努力,心悦诚服地尊重他人的劳动;必然能永葆自己同外界和谐相处,心胸宽广,心地坦荡,心理健康,精神昂扬;也才能在科研协作中很好地发挥团队精神。无论过去、现在和将来,"超越自我"都是曾溢滔挑战科学难题的动力和思维法宝,也是他既精于科学又重于人文的高明之处和成功之道。

(方鸿辉)

皓首穷经　创美人间
——记中国工程院院士张涤生

张涤生(1916—2015)，江苏无锡人。我国整复外科的创始人之一及开拓者，被尊称为"中国现代整复外科之父"、"中国当代美容外科之父"。20世纪60年代开展显微外科的动物实验，成功进行皮瓣的游离移植，为国内第一人，后于1973年应用于临床得到成功。在1976年开展了我国首例颅面畸形矫正手术，掀开了我国颅面外科新篇章。应用烘绑疗法治疗丝虫病后遗症肢体象皮肿，开创了我国淋巴医

张涤生院士

学新专业，发明应用前臂皮瓣进行一期阴茎再造手术，被国际上誉为"张氏阴茎再造术"，为提高国际整复外科学术水平作出了许多突出的贡献。张涤生先后获得国家级、部级及上海市科技成果一、二、三等奖共28项，发明奖1项。并获得上海市劳动模范、上海市医学荣誉奖、何梁何利基金科学与技术进步奖和工程院光华科技奖等。

远征军中的年轻医师

1941年夏，张涤生即将从中央大学医学院毕业。系里

公布了毕业去向的方案：一是需要部分学生留校，从事临床和病理研究工作；二是部分不留校的学生，由抓阄决定分配去向。系主任找张涤生谈话，希望他能留在母校任教。张涤生想，留校工作生活固然稳定，但已在此待了 6 年之久，成都华西坝学生运动早已偃旗息鼓，去延安的路也已断绝，不如去别的地方闯荡，锻炼一下自己。最主要的还是，作为一个进步青年应该到祖国最需要的地方去。于是，张涤生最终放弃了本可留校的机会，加入到了抓阄的行列。结果抓到了一个"上上签"，前往贵州省贵阳市图云关的中国红十字会救护总队，从事抗日战争伤员的医疗抢救工作。

图云关位于贵阳城南郊，当时仅有一条公路从重庆、贵阳，经图云关南下广西，西去昆明。一路上，两侧尽是高山峻岭，要经过著名的吊死岩、十八弯等险道，才能来到图云关。虽然生活非常艰苦，但图云关给张涤生带来了许多可遇而不可求的学习和实践机会，为他日后在医学上的成就播下了扎实的种子。

1944 年是张涤生到图云关的第 4 年，那年 9 月，张涤生突然接到从印度寄来的一封军邮，信封上寄信人的名字是薛庆煜。薛庆煜比张涤生大两岁，毕业于北京协和医学院，两人同时到图云关工作，相处得非常好。但在一起工作还不到两年就分开了，薛庆煜被调到印缅战区中国远征军总司令部，做林可胜的助手。

这次张涤生接到信，真是高兴极了。见信犹如见到其人，激动得读信时双手都有些颤抖，一边读一边还在想，他有什么急事呢？信中内容简单明了：他现在在印度前线林可胜手下当卫生处长，那里正缺医务人员，希望张涤生能去那里参加工作。年轻的张涤生血气方刚，又无家人咨询商量，更无后顾之忧，便毅然决定接受邀请，只身去了战争最前方。在得到总部的批准后，张涤生便离开了贵阳。1944年夏末初秋，张涤生一个人坐着燃烧木炭的汽车，踏上了去昆明的路程，到远征军驻昆明办事处报到，随即离开昆明，飞经"驼峰"，去了印度里多。到里多的第二天上午，张涤生便搭乘美军司令部指派的一架双翼双座小飞机，从里多直飞缅北密支那前线。到了密支那，张涤生立即赶到了中国远征军第一军38师司令部报到。报到后不久，师部美军联络官里德(Leed)中校发现张涤生的外科基础和技术比那些部队里的军医要高得多，还能讲英语，便向美军上级汇报了情况，推荐张涤生到前线，参加美军手术队的急救小组工作。这样张涤生便在美军43流动手术队当上了一名正式的外科医生。

那时，每个中国师部都配备有一个这样的美军手术队。这是一支十余名美国军人组成的队伍，由一名少校担任队长，配备两名军医和五六名护士兵，再加伙食兵两名。美军43流动手术队队长是美国纽约的肿瘤医院医师Sunderland，他的两个助手都是还未毕业的实习医师。他们都还没有经过外科临床锻炼，连静脉针都不会打。张涤生参加了这个小分队后，在里面起了不小的指导作用，因此很快得到了队长的赏识。少校把许多战伤手术交给他主刀，而那两名年轻的美国少尉军医也很好学，没有语言障碍的四个人合作得很好。战后张涤生去了美国，还和他们保持联系，并去里德家乡访问了一次，受到热情接待。

流动手术队随作战部队前进，前线伤员由担架抬下来20、30分钟内便可到达，这样可以做抢救手术。手术队位置离前线非常近，和战争前线如此近距离接触，的确给每个人带来一种惊心动魄的生死考验。日军炮弹经常会在他们做手术的帐篷上空飞越过去，耳边日夜都可以听到响亮的机枪声和轰鸣的炮声。最初，张涤生晚上常常睡不着觉，时间久了也就慢慢习惯了。

前线的伤员很多，有的头颅炸开，有的缺胳膊少腿。张涤生从未体验过这种场面，开始时不免心惊肉跳，但因为伤员天天都很多，所以没几天就适应了。密支那战役打了两个多月，张涤生做了不少创伤急救手术，这对他日后外科技术的提高起了很大作用。同时，也在战火中磨炼了他的意志、品格和胆魄。

击溃日军收复密支那后，大家又随部队向密支那南面的重镇八莫进军，开始下一个战役。大军分三路前进，他们一路从左翼行军，在小路上、田野里徒步走了两三天，来到八莫近郊。大家白天行军，晚上就在旷野中搭帐篷住宿，或在两棵树之间架起吊床过夜，每天都要行军40公里左右。经受了大自然的考验，更经历了战火的洗礼，张涤生和其他人一样，照常睡觉、吃饭、工作，遇事不惊不慌，处事方式与少年时代完全不同。不久，远征军攻占了八莫和缅中几个城镇，渐渐接近祖国云南边境。

缅甸战役结束后，张涤生所在部队从缅甸密支那空运回广西，准备反攻收复广州。回到祖国，条件当然好多了，行军时也有马骑了。张涤生从南宁出发，行军到玉林，准备南下反攻广州。

当年，张涤生跟随部队在广西南宁和玉林地区驻留了大约3个月。这件事如今成为广西人民在抗日战争中的一段颇有历史意义的往事。2005年正值抗日战争胜利60周年，4月间，广西壮族自治区电视台几位记者打听到张涤生曾参加过"远征军"，特地派拍摄小组来上海对他进行采访，并赠以两幅广西著名书法家张剑扬写的"军魂"等字幅，令张涤生十分感动。后该台又将精心制作的《铁血密支那》DVD光盘寄赠给张涤生，内容是记者跟踪当年远征军在广西的足迹而拍摄的，弥足珍贵。

1945年8月15日，日本宣布无条件投降，抗战终于结束了，张涤生也来到了广州。此时，中国红十字会救护总队和"卫训所"东迁至上海江湾，组建上海国防医学院（现上海第二军医大学）。林可胜任院长，他把各方面派去的人都召集回沪。八年抗战，张涤生直接参加四年，已是一个有一定资历、对抗日战争有过贡献的人士，自然也列入其中。

1946年春末，为了表彰参军的正式医师，以及协和医院的教授们抗日有功，决定选派人员去美国深造。这批人中，大部分进军医系统单位进修，少数人则幸运地被推荐到各地方医学院校或科研单位，正式留学进修。张涤生和其他5位医师幸运地成为受特别优待的一小部分人，进入美国几个著名大学进修深造，他被推荐去费城宾夕法尼亚大学医学进修学院，学习整形外科。

新兴领域的探索者

1946年，他被公派前往美国学习，选择了那时还是新兴学科的整形外科学，师从当时世界上最好的整形学专家、美国整形外科先驱艾伟（R. H. Ivy）教授，在掌握了当时最新技术的同时，他还在美国开阔了视野。

张涤生在美国留学期间

在美国留学期间，除了专业知识获得了补充以外，也为他的学术研究打下一个很好的基础。同时，他还接触了很多其他的领域，培养了比较广泛的兴趣爱好。每逢星期天，他总会去参观博物馆、科技馆，不断为自己补课充电，积累了丰富的科技知识，开阔了眼界。交响乐，对于出生在乡下的张涤生来说，可谓是天方夜谭。到了美国，收音机里时不时地播放着交响乐团演奏，而当时的费城交响乐团世界闻名。有一次他鼓足勇气走到音乐厅，发现去听交响乐的，男的都穿大礼服、打领带，女的穿晚礼服，正区的座位要几百块钱一张票，而对于当时生活拮据的他来说，只能花10块钱，坐在最远的上层座位听费城交响乐。这时，他才知道贝多芬、巴赫、约翰·斯特劳斯的存在。

留学时的广泛兴趣，造就了张涤生全面的知识构架，为他今后在整复领域的许多突破打下了坚实的基础。他认为作为一个合格的医师,不但要掌握自己专业的新知识技术,还应随时了解相关专业的新发展,甚至不太相关的学科发展。正是由于广泛的涉猎给他在医学领域的诸多创举提供了灵感和动力,解决了一个又一个医学上的难题。20世纪50年代,在中国流行一种名为丝虫病的淋巴系统疾病,困扰着我国医疗界,卫生部曾经组织过专家小组想办法解决这一疾病。当时在农村有很多病人腿很肿,俗称"象皮腿"。后来,张涤生偶然从报纸上发现,一个福建的中医用砖炉烘疗效果不错。由此,他得到了灵感和启发,请医院的技工师傅,给他造一个烤箱,用电治疗,治疗了几个星期、几个月,病人腿肿缩小了,再包扎起来,从而发明了烘绑治疗,这也是国内外从来没有的。远红外烘疗机器的设计、思路的来源,就是从中得到的启发。张涤生设计的这个机器,每年治疗大量的病人。据不完全统计,治好了5 000例以上的病人,这个方法到现在还在用,后来又被日本、印度、波兰、德国、意大利等国广泛应用。

　　张涤生发明的烘绑疗法和微波烘疗技术治疗肢体象皮肿,获得了很好的治疗效果,也开创了我国"淋巴医学"。1984年,在泰国的亚洲整形外科学术会议上,张涤生一篇以1 045名病例总结的烘绑治疗论文获得了大会最佳论文奖。回国后,当张涤生将这篇论文投往国际上最权威的整形外科专业杂志——美国PRS杂志时,却被退了回来,理由是方法效果虽佳,但未说清机制何在。这件事对张涤生触动很大,于是他和学生们对科研工作加重了分量和投入。

张涤生觉得文章被退回是对的,虽然这个发明得到了很多的奖项,但绝大多数都是临床的。他觉得临床离不开科研,一定要根据动物实验,根据实验室的研究,阐明理论。通过不断的努力,这种"古为今用,洋为中用"的治疗方法现在被国际淋巴医学学会定为治疗淋巴水肿保守疗法两种最有效方法之一。张涤生也被选为国际淋巴医学学会首位中国会员及终身会员。

显微外科的领路人

显微外科是近代医学领域一门崭新的外科手术技术,它萌芽于 20 世纪 60 年代。1964 年,张涤生受到一篇美国人的论文的启发,萌生了用微细血管动静脉吻合手术来提高整形手术效率的念头。当时没有手术显微镜,只有放大镜,放大了之后缝血管;也没有显微外科的缝线,张涤生就把常用的丝线劈开来做显微外科的动物实验。20 世纪 60 年代初,张涤生已经在探索血管吻合、皮瓣移植,这在当时世界上是少数的先驱之一。

张涤生的学生有一次到罗马大学去访问,惊奇地发现罗马大学研究生的教材就是用张涤生老师编写的显微外科教材,由新加坡世纪出版社出版的,在香港由中文版译成英文版,在海外发行。

在整形外科领域,显微外科技术的出现基本替代了陈旧的带蒂组织移植,可以完成过去难以完成的一次性修复手术。显微外科是 20 世纪后叶医学技术重大革新之一。张涤生利用这一技术独创了"中国卷筒技术",取得了举世瞩目的成就。该技术也被叫做"张氏阴茎再造术",它最初的构思产生于 1981 年沈阳开往上海的火车上。那时在沈阳开会,杨果凡教授发明用两前臂皮瓣做显微外科阴茎手术,左前臂、右前臂,一个做尿道,一个做外面的阴茎体,做出来的阴茎比较粗大。所以回来的时候在火车上,张涤生就开始动脑筋在此基础上做修改,并想出了一个在单一前臂上构建阴茎的方法。回到上海,他就着手用海绵和胶布如法炮制,果然获得了成功,恰巧有病人来就诊,张涤生就尝试做了一个,一做就成功,所以后来就称作"张氏阴茎一期再造术"。

1982 年 3 月,张涤生胸有成竹地走进了手术室,一期再造阴茎手术,如他意料中获得了成功。消息传开后轰动了整个国际医学界,100 多位世界各国的整形外科专家写信过来讨教手术的方法。

张涤生被上海第二医学院评为医疗、科研、教育先进工作者

意大利显微外科主席曾经提起,他的阴茎再造就完全按照张涤生的方法。有一次参加会议,他和张涤生在一起,在会议间歇的时候,张涤生弄了纸卷给他看,告诉他应该怎么去卷皮瓣,技术上、细节上应该怎么去做。他得到张涤生的启发,

回到罗马大学开展了这个工作。

到今天为止,上海第九人民医院一期再造阴茎手术已经完成了150多例,医院随访的一组26名病例中,不但排尿顺畅,而且夫妻性生活满意,其中有7位还生育了孩子。

张涤生把显微外科引入整形外科领域,促进了中国整形外科的发展,也促进了其他外科,包括骨科、创伤外科、口腔颌面外科、眼科、五官科等相关学科的发展。

整复医学的创新先驱

创新,不断地创新!进步,不断地进步!迈小步,不停步,永远在进步。张涤生的每一小步,就是中国整复医疗的一大步。然而在这些步子的迈进中,蕴含着张涤生的多年积累和不断创新。在发现问题、解决问题、不断创新中,中国的整复外科在张涤生那一代医者的手里一天天发展起来。

20世纪60年代,张涤生进行的显微外科皮瓣移植动物实验成功,从而帮助许多晚期烧伤病人恢复了功能和外形。1972年6月,陈中伟、张涤生合作,成功完成国内第一例食指离断再植手术。整形外科开始了断肢再植、残手重建等工作,迄今不衰。60年代,张涤生提出了一个崭新的观念:外科医师不仅要使伤残者的伤残畸形部位得到修补,还要使伤残畸形部位的功能得到恢复和重建,做到"伤而不残,残而不废"。20世纪后半叶,整复外科结合各科的特长,创造了不少新的分科,张涤生将显微外科与整形外科有机地结合起来,突破了传统"整形外科"的范畴,形成了以外形修复与功能恢复有机统一的"整复外科"新概念。张涤生是再造人体美和功能的艺术巨匠,在他的带领下,目前我国的整形外科已经赶上世界先进水平,并在某些专业的某些方面居领先地位。

大医精诚,大爱无疆。张涤生精湛的医术让诸多医者敬仰,但最打动人心的却是他高风亮节的品格。有一年,张涤生在上海获得"年度名人奖",他说他要感谢父母,因为父母养育了他;他要感谢老师,因为老师教育了他;他要感谢病人,他认为正是通过病人,他才有这样的经验,才能获得这样的成绩,如果没有病人的自我牺牲精神,没有病人的信任,他是不可能得到成功的。

学术高度与人文修养底蕴密切相关,张涤生卓越的医学成就正是这方面的典范。因为如果没有对患者那种发自内心的关爱,没有超越名利的思想境界,很难成为有这样高度的大师。就是怀揣着一颗为病人的心,张涤生从无到有,从小到大,一手打造了一个完整的整形外科。而今,已过耄耋之年的他,依然满怀希望,依然"休凭白发便呼翁,还我青春火样红"。

高山仰止的名师典范

张涤生的学生曾将"传道授业,高风亮节;整形鼻祖,名扬四海"十六字敬献给他们的恩师,在他们的心目中,张老师热爱医学,勇于挑战,勤于开拓,总是迎难而上,甚至自找困难。张涤生在回忆过去处理的诸多复杂病例时曾对学生说:"那时,做了一个大手术,身心疲惫,接下来提心吊胆好些天,等病人康复了,手术成功了,却又开始了新的疑难病例的治疗,提心吊胆又来了。"这种"身心俱疲"的工作伴随着张涤生走过一生,但他从未退缩,直到90高龄,在一次会诊一位特别严重的烧伤患者时,因这位患者病情十分严重、复杂,多家医院不肯收治,张涤生对他的学生说:"收下他,如果我们不收,谁来治疗他?"病人收入院后,张涤生不顾90高龄,思考了几天,构想出一套简便、安全、易行的手术方式,并亲自参与了数小时的手术,奇迹般挽救了患者的生命。从这一病例的治疗过程,我们可以想像在20世纪60、70年代那样艰苦的条件下,张涤生奠基和开拓我国显微外科、颅面外科和淋巴水肿治疗的旅程是何等艰辛!对医学、对整形外科事业的热爱和赤胆忠诚,铸就了张涤生孜孜不倦地勤于探索、勇于挑战、善于开拓的科学创新精神。

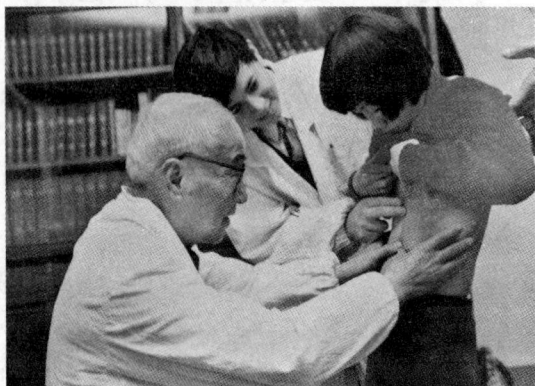

张涤生为病人进行术后情况检查

每年的感恩节，张涤生都会收到一封来自江苏泰州患者的感谢信，感谢张涤生给了他和他的家庭第二次生命，在他因重伤无人救治时，张涤生不但给予及时的救治，并像亲人一样，关心他的感受，帮助他走向新的人生。张涤生拥有一批这样的病友，每每相聚，如同老友重逢，感人至深。这是因为在临床诊治过程中，他总是用心去关爱患者，为患者着想，为病友所思。他用近70年的从医经历，实践和彰显了"医者仁心"这一最为崇高的职业精神，并用这种精神潜移默化地影响着他的学生们。

在教育学生的过程中，张涤生既鼓励学生坚持方向，又鼓励学生要有自己的想法和思路。

他的话令学生们记忆犹新："作为学生，你现在的研究课题就是你一生的努力方向。"他亲自指导和培养的几十位整复外科研究生中，研究方向分布亚学科各个分支领域，大多都秉承师言，坚持在最初的专业方向持续探索，并不断推陈出新，这也是学科不断发展壮大的原因所在。

张涤生非常注重学生的独立思考和创新。他最不想看到的就是自己的思想固化了学生，更不想让自己成为"学霸"，影响了同仁和后辈。有一次，一位博士生写了一篇涉及新观点的文章，给张涤生审阅，除了几处细微修改，文章和主要想法几乎未做任何改动。学生感到十分高兴，认为自己的想法和文章都很棒，得到了老师的认同，从而变得更加自信。宽容是创新的基础，在张涤生众多杰出学生的成长过程中都印有这一烙印。也正是这种不固化他人，鼓励个性发展的为师之道，使得学科萌发出许多新的生长点和专业点。正如张

张涤生在读片

涤生所说："独木不成林，只有一片森林，学科才能真正发展。"

张涤生的严谨思维和一丝不苟，他的博闻强记，他信手拈来融会贯通的中英文写作，让他身边的每一个人切身体会到什么是名师名医，什么叫高山仰止。

张涤生在专业领域总是能去伪存真、去粗取精，紧紧把握住学科发展的脉搏和主线。比如把显微外科引入到整形外科创立整复外科，并提升到修复重建外科的高度，是学科发展的创新，极大地拓展了学科领域和空间，也促进了学科的交叉和融合。从他最早创立我国的颅面外科并著书立说，到思考并倡导颅面和颌面外科联合，建立更适合学科协调发展的颅颌面外科，无不登高望远，体现其长者智慧。前些年在看到美容外科蓬勃发展但又良莠不齐时，他既高兴又忧虑。高兴的是整形外科技术在今天能够更好地为人民服务，满足求美者日益增长的需求；另外又担心若不规范管理和严格要求，也会带来不应有的并发症和问题。张涤生早在多年前就为此撰写了《紧紧把握整形外科的方向》一文，呼吁业界注意，可惜仅发表在专业杂志，受众有限，但即使现在读来仍觉耳目一新，富有时代感。近年来屡见报道的美容手术不当造成负面影响都在张涤生的预见之中，有些意外事故如早加防范和管理或可避免。

　　张涤生对学科人才梯队建设和后备骨干的培养更值得称道。国内整复外科领域上百人次出国留学进修直接或间接受到他的推荐和支持,他常教导,做外科医生务必要三会:一是会做,二是会讲,三是会写。"会做"就是要把手术做好、做精;"会讲"就是把经验传授给学生和后来者,达到教学相长、知识传承,更重要的是能在国内外重要会议上演讲表达;"会写"就是把自己的经验和创新及时地在国内国际杂志发表,获得学术同行的认可,英文杂志的发表尤其重要。有位前辈说过这样的话:一个学科带头人成功与否的标志,不仅仅是他在其位的时期,而是他离开岗位后学科建设的高度。如今上海交通大学医学院附属第九人民医院整复外科的成就和学术地位应该是张涤生对人才培养和学科建设多年来所付出心血的最好回报。

　　张涤生矢志不渝对事业的追求、敏锐的洞察力和细致入微的关爱,不仅惠及学生和络绎不绝的求医者,也潜移默化地影响、激励着一代又一代后来者在医学科学的道路上不断向前。

温馨和睦的当家人　永葆年轻的老院士

　　熟悉张涤生的人都知道他是一个开朗、幽默,并且懂得生活的人。在他家卧室的墙上贴满了照片,多是他和家人的。他很喜欢向朋友们介绍家人的生活细节,这是他幸福的源泉。90多岁还能在事业上保持旺盛的生命力,与家庭的关爱是分不开的。

　　1951 年,张涤生参加抗美援朝手术队,最放心不下家里的父母,他们抽鸦片成瘾。在张涤生随队开赴东北后,医院便商量把张涤生父母接到上海,住在同济医院里戒烟,大约两个月左右,表面上似乎已戒掉了,但有一天被内科主任发现他们还是没戒掉,这样又被送回了无锡。鸦片害苦了两位老人,也害了张涤生,给他带来了无尽的痛苦。每月给两老的生活费,都被化作了一阵青烟飘得无影无踪。

张涤生与应届博士毕业生合影

　　当时,张涤生把家安在陕西南路、新乐路口的长乐新村的一幢法式小楼内,前面还带了一个小花园。二楼住着房东,一位湖南籍老太太和女儿。张涤生住底楼统间,分割成餐厅兼客厅和卧室。弄堂里很干净,也很安静。为照顾两老,使他们彻底杜绝原来的生活环境造成的不良影响,张涤生在邻近新乐路的襄阳路口租了一间董姓人家的房子,把两老接来上海居住,同时带来一个家乡小保姆,帮助两老料理日常家务。最后两老终于戒烟成功，他的父亲后来还参加里弄工作，为居民服务，十分积极。在张涤生的一片孝心下，两老在上海度过了幸福的晚年。

张涤生的夫人张筱芳，可以说是一个了不起的贤内助。她非常理解张涤生，一直孤军奋斗在外的张涤生，自美国回来后，在上海慢慢也算有点名气了，尤其是到了同济医院，薪水一年比一年高，40岁时到广慈医院工作，同时在上海陆、海、空军三家医院和上海华东医院担任顾问，每月可以拿五份工资和津贴，但无锡老家有父母双亲和三个弟弟妹妹，再加上要为父母戒烟，作为长子，他一直寄钱回去贴补家用。张筱芳给予他充分的信任和理解，从未对此有任何怨言。去掉三分之二的薪水，余下的则由张筱芳全权负责安排家里的开销。在张涤生眼里，她的理财能力相当强，日常开销井井有条，还要培养两个在大学读书的弟弟。有一次，弟弟张养生到上海，流露出家里经济窘迫的意思，当时，张涤生口袋里正好装着当天才拿到手的一张200元稿费的邮局汇款单，便马上拿出来给他。200元在那个年代是相当大的一笔数了，张筱芳事后提也不提，她以一颗宽容的心对待张涤生的家人，同样也得到了张家上上下下的尊敬。

解放后，张筱芳就职的上海市社会局解散了，结婚后的她就不出去工作，而做了张涤生的"秘书"。生活上不让张涤生有丝毫的后顾之忧，一儿一女不让丈夫多操一份心。工作上，她也是细心地辅佐他，虽然她不懂医道，可她那一手清秀、工整的字，帮了张涤生不少的忙。

张涤生和张筱芳夫妇共同抚育了一双儿女。1955 年出生的女儿张颖和 1961 年出生的儿子张达，因为那个年代的关系，都没有机会继承父亲的事业，完全靠着自己的努力，目前都有一份不错的工作和美满的家庭。张颖初中毕业到上海郊县崇明务农 3 年，回上海后，在上海钟表厂当过工人，在上海展览馆做过讲解员，后调至锦江饭店，从公关部到大堂经理、公关部经理，这段工作经历使她的英语会话能力大大提高。1982 年，建筑设计专业毕业的女婿，在出国潮的影响下，离开了新婚不久的妻子，和几个同学闯荡澳大利亚开拓事业，后在悉尼落了脚，张颖在 1993 年带着 9 岁女儿，随丈夫到澳大利亚开辟新的人生道路。时间过得飞快，外孙女陈乐依如今早已在澳洲上了大学，毕业后在一家美国跨国审计公司工作，学有所长，她端庄艳丽，是一位非常有发展前途的后代。

"文革"结束时，张达高中毕业，考二医大只差了 7 分，后被录取在上海医疗机械专科学校，毕业后分配到上海医疗机械公司工作了两年。通过母亲张筱芳的一位亲戚牵线搭桥，1985 年只身到美国读大学，学习计算机专业。刚去时，也像众多出国留学生一样，找了一家饭店端盘子打工，后来经人介绍来到了一位美国孤老太太家里工作，每天帮她做一顿早餐、一顿晚餐，老太太管他吃住，直到三年后大学毕业。因为女友在加拿大留学，张达便又去加拿大发展，后来两人在加拿大结婚，生育了一个女儿。因专业的关系，最后夫妻两人还是一起回到了美国发展，张达目前在美国一家通讯公司就职。

张涤生一直热衷于把自己的学生送出国深造，为了给国家节约外汇，每次送出去培养的学生，张涤生都要想方设法争

张涤生在 95 岁生日宴会上与美国 G. S. Brody 教授一起切蛋糕

取对方外国机构提供食宿费及旅费,但却从没想过给自己的孩子开一次后门。

　　张涤生能取得今天这样的成就不是偶然的。在科学研究中,他经历磨难和艰辛而矢志不移,始终为祖国的强盛和人民的健康幸福而奋斗不已;在工作和生活的道路上,他不断坚定为祖国和人民贡献智慧和力量的远大理想,并在即将进入花甲之年的时候,终于加入了中国共产党。在他的身上,让人看到了我国知识分子爱国主义的崇高情操和中华民族自强不息的民族自尊心、自信心和自豪感;也让人看到了我国科技工作者勇于创新、顽强拼搏、为国争光的宏大抱负;更让人看到了我国老一代知识分子严谨治学、为人师表、平易近人、甘为人梯的崇高精神。

（徐　英　吴莹琛　朱伟燕）

业以才成　德以才广

——记中国工程院院士杨胜利

杨胜利（1941—　），江苏太仓人，1962年毕业于华东化工学院有机化工系，1997年当选为中国工程院院士。长期从事于基因工程在酶、发酵和制药工业中的应用研究和开发，在所主持的青霉素酰化酶基因工程研究中，建立了基因克隆和表达系统，并采用DNA体内重组提高质粒的稳定性，优化了宿主和表达的条件，构建了高稳定性、高表达的基因工程菌。该项研究1988年获中科院科技进步一等奖、1989年获中科院第二届亿利达科技奖。

杨胜利院士

才情初露　捷足远登

说杨胜利从小就是个好学生绝对没错，在学习上他从没让大人费过心。小学时跳了两级，小学三年级、五年级都没有念过。杨胜利不是那种死读书的孩子，学习、玩耍都没拉下。他的父亲是中学教师，觉得杨胜利念书太轻松，可以尝试跳级，不过前提是要通过考试。杨胜利说："考就考吧!"就这样，他只用4年便读完了小学，升入中学。

杨胜利中学就读于上海五爱中学。他一直说自己不是一个传统意义上的好学生，因为他不喜欢按部就班，也不爱循规蹈矩，只要自己感兴趣的就特别投入，特别用功，而且不局限课堂上所学的。那时的五爱中学恰恰有着自由宽松、鼓励创新的氛围，这对杨胜利的成长无疑起到了关键的作用。学校开设了很多兴趣小组，鼓励同学们参加，多动手勤动脑，发展自己的兴趣爱好。杨胜利说，那时和现在中学生的学习不一样，兴趣是第一位的，应付考试是次要的，无论是老师、同学，还是学校，都不会过于关注考试的分数。在这种氛围中，学生可以没有功利心地读书，反而能够真正激发出对科学、对知识的兴趣和热情。

杨胜利中学对理工科的知识特别感兴趣，他参加了数学、化学兴趣小组。他回忆说，相比课堂上，同学们和数学老师、化学老师在课外小组中接触更多，课余时在兴趣小组学的东西已经远远超过课堂上学的，而且老师也会花很多时间和同学们一起做各种各样的兴趣题，从趣味出发，让学生在生动活泼的氛围中学到知识，而不是简单地教学生怎么解题。比如数学老师以斯诺克比赛为例，从打球入袋的路线入手，强调不仅要把目标球打入袋，而且还要考虑到主球撞球后的路线走向和位置，并为下一步打球创造有利机会，这其中蕴藏了很多高深的几何学问题。数学老师经常和同学们讨论这种问题，引起学生很大的兴趣。再比如，化学讲究动手，化学老师总是带着同学们做好多试验。在这样宽松自由的学习环境中，在这个生机无限的知识海洋里，杨胜利的聪明才智很快便显露了出来。

在理科上的天赋丝毫没有掩盖杨胜利在文科中的光芒，对于文科他也有自己一套独特的学习方法。作文课上，老师一般留给同学们两节课时间写作文，杨胜利经常半小时就写完了。因为他逻辑思维能力很强，他像解数学题的方式写作文，对老师布置的作文题目尤其是议论文，第一时间就能分析清楚，条分缕析地把观点讲清楚，所以他写得很快。语文老师的评语都是肯定的，但是杨胜利本人觉得自己缺乏文学家天马行空的思维和想象力。

杨胜利的记忆力超群，这一点在他学习外语上体现得最为明显。他只要在外文课上听一遍，基本上就把该学的知识都掌握了。他学外语时，课前从不预习，课后也不复习，也从来不刻意地去背单词，成绩却总是很好，同学们对此都很叹服。有一次同学开玩笑说你记忆力那么好，不需要用书了。杨胜利觉得这话有道理，就把书给了同学。即便不用书，仅凭着课上听讲，他在下一次考试中依然考了5分，但5分不是他的目标，他更注重的是学以致用。大一时就看了大量俄文参考书，大二就能用俄文记微生物学的课堂笔记，也成了他唯一记笔记的课程。后来又自学了英文、德文和日文，做毕业论文时已能查阅四种外文的文献。

中学毕业后，杨胜利很顺利地考上了华东化工学院（现在的华东理工大学）。因为数理化成绩优秀，所以他考虑上大学就学与数理化相关的专业。他对无线电工程之类的工程技术类专业几乎到了痴迷的地步，但在当时这种专业要看家庭和成分，杨胜利出身不好，只能打消了学这个专业的念头。教化学的老师特别喜欢聪明的学生,对杨胜利喜爱有加,便动员他念化学,最终他选择了化工专业。来到大学后,杨胜利仍然按照自己的学习方法学习。那时标准的学习模式是课前预习,认真听课,课后复习,这样才能学出好成绩,成为好学生。按照这样的标准,杨胜利的距离实在是太远了。在同学们的眼中,杨胜利除了听课外,几乎没花精力在学习上。下课后要么打球,要么就躲在蚊帐里看小说。对此,杨胜利有自己的看法,他认为学习最关键的是有没有把该学的都学会了,而不在于是不是一定要走那些"标准"环节。他说:"如果我课前预习,课上我就没有兴趣再去听讲了,因为我都已经会了嘛,还听什么? 而且既然我在课上听懂了,我肯定会记住,所以也不需要特别去复习。"考试之前,老师盯着大家复习,杨胜利却和几个同学悠闲地玩桥牌。第一次期中考之后,杨胜利的成绩让老师和同学们大为吃惊:这个人是怎么考的,成绩竟然出人意料地好! 尤其是最难的被同学称为"头痛几何"的投影几何,竟然得了满分。老师也很奇怪,于是便对杨胜利说:"我观察你一阵子了,发现你上课也不太认真。如果你再得一次 5 分,以后这门课你就可以免考了。"有了老师这句话,杨胜利真的在下一次考试中又考了满分,获得了免考的"特批",但是他还是参加了以后的所有考试,因为解难题是他的乐趣。

　　从中学时代,杨胜利就爱好很广,音乐、桥牌、摄影、文学,他什么都喜欢。他在运动方面也很有天赋,杨胜利自称个性懒散,所以他不可能像专业运动员那样花大量的时间去训练,但灵活的头脑使他更关注总结技巧寻找思路,在篮球、排球和羽毛球这些竞技类运动中得心应手。"五七"干校时,他曾经拜有专业水平的同学为师，请教打羽毛球的方法，不到 4 个月的时间他就把"老师"打败了。

考大学时，杨胜利选择了生物化学工程中的抗生素专业，当时化工专业比较前沿的就是生物化学工程。大学毕业后，杨胜利来到了科学院药物所抗生素室工作，他立刻被这个专业深深地吸引了，并全身心地投入到这一领域之中。他似乎具有一种特殊的嗅觉，能够敏锐地察觉出自己的方向，并坚定地沿着这一方向走下去。

才学兼优　自强不息

杨胜利到药物所工作后，刚开始主要从事抗生素化学的研究，面对五千多种结构复杂的抗生素，他想抗生素怎么产生的，于是就研究抗生素的生物合成。后来他又感到抗生素面临的最大问题还是耐药性问题，即使做出再多的抗生素，耐药问题仍然相生相伴。杨胜利一旦意识到要解决问题的根子还是在耐药菌上，他便把兴趣慢慢转向耐药菌的研究。耐药菌为什么能够耐药？由于长期进化，细菌所获得的耐药能力已经根植于细菌基因之中，存在于细菌染色体上，纵向的代代相传，或者存在于染色体外的一种基因物质——质粒。耐药细菌会通过耐药质粒把耐药基因传播给非耐药细菌，导致横向耐药性扩散，这也是细菌耐药性传播的主要途径。杨胜利投入到耐药菌研究领域时，国内做分子生物学研究的环境和条件还较差。因此，当 1980 年杨胜利有机会去美国加州大学留学时，他选择了细菌质粒的研究。

在美国留学期间，杨胜利所在的实验室专门从事基因的复制、转移等研究，也是基因工程的基础。国际上从 20 世纪 70 年代初，就开始兴起现代生物技术，是在分子生物学、细胞生物学等学科的基础上发展起来的，包括基因工程、细胞工程、酶工程和发酵工程等技术，它们互相联系，其中以基因工程为核心技术。基因工程可打破物种的界限进行基因转移和分子育种，按人类的愿望生产出更多更好的生物产品和生物品种。医学上通过生物技术可以生产出大量廉价的防治人类疾病的药物和疫苗，如：胰岛素、干扰素、生长激素、乙型肝炎疫苗等。杨胜利在美国加州大学潜心学习，前两年的时间主要是打基础，他学习了各种各样的基因体外重组、基因表达及 DNA 测序等技术。根据国家的需求、自己的学术背景，他决定做青霉素酰化酶基因工程，这是发展抗耐药菌半合成青霉素的关键技术之一。回国过美国海关时，检查人员对杨胜利的两个箱子特别关注。其中一个泡沫的箱子是保温的，里面放了很多工具酶和试剂，是他从国外带回来准备做实验的，当时那些专业用品从国内采购非常困难，令海关人员关注的还有一个箱子，沉甸甸的，他们特意把那个大箱子打开验箱，原来是满满一箱的专业书籍。后来有人问杨胜利，当时国外的研究条件比国内优越得多，是否想过留在国外时，杨胜利毫不犹豫地说，当时就是一心想着学成后就马上回来，没有什么其他的念头。这是一个心系祖国的科学家最朴素和本能的想法，却又是如此强烈而诚挚的心愿。

回国后，杨胜利仅仅用了 11 个月的时间，便成功地完成青霉素酰化酶基因工程菌的构建和高表达的研究。这个课题既包含了他在国外学习的基因工程，又结合了他一直以来兴趣所在的抗生素，这是他还在美国时就想做的研究。事实证明，杨胜利带回来的实验试剂起到了很大作用。当然要成功最主要的还是方法和思路，有了试剂，还要面临着一个怎么用好试剂的问题。今天看来克隆基因这个很简单的步骤，在当时还是很难的一项工作。最为关键的是如何知道克隆的基因里面取到了实验所需要的基因，杨胜利用了最简单的方法来验证。他当时是用显示反应黄色的菌来说明拿到了实验所需的基因，这样就可以不用仪器来验证。这种方法省了很多的酶，效率又高。最终杨胜利大概花了两个月的时间得到了他想要的实验结果。

实验过程无疑是艰苦的，光有克隆到的基因还不行，还要它的稳定的高表达，因为天然的菌株虽然也有一定的产量，但是产量很低。杨胜利把他在加州大学学到的各种技术都用上去，仍然得不到稳定的高表达。最后他灵机一动，决定用一个传统的方法来试一试，即诱变和筛选的方法，终于筛到了一个稳定的菌株，进一步做了基因分析以后发现，在高表达的酰化酶基因上游插入了一个片段，帮助它能够稳定地高表达。完成实验室研究后，杨胜利先在华北制药厂完成了青霉素酰化酶基因工程菌中试，又与中科院大连化学物理所合作研发了基因工程菌膜反应器，并于 1986 年在江西东风制药厂中试和投产。

科研过程并不总是一帆风顺的，期间充满着各种意想不到的艰辛，还要面对残酷的竞争。就在杨胜利回国后开发的第二个项目中，他品尝到了挫折的苦涩。青霉素酰化酶做完之后,杨胜利开始全心投入另一个项目——苏氨酸代谢工程。虽然花了很大精力做成了高产的苏氨酸基因工程菌,但很可惜的是,苏联开发的一个菌种先做成了,而且产量更高。这样,杨胜利做成的项目就没能应用到生产。这种并非研究失败带来的挫折或许更让人难以接受,但杨胜利坦然地接受了这些,他说做科研总要经历这些,在他淡然的神色中能够看到一个科学家良好的心态和坚强的意志。他继续从事基因工程在酶、发酵和制药工业中的应用研究和开发和代谢工程研究,并致力于将微生物血红蛋白、热休克蛋白、分子伴侣等基因用于工业生产菌株的优化,推动基因工程和代谢工程在医药和工业生物技术产业中的应用,特别是微生物的血红蛋白基因已在发酵工业广泛应用。

才广志远　胸怀千壑

　　面对所取得的一系列成就,杨胜利院士仍然保持着他一贯的低调和从容。他几乎不接受采访,说自己的学习方法不宜宣传。其实,固然他有着聪明、记忆力超强等个人天赋,但不可否认的是,成功的背后总有着勤劳的付出和深入的思索。在长期从事生物工程的科研实践中,他积累了大量的经验,做了很多前瞻性思考,在科研工作中能够把国家需求与国际前沿相结合,有许多独到的见解。

　　1992 年,杨胜利开始担任中国科学院上海生物工程研究中心主任、党委书记,兼任中科院生物技术专家委员会主任委员,中科院新药专家委员会副主任委员、国家"863"生物技术领

杨胜利参加学术讨论会

域专家委员会委员、上海市科技进步专家咨询委员等职。杨胜利除了关注自己的研究工作外，将愈来愈多的精力投入到国际生物科技前沿的跟踪和我国生命科学和生物技术的发展战略研究。20世纪90年代他主要关注人类基因组计划和系统生物学研究的动向，参与和推动了我国人类基因组研究的起动，并和上海肿瘤研究所顾健人院士合作开展肝癌基因组研究，建立了高通量肝癌基因筛选平台，发现了三百多个与肝癌发生、发展相关基因。2002年，杨胜利任上海肿瘤研究所癌基因和相关基因国家重点实验室主任后，大力推进肿瘤系统生物学的研究。

21世纪也被人称为生命科学和生物技术的世纪，杨胜利又兼任中国工程院医药卫生工程学部主任、国家"973"计划专家顾问组成员、国家生物产业发展咨询委员会委员等职，他也更关注我国生命科学和生物技术的发展特别是合成生物学和转化医学的动向。他说,系统生物学将使我们对每个生物体有系统、全面的认识,为合成生命提供了知识基础,而合成生物学就是要用工程的理念和方法设计和合成生命,要通过系统的转化研究才能完成由系统生物学到合成生物学发展过程。转化医学就是在医学领域将医学系统生物学的知识用于临床实践,完成由人类基因组到智慧医学的过程,合成生物学将是一个重要的技术平台,会极大地提升和拓展智慧医学。合成生物学和转化医学的研究进展将有力地推动我国生物医药产业的发展。10年前,我们说的生物产业,仅仅指的是生物技术产业或生命科学产业。而现在我们再看生物产业,已逐步呈现像IT产业一样,从纵向产业转变为横向交叉产业,和信息、材料、先进制造、纳米等众多产业的交叉、整合已成为发展趋势。他在接受《中国医药经济技术与管理》杂志专访时,谈到生物产业是后IT产业,实际上模式也非常相似,从纯粹的一个单一纵向产业,变为横贯众多产业(IT产业从高科技走向大众,走向生活中每一个环节)。生物产业现在已涵盖医药、工业、农业、环保等产业,并和许多学科,如纳米、信息、材料等形成了紧密的结合点和交叉点,开拓新生长点,生物产业才有可能像信息产业一样成为改变人类生活方式的产业。同时产业规模不断扩大,成为支柱产业。估计在未来5年内,生物产业有望成为战略性新兴产业之一。

　　杨胜利还参与了对国内二十余家生物产业园区进行细致调研与分析的工作,绘制出中国生物产业园区产业规划图,对园区的发展定位,以及园区如何利用本地的资源优势、人才特

杨胜利作学术报告

征,打造具有本地区特色的产业集群,最终带动地区生物产业经济发展,提供了重要思路。

因为杨胜利在"863"、"973"相关领域的专家委员会里长期担任职务,所以能够从"973"和"863"的层面,在这两个大的科学计划里推动相关工作,把国际上系统生物学和合成生物学发展前沿的思路和技术在中国发展起来。从2010年开始,在"973"和"863"计划里合成生物学已经开始有项目。看到这些新兴研究领域在我国的发展,看到相关科研项目的立项,杨院士感到由衷的欣慰。一谈到生物产业的发展,一向话语不多的杨胜利也变得健谈起来。他说,随着国家《生物产业"十二五"规划》以及《促进生物产业发展的若干政策》等产业扶持政策的出台,近年来我国生物产业得到迅速的发展,一批生物制造企业逐步壮大,一批生物农业企业逐步树立自有品牌。近年来,国家发展战略性新兴产业重大举措的出台,更为生物产业的发展注入了新的力量。加快培育生物产业是我国在新世纪把握新科学革命战略机遇,全面建设创新性国家的重大举措。我们应当抓住世界生物科技革命的机遇,将生物产业培育成我国高新技术领域的支柱产业。

在杨胜利看来,凡是对国家、对人民、对老百姓有益的事情,都应该是他们科研的对象,因此,他对于转化医学的发展的关注是自然而然的。他曾经在面向科技工作者的报告中指出,生物技术对全社会发展尤为重要,它可能改变未来工业和经济格局的技术。生物技术在新药研发、疾病防治、优良种质资源培育等方面有着广阔的应用前景,并将产生巨大的社会、经济效益。生物技术产业在经历了作坊式的生物技术产业、工业化的生物技术产业、现代生物技术产业几个阶段之后,发展到以生成生物学为核心技术的 21 世纪的生物技术产业。

自从杨胜利担任中国工程院医药卫生工程学部的主任后,和医院、药厂接触比较多,他更加感觉到,我们国家转化医学必须抓住现在的时机,转化到临床应用领域,只有这样,才不至于在国际上落后。在他看来,近些年生物科学虽然在国内已经受到重视,但转化到医用的成果相对还是比较少,现在转化医学最大的瓶颈是临床研究。与国外很多研究型医院相比,我国现在能称得上研究型的医院还没有,如何把生命科学和医学研究的成果尽快地转化到临床应用中去,这是一个亟待解决的问题。因此他积极鼓励很多有条件的医院,能够尽快加强临床研究,加快临床研究医学的发展。

杨胜利作学术发言

才高行厚　诲人不倦

在学生们眼中,杨胜利是一位儒雅智慧的老师,平易近人,为人和善,没有一点架子。在指导博士、硕士研究生的过程中,他虽然话不多,但句句都说到点子上。每当学生在科研中遇到困难,向他求助时,他总是能够从学科领域发展方向的高度和敏锐的洞察力来帮助学生解开难题,获得新的思路,找到新的办法。他的学生们都以能够成为他的学生而感到幸运。

或许因为杨胜利自己读书时拥有宽松自由的环境,遇到了鼓励学生兴趣爱好的老师,他也给自己的学生相当大的自由度。一旦他们经过严格的基础训练后,杨胜利就放手让他们去做科研，并不过多地指手画脚，但在他们需要讨论来开拓思路时，他却从不吝于与学生们展开适时的交流，对他们给予无私的指导和帮助。杨胜利坦言，实际上现在的教学有很大的问题，根本目标是为了应付考试。从小学到研究生教育都存在这个问题，会给学生真正的科研发展带来负面影响。在这样的教育导向下，学生们往往把发表几篇文章、收录几篇SCI论文作为他们的目标，而不是真正以科研兴趣出发，自然也谈不到对学科发展的领悟和把握。对于学生要拿到学位顺利毕业所必须发表的论文，杨胜利认为，出论文是一个必然的结果，而不是追求的唯一目标。如果把出论文作为唯一目标，一旦把这个任务完成了，文章做得差不多了，就没有继续探索的兴趣和动力了。因此，他尽可能地为学生们创造宽松自由的环境，在自由讨论的气氛中培养他们对科研的观察力和领悟力，同时他又决不放松对他们的要求和基础科研能力的训练。他觉得现在的研究生很有优势，无论是他们自身的基础，还是国家提供的科研环境都比较好，他希望学生们能够有创新精神，不断探索新的东西。

杨胜利对学生并不严厉，他甚至从来没有大声和学生讲过话，他却说学生们都很怕自己。其实，这种"怕"并不是真的害怕老师，而是对老师的一种敬重。正如他的学生所说："杨老师以自己的言传身教为学生们树立了最好的榜样，一个像杨老师那样真正具有科学精神的科学家，无论在为人上，还是学识上，都有着我们无法企及的高度。"

据杨胜利的学生张毅介绍，他跟随杨院士十几年，每次去杨院士的办公室，总是看到他在认真地阅读文献，即使在同学生交谈时,打印机也会随时打出最新的文献。和杨老师一起出差,在飞机上,杨老师拿出厚厚一沓文献认真研读,这时两手空空的张毅觉得心中满是羞愧。张毅说,杨老师的阅读量之大之广,他对国际前沿科技的了解和熟悉程度,是他们这些学生自叹不如的。学生们最佩服杨老师看问题的高度,在遇到科研中停滞不前的难题时,他总是能一针见血地切中要害,指出问题的症结所在。

杨胜利的女儿也是做生物工程研究的专家,如今在美国定居。她眼中的父亲亲切和蔼,日常生活中言语不多,但在工作上精益求精,对事情有犀利的观察和独到的见解。已近不惑的女儿,至今还清晰地记得小时候每每深夜醒来,看见父亲伏案工作时的情景。几十年过去了,这深夜的背影仍然给女儿留下了深刻的印记,还在无声地鞭策着女儿在科学研究的道路上不断前行。谈到女儿,杨胜利说他并没有为女儿的学业和成长有过很多的指导。与那些望子(女)成龙的父母相比,他甚至说自己对女儿没有特别的要求,用他自己的话说:"只是在她需要时,会与她交流、讨论。"毫无疑问,这位低调严谨同时也博学耐心的科学家父亲,用他对事业的热爱和执著,深深地影响了女儿。

才兼文武　淡泊从容

已进入古稀之年的杨胜利看上去丝毫不像一个年过七十的老人。他身材高大,和蔼儒雅,说话声音不高却透着一股令人信服的威严,语速不快却条理清晰、逻辑性很强。无论是与他长期相处的同事、学生，还是与他有过一面之缘的记者，听过他报告的科研工作者，都会被他身上散发出的那种智慧的光芒所吸引。那种光芒并不是耀得人睁不开双眼的眩光，而是让人难以忘怀，能够使人久久回味的科学家的风范之光。他的日程表排得满满的，大概三分之二的时间在出差，身兼数个科研组织机构和学术委员会的职务，参加各种的学术活动。当别人说杨院士需要一个秘书的时候，他却说他的手机就是他的秘书。繁忙的大小事务、紧张的日程安排，都是他自己来安排。即使年纪大了，他的记忆力和思维能力仍然有条不紊、一丝不乱。

杨胜利谦逊地说自己现在是在做一些"虚"的工作，具体的研究工作已经不干了，但是看到什么新的东西，也有兴趣看看文献，然后和同行进行交流。

杨胜利的成功看上去似乎一帆风顺，水到渠成，其实这与他坚定的意志力和对逆境超强的承受力是分不开的。在他童年时代，父亲曾经多次受到冲击。日本人因父亲是抗日分子，三次把父亲抓去坐牢。国民党政府因为父亲支持学生运动视为亲共分子要抓他，解放后又因当过国民党区分部书记坐牢，1957 年被打成右派，"文革"中受到迫害。那时父亲去蹲"牛棚"，家里只有母亲带着他和两个妹妹过活，除了担惊受怕担心父亲之外，还要忍受社会上的各种压力。两个妹妹还小，少年杨胜利早早就担起了家庭重担，尽量帮母亲分忧。街道通知母亲去开会，要强的母亲不愿意去面对那些冷嘲热讽和歧视，杨胜利就去参加，人家说你小孩子来干什么？杨胜利倔强地说："我就是我家的代表，你要不要我开？不开我就走了。"

讲起这些往事，杨胜利脸上没有太多的波澜起伏。他只是说自己从小就是在这种环境中长大的，当时唯有用看小说来排解压力。他看了大量各式各样的小说，把自己从现实世界带到另外一个世界，陶醉在虚幻的世界中。他从小说中慢慢悟出了好多人生的道理，视野越来越宽、胸怀越来越广的杨胜利终于走向了一个越来越广阔的天地。

逆境是成功者最好的锻炼机会。有了这样的成长经历，在学业、科研当中的那些挫折、失败，对杨胜利来讲根本就不会造成太大的心理压力。他不仅不会被压力压倒，而且会更理性的分析，为什么会失败？到底是实验设计出了问题还是实验环节出了问题。只要认准了目标，就坚定地走下去，遇到困难就理性地分析问题，认真地研究问题，努力地解决问题。杨胜利就是这样凭着才情、坚韧和意志成就了自己的智慧。

杨胜利走过的人生从来都是目标清晰、目光坚定，他对人生的领悟使他在自信的儒雅中又透出淡定和从容。少年时经历过的苦难和挫折使他能够笑看人生风云，常怀感恩之心。他说自己运气很好，因为小学跳了两级，恰好赶在父亲被打成右派之前上了大学。他感叹说两个妹妹就没有自己的好运气，她们在学校里成绩也都很优秀，但是因为家庭出身问题没有能够读上大学。

因为工作繁忙，除了音乐和摄影这两项从年轻时代就伴随他的"忠实伙伴"，很多年轻时的爱好杨胜利都已经没有时间再去经营。杨胜利家里有一套顶级的音响设备，那不是什么名牌，而是他亲手组装起来的功效强大、只有专业发烧友才会有的系统。摄影也是杨胜利的挚爱，年轻时他在美国留学,曾经有一个月坐长途车出去边旅游边摄影。他的计划是白天旅游、拍照,晚上就在车上睡觉,也不用住旅馆。一同出去的同学跟不上杨胜利的节奏,他们只玩了一个星期就跑回去了。这就是杨胜利的个性,无论是对待事业还是爱好,只要有兴趣,他就会全身心投入,而且要尽力做好。2011年8月,杨胜利在参加学术会议之余,和同行们一起去香格里拉,在海拔4 500米的山地,杨胜利背着那么重的专业相机竟然如履平地,健步如飞一口气登上最高的90多个台阶去拍香格里拉的日落,这让同行的年轻人们佩服不已。杨院士笑谈,为了夕阳美景忘了疲劳和年龄了。

　　岁月流逝并没有改变杨胜利的秉性和风格,依然有点我行我素,只要是有兴趣的事,还是那么投入,那么专注,生命不止,攀登不息。

（张晓晶　闵建颖）

探索未知
——记中国工程院院士邱蔚六

邱蔚六院士

邱蔚六(1932—　),祖籍重庆奉节,口腔颌面外科学专家。1955年毕业于四川医学院。现为上海市临床口腔医学中心名誉主任,上海交通大学口腔医学院名誉院长,上海交通大学荣誉讲席教授、主任医师、博士生导师。擅长颌面部肿瘤、整复外科与颞下颌关节外科,从医60多年,获国家发明奖、科技进步奖3项;22项24次获部市级一、二、三等科技进步奖和何梁何利基金科学与技术进步奖。主编专著10余部,协编20余部;在国内外杂志上发表论文400多篇。

2001年邱蔚六当选中国工程院院士。他是国际口腔颌面外科医师学会(IAOMS)理事(1999—2007),日本大阪齿科大学名誉教授及香港牙科专科(Dental Surgeon)学院名誉院士,国际牙医学院院士、大师(M. I. C. D.),国际牙科研究会和美国颞下颌关节外科学会会员。2009年获中国口腔颌面外科华佗奖及由国际口腔颌面外科医师学会(IAOMS)颁发的最高奖——杰出会士奖。

执著一生的事业

1948 年的一个夜晚，四川省成都市的一户老宅里，突然闯进了一伙歹徒，随着几声枪响，一名中年男子倒在了血泊中。这是一场政治暗杀行动，中枪倒地的是一名秘密加入地下民革组织的国民党军官，当时，宅子里一个十几岁大的男孩目睹了这场恐怖事件。伤者一共中了三枪，腹部、肘部、腿部都受伤。整个晚上，医生们都在全力抢救这名垂死的中枪者。

受伤的正是邱蔚六的父亲，亲眼目睹父亲受伤，又看到医生竭力抢救挽回了生命，使得年少的邱蔚六对医师这个职业有了具体而深刻的印象——医生很伟大，要死的人都能够抢救过来；医生很神奇，特别是外科医生的本事最大。当时还是中学生的他在心底里确立了自己一生的志愿。谁能想到，因意外而立志学医的邱蔚六最终成为中国口腔医学界首屈一指的人物。

1955 年，23 岁的邱蔚六从我国最早创立的口腔医学院校——四川医学院口腔医学系毕业，为了实现当一名外科大夫的梦想，他毫不犹豫地选择了当时还处于蹒跚起步阶段的口腔颌面外科作为自己职业发展的方向。师从我国著名的口腔颌面外科的创始人——张涤生教授和张锡泽教授。两位前辈严谨治学、善于创新的科学精神对邱蔚六的成长起了关键性作用。

上海第二医学院附属广慈医院（现瑞金医院）的口腔颌面外科病房是由张锡泽教授在 1953 年创建的。邱蔚六来到广慈医院工作后,就成了张锡泽的得力助手。在恩师的精心培养下,经过半个多世纪的勤奋开拓,邱蔚六和他的团队终于使得中国的口腔颌面外科得到了确认,并在国际口腔颌面外科领域中占有一席之地。

在邱蔚六的夫人王晓仪的眼中,作为外科大夫的邱蔚六不仅踏实勤勉,更难得的是,60多年来,他对于自己所从事的口腔颌面外科事业,始终保持着一份执著的热情。每个人都有一个梦,这个梦就是自己所从事的事业要达到最高峰,把自己毕生的精力都献进去。邱蔚六正是凭着对事业的执著,把梦想变为了现实。

冲破学科的禁区

如果观察一个头骨模型,把颅骨的头盖骨去掉后,再移开脑组织,这时就能看到一个底座,也就是整个颅底,从外面来看,这里包括眼眶、眼球、上颌骨。因为分属医学中不同专科的领域,这个地方曾一度成为谁也不敢触碰的禁区!邱蔚六形象地将之比喻为一个楼层,楼上是神经外科的,楼下是口腔颌面外科的,"楼板这层就没人管了"。而没人管的一个主要原因,其实是不敢管。由于颅底所处的特殊位置,在神经外科大夫看来,已经超出了他们熟悉的脑部范围,他们不敢轻易实施颅外解剖。同样,在口腔颌面外科大夫眼里,打开颅底,意味着可能伤及脑组织,危险系数相当大。因此以往凡是肿瘤侵犯到颅底了,基本上认为是一个不治之症。

　　20世纪70年代初,邱蔚六曾经多次为工宣队里的一位老干部实施颌面肿瘤切除手术。后来,由于癌细胞不幸扩散到了颅底,最后只能无奈地选择了放弃救治。这个痛苦的遗憾,让邱蔚六下定决心,要闯一闯颅底这片森严的禁区。正是这份决心使他萌发了一个想法:如果能够两个科联合起来,把这个楼板整块地、一次性地去掉,而且是很完整的,是不是就能有所突破呢?就此,邱蔚六与神经外科医生联手协作,开始尝试突破这个禁区。当手术到了颅底的时候,他们用咬骨钳把病灶一点点咬掉,但这是不符合肿瘤整块切除的原则的,手术效果并不好。邱蔚六没有放弃,他反复模拟试验,不断摸索。

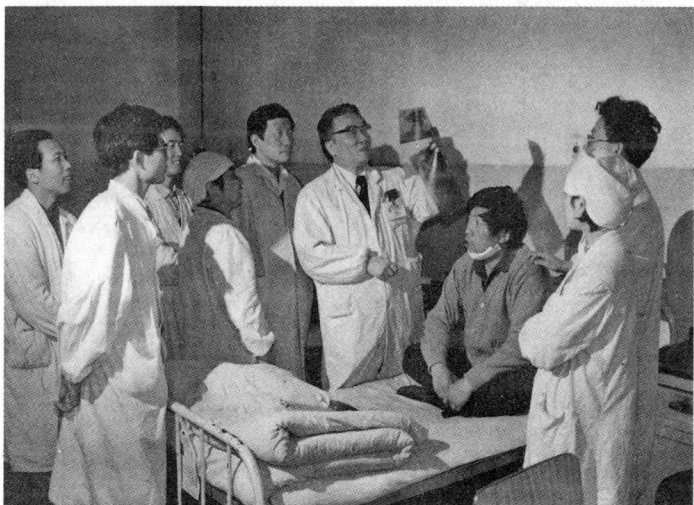

邱蔚六在查房

　　1978年,一名年轻的病人入院,当时其面部肿瘤已经侵入颅底禁区,这份痛苦常人难以想象:第一,五官出血;第二,颅底是三叉神经必经之地,恶性肿瘤侵犯神经让人痛不欲生;第三,颞下颌关节受累牙关紧闭,张不开口,没法吃东西。这让病人痛不欲生。要做这一手术,面临着许多想象不到的困难。首先这地方最易出血,因是在很深的一个"洞"里操作,出血后不好处理;其次要把颅底拿掉,就要推开脑组织,脑组织肯定受压,很危险,这里接近生命中枢,稍有疏忽,病人呼吸心跳都可能停止。但看到病人痛苦的样子,邱蔚六毅然决定:"不开不行!"这一果断的决定,让他们踏出了成功的第一步。1978 年 6 月 28 日,国内首例颅颌面联合根治术由邱蔚六主刀,在神经外科尚汉祚医生配合下,这是中国口腔颌面外科医师第一次成功地将手术刀探入到病人的颅底。手术持续了七八个小时,终于获得成功。手术的成功,让邱蔚六冲破了学科"楼层"之间的禁区,为晚期颌面部恶性肿瘤的患者开创了一条希望之路。然而,就在病人重新获得生存希望的同时,这个手术却也带来了一个深深的遗憾。在手术同意书上,医生清楚地列出所有手术可能导致的后果,除了死亡,还有面部畸形,也就是毁容。颌面部对人的外观是非常重要的,但这个手术恰恰是一个破坏容貌的手术。

邱蔚六施行的第二例晚期颅颌面部恶性肿瘤手术,由于肿瘤面积比较大,患者的半边脸几乎都被摘除了。病愈之后,这位病人的正常社交遭遇障碍。除了令人害怕的容貌之外,缺损组织的功能几乎也完全丧失。为解决这一问题,邱蔚六带领着团队开始对怎么样保证病人的容貌和功能的恢复进行研究。

其实早在 20 世纪 60 年代，由邱蔚六首次提出的全额隧道皮瓣一次转移术已经获得成功，曾经引起过轰动。当时，邱蔚六用额部皮瓣可以再造切掉的半截舌头，如果面部有一个洞穿性的缺损，不能吃东西，或者牙齿暴露在外面，也可以用额部皮瓣把它补起来。然而，这种利用近距离的组织来修复容貌的技术，却是拆东墙补西墙，会在额部遗留一个缺损。至此，20 世纪 70 年代后期，邱蔚六将目光投向了当时刚刚萌芽的显微外科。

由于显微外科技术的发展，可以做小血管的吻合，小血管的直径可以在几毫米之间，甚至 1 毫米的血管，都可能把它接活，这样就可以利用身体其他部分的组织来修复颅颌面部缺损。在显微外科发展初期，邱蔚六就率先将这一技术引进到了口腔颌面外科领域。就这样，肿瘤切除后，缺损部位修复的难题得到了进一步的解决。

治病的同时，恢复容貌，重获功能，这些本来需要多次手术解决的问题，如今，却在一次手术中得到了解决。先破坏再重建，由于这个手术要求口腔颌面外科医生有着整形外科的基础，还要谙熟显微外科的技术，因此这在一定程度上促使了口腔颌面外科、颌面修复重建外科和显微外科的结合，中国式口腔颌面外科也因此创立和发展起来。

医学是一门实践的科学，这门科学有一个原则，要少犯错。但是对于那些未知的、可能出现差错的领域，却依然需要有人第一个站出来吃螃蟹，邱蔚六就是一个敢于吃螃蟹的人，屡次冲破学科的禁区，拓展新的领域。为了让中国口腔颌面外科这支团队更富有创造力，20 世纪 80 年代中期，邱蔚六又把科室发展的方向扩展到了颞下颌关节外科领域。同时，他也鼓励他的学生们在新的领域里不断探索，不畏失败。

1989年，邱蔚六出席了在美国旧金山举行的第71届美国口腔颌面外科学术年会，会上，他作为唯一受邀的中方专家，首次向国外专家介绍了我国口腔颌面部肿瘤治疗的经验。第一次揭开中国口腔颌面外科的神秘面纱，就让国外同领域的专家们啧啧称奇，尽管起步较晚，但他们惊叹于中国口腔颌面外科的发展水平。同时，中国口腔颌面外科特有的治疗模式也让外国专家们眼前一亮。

体谅病人的痛苦

"救死扶伤，为民悬壶，仁术德为先"是邱蔚六始终秉承的从医之道。他认为除了要有高超的医技外，作为医生要"将心比心"，以自己作为病人的心情去理解和体会病人的心情和痛苦。

邱蔚六开过很多次刀，为病人开刀，自己也被开刀——从扁桃体摘除的小手术，一直到坏死性胰腺炎，开腹引流。因此他对外科手术和疾病对患者的损害，有着切身的体会。因为自己有过很多次"痛得几乎要从床上跳下来"的经历，邱蔚六在平时的工作中，总是不忘对病人的疼痛格外关心。

20世纪60年代初，医学界开展针刺麻醉术，邱蔚六带了一组人专门从事口腔颌面外科针刺麻醉手术的研究。为了测试针麻能否起到镇痛作用，邱蔚六决心"以身试针"。他说服了同事们，提出在针刺麻醉下把自己耳朵附近的淋巴结摘除掉，其实这是一个可摘可不摘的淋巴结，但用他的话说：

"要体会一下疼痛的程度,看看是不是病人所能忍受的。"

"切皮时,稍微有点痛,能接受;分离淋巴结时一碰到神经末梢,像闪电一样痛。"通过亲身体验,邱蔚六总结出了一套针刺麻醉手术操作的规律,并将其写入《针刺麻醉》和他主编的《口腔颌面外科理论与实践》两本书中。邱蔚六在书中指出,针刺麻醉情况下的手术就不能像全身麻醉这样开刀。比如说切皮,一定要动作很快,一挥而就,不能像全身麻醉时可以慢腾腾的。到了敏感神经干的时候,可以附加一些局部麻醉药,能够减轻病人的疼痛。后来,邱蔚六还将这项科研成果运用到了 1976 年唐山大地震的救援中。

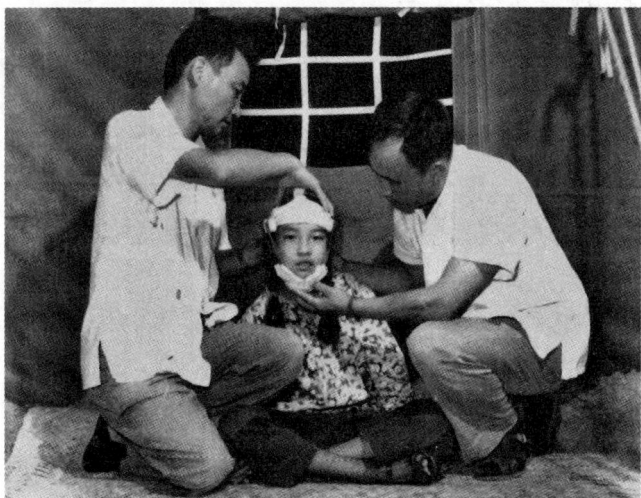

邱蔚六在 1976 年唐山大地震现场救治伤员

颞下颌关节强直是口腔颌面外科一种较常见的疾病,如果小时候发病,不但不能张口,还将影响到患儿下颌骨的发育。其解决方法是行假关节形成术,打开关节腔,以利下颌骨的发育。这样处理后,有的病人虽然能张口,可以吃东西,但晚上睡不好觉。邱蔚六对此百思不得其解,于是他晚上亲自跑去病房观察,发现病人睡着一段时间后,呼吸会停止二三十秒,患者不得不坐起来,待呼吸正常后才能继续睡觉,然后又会重复出现上述的发作。在翻阅大量文献后,邱蔚六知道了这就是睡眠呼吸暂停综合征。当时,文献上尚无下颌骨缩小可引起睡眠呼吸暂停综合征的报道。邱蔚六对这些患者采取植骨的办法,取得了很好的效果。这样的例子在他的工作中比比皆是。对患者细致入微的关爱使他能及时发现和总结临床中出现的问题。

急病人所急,想病人所想,或许就是对病人的痛苦感同身受,邱蔚六才能在60多年的从医生涯中,始终保持着对病人无微不至的关怀与细致。虽已是名医大家,他还是一如既往地对待病人,从不摆架子,也不盛气凌人。如今,邱蔚六已是85岁高龄,但只要身体状况允许,他仍坚持亲自上门诊给病人看病,而且是收费低廉的普通专家门诊。因为慕名前来的病人太多,加号成了家常便饭,学生们担心他的身体,想劝退病人。但他总是说,来找他看病的多是些外地的疑难病人,来上海一趟不容易。就这样号越加越多,每次门诊时间总要延长很久。面对病情不同、性格不同的病人,甚至是面对病人的唠叨,邱蔚六总是仔细听完病人的陈述,进行全面而有的放矢的检查,很快做出判断,制定诊治方案。找他看过病的病人,无论病情如何,心里都像吃了颗定心丸。

倾心人才的培育

正月十五，是中国传统节日元宵节，也是邱蔚六院士和他的学生们欢聚一堂、其乐融融的"别样元宵"。每年这个时候，学生们都会早早安排好工作，从天南海北赶来，大啖四川腊肉、大口喝酒、品尝师母精心烹制的担担面，房间不大，有些人即使坐在地板上依然乐呵呵的。而这个固定的元宵团聚其实有着背后的故事。

1994年初，邱蔚六因急性胰腺炎而住院，但即便在病床上他也不辞辛苦，逐字逐句为学生修改毕业论文。"病床上的邱蔚六老师身上插着六根管子，面色潮红，汗珠不停从额头滴下，目光却聚焦在手中捧着的学生论文手稿上。"这个镜头成了学生心中永远难以忘记的画面。修改得密密麻麻的手稿，字里行间浸透着他辛劳的汗水，凝聚了他对学生深深的爱。在他患病住院期间，学生们万分焦急，大家自发决定每天晚上轮流值班陪伴恩师。在专家们的精心治疗下，在学生们的尽心陪护下，邱蔚六在元宵节前奇迹般地康复了，而他康复出院回家后想到的第一件事，就是要设宴感谢这些学生。这也就形成了每年学生齐聚邱蔚六老师家过元宵节的传统。

"十年树木，百年树人，人才是学科兴旺发达的基石。"邱蔚六很重视教学，在人才培养工作中倾注全部心血。他向来不骂学生，总是启发、诱导，授之以渔。他带教研究生有自己的原则：除了特殊情况外，他尊重学生自己的选题，不强迫他们做自己提出的课题，除非学生自愿；博士课题一般都是硕士课题的延续,不轻易变更为新课题。

邱蔚六常对学生说:要做一名学者型的外科医生,不要仅成为一名只会开刀的工匠。要善于寻根刨底,知其然,更知其所以然;要不断地学习、更新知识;要会做、会写、会沟通。跟随邱蔚六老师查房的人都会觉得受益匪浅:针对每个病人,哪怕病情简单的病例,他也绝不是三言两语的一笔带过,他会启发学生们认真思考,展开联想,并适时将最新知识融入讲解之中,无论是方向性的治疗原则问题,还是药物不良反应等细节,都考虑得十分周全。

邱蔚六在讨论手术方案

循循善诱,因材施教。邱蔚六带教学生,会根据学生的个性特征,为每个人规划一条更适合他们走的事业道路。比如说,有的学生凡事追求完美,做事很细致,他就建议这个学生专攻口腔颌面外科修复整形;有的学生胆大心细,头脑灵活,他就鼓励学生研究颞下颌关节镜这个鲜有人涉及的领域。他还曾经劝说一个弟子充分发挥自己科研好、外文好、写作好的优点,在进行教学和临床科研的同时,还从事医学杂志编审和常务副主编的工作。近年还被选为口腔医学院副院长,掌管教学。

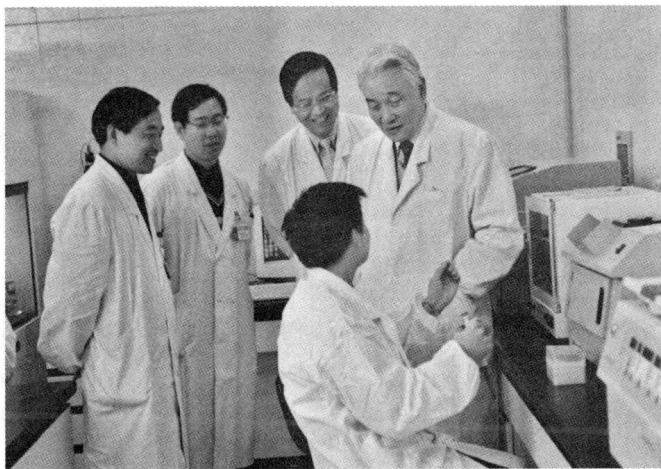

邱蔚六与学术组讨论科研课题

师恩如山,因为高山巍巍,使人崇敬;师恩似海,因为大海浩瀚,无法估量。作为中国口腔颌面外科学发展和进步的先驱和倡导者,邱蔚六以他特有的人格魅力、渊博的学识、严谨的治学态度、高度的敬业精神,深深地影响和感染着他的每一个学生,也培养出了一批批优秀的医学人才。他的学生毕业后在各自的医疗岗位上都起着重要的作用,曾任的上海交通大学医学院附属第九人民医院院长、现任南京大学口腔医院院长、同济大学口腔医学院院长都曾经是邱蔚六的博士研究生或博士后，担任科主任者也比比皆是，有的还被评为"有突出贡献的中青年科学工作者"，他们的成就除了他们自己的天赋和努力外，邱蔚六严格的研究生训练给了他们巨大的帮助。

认真生活的每刻

邱蔚六家中书柜里整齐摆放着 100 多本影集。这些影集，按照拍摄年代被排序编号，影集内每个页面上的照片，都经过精心排版，配合照片，还有文字说明。"冷眼向洋看世界，热风吹雨洒满天。"邱夫人王晓仪一组凭栏望江的照片被配上了这样文字，充满了别样的情致。"长颈鹿的朋友"记录的是女儿童年时的西郊公园之行。还有一个页面将一组邱蔚六在各地工作时的留影照，排列成了菱形形状，菱形中央空白处写着"踏遍青山人未老"。从出生到走过青春，几代人成长的故事就这样被浓缩在这 100 多本影集里。而这些影集的整理编排全都出自邱蔚六之手。"他很有才情，喜欢摄影，诗也写得非常好。"王晓仪如此形容自己的丈夫。

"他会戏剧。中学里曾经是田径运动员。""排球打得很棒。""有古文功底。"关于邱蔚六广泛的兴趣与才能早已被大家传开。"他多才多艺，充满情趣，很会营造快乐气氛，从来不会让任何人觉得拘谨，哪怕是小孩。"邱蔚六的小女儿邱向宇这样评价他的父亲。邱向宇说，她的儿子特别喜欢这个外公，平时孩子可以随便在外公的头上摸摸，外公从来不生气，一点没有架子。

"胸怀坦荡，逆来顺受"，王晓仪用了 8 个字来补充说明丈夫的好脾气。由于家庭出身不好,邱蔚六曾受到一些不公正的对待,但他从没有心存芥蒂,反而更加拼命工作,后来他终于有了第一次去皖南"小三线"工作的机会。还有此后的唐山大地震现场救援,这些最苦最累的地方,都是邱蔚六努力争取得来的工作。"好像天塌下来,他都可以顶住。"对待人生命运中的起起伏伏,王晓仪敬佩丈夫那种泰然处之的淡定气质。在王晓仪的心目中,她丈夫的孝心也是令人感动的:"我母亲后来患老年性痴呆,有一次突然脑溢血,在医院里住了几个月之后,回到家里休养,因为她全身没有什么知觉,营养全部靠胃管,大便都完全要人用手抠出来,当时我因为下乡不在家,所以每天都是他给我妈妈抠大便、换尿布。他的言传身教,让孩子们以后也知道应当爱护、孝敬自己的爸爸妈妈。我自己也很感动,有这样一个贴心的丈夫,把我的妈妈当成他自己的妈妈,一样地亲一样地爱,这是我永生都忘不了的。"邱蔚六还会做针线活,常为孩子们做些日常用品,因此还在医院里获评过"好爸爸"称号。

"踏实、努力、忍耐"的生活态度源自对生活的认真,而这份认真,给人的感觉是,柔和不张扬,坚韧却不固执。认真于每一刻的生活,邱蔚六始终谦和有礼,急人所急,即便身处逆势的时候,依然保持非凡气度,他这样的人生态度也感染着周围的每一个人。

开创中国的特色

1989年,邱蔚六独自一人去美国参加了国际性的口腔颌面外科学术大会,之后的 20 年内,走出去的中国代表人数在不断地扩增。从一个人到一个团队,经过 20 年的努力,2009 年,中国上海终于也成功地迎来了一场标志着口腔颌面外科领域国际最高级别的学术大会。

邱蔚六获得国际口腔颌面外科医师协会杰出会士奖

就在这场首次由中国上海举办的第 19 届国际口腔颌面外科学术大会上,邱蔚六因其对口腔颌面外科事业作出的贡献,被授予国际口腔颌面外科医师学会"杰出会士奖"。这是目前世界口腔颌面外科领域的最高荣誉奖项,此前全球只有 5 人获此殊荣,而在亚洲,邱蔚六是第一人。

中国的口腔颌面外科有今天的成绩和规模,与前辈们特别是邱蔚六的突出贡献是分不开的。从 20 世纪 50 年代起,老一辈专家扶持发展口腔颌面外科,将重点放在口腔颌面—头颈肿瘤这一亚学科。经过几代人的不懈努力,确立了口腔颌面外科在国内的地位,获得了诸多开创性的成就,尤其在口腔肿瘤的综合序列治疗、肿瘤术后缺损的修复重建外科等方面成绩斐然,令国际同行刮目相看,被称为"中国特色的口腔颌面外科"。然而,邱蔚六信奉林则徐的一句名言:海纳百川,有容乃大;壁立千仞,无欲则刚。他常说:"现在我们科室是上海市的重点学科、'211'的重点建设学科、国家教委的国家级重点学科,主要还是靠大家,不能靠哪一个人单枪匹马。在事业上一定要做到彼此谦让,不能过多考虑自己的东西,考虑自己的东西太多了就容易产生失职,不可能搞好团结。"从 20 世纪 80 年代初到现在,邱蔚六带领他的同事、学生们取得了众多科研成果,多次获省市级以上科技进步奖,包括 3 次国家发明奖和国家科技进步奖,但他谦虚地认为这些成果大多是集体创新。20 世纪 80 年代初,邱蔚六协助张锡泽教授,用第一批博士点资助的经费建立了口腔颌面肿瘤实验室,于 1981 年建立了中国第一个舌癌细胞系 Tca - 8113,后来又相继建立了腺样囊性癌的细胞系 Acc - 2、Acc - 3 和 Acc - M。这些细胞系不但在国内广泛使用,还远渡重洋去了国外的实验室,推动了世界口腔癌细胞生物学学科的发展。国际口腔颌面外科医师协会官员曾直白地表示:"没有中国同行参加的会议不能称之为国际口腔颌面外科会议。"

　　国外的口腔颌面外科医生需要医科和牙科双学位,需要培训十几年,但当他们真正成为口腔颌面外科医生时,专科技能往往还很匮乏,导致专业的发展受到限制,因此他们迫切想了解中国口腔颌面外科医生的培养模式。邱蔚六在这个问题上有着深入的思考和清醒的认识,他认为国内外的教育模式各有背景与发展历史,简单判断优劣并不可取。西方教育强调口腔颌面外科医生医学背景的重要性,但牙医学与临床医学分离,临床医学教育显然不足。中国教育则是将临床医学与牙医学教育结合起来,但牙医学教育又略显不足。如何解决难题?邱蔚六提出,在中国现有的教育体制下,应该创造性地建立"口腔颌面外科医学系",下面再分几个专科。无疑,这又是一个高瞻远瞩和富有创新性的想法,既结合了中西方教育的优点,又进一步完善了专业教学体制,强化了口腔颌面外科医生的医学教育,对国际教育体制将起到借鉴和推动作用。

邱蔚六为小学生做口腔检查

邱蔚六把自己所热爱的口腔颌面外科事业总结成医疗、教学和科研三个方面,医疗是基础,教学是根本,科研是灵魂。勇于探索禁区的他用医术挽救了生命，用教学塑造了生命，又通过科研使人的生之欲望得到了更大的实现。生之欲望创造了世界，健康的生命成为一股活跃、升腾的生产力，推动人类历史不断向前。

"数载耕耘，秉求实创新之治学之道，硕果累累；博学大爱，严于律己无私奉献之育人之风，桃李芬芳；悬壶济世，用鬼手佛心之精湛医术，名满社稷；春华秋实，领口腔颌面外科团队创中国特色，独领风骚；邱蔚六教授无愧于学者之楷模、师者之典范、医者之榜样。"邱老师的学生、同济大学口腔医学院院长王佐林对恩师的评价说出了大家的心声。

（徐　英　　吴莹琛　　朱伟燕）

科研巾帼　绚丽风景
——记中国工程院院士陈赛娟

陈赛娟院士

陈赛娟(1951—　)，中国工程院院士，发展中国家科学院(TWAS，原称第三世界科学院)院士，法国医学科学院外籍院士。主要从事白血病的细胞遗传学和分子遗传学研究。1975年毕业于上海第二医科大学，1981年获医学硕士学位，1989年获法国巴黎第七大学科学博士。现任上海交通大学医学院教授、博士生导师，上海交通大学医学院附属瑞金医院终身教授，中国科协副主席，上海血液学研究所研究员、所长，医学基因组学国家重点实验室主任，国家转化医学研究中心(上海)主任。她建成和发展了一整套白血病分子细胞遗传学和分子生物学诊断标志体系；建立了移植性和转基因白血病动物模型，为从细胞和整体动物水平研究白血病发生的分子机制及白血病诱导分化的机制提供了良好的模型。她以杰出的成就获得国家自然科学二等奖、何梁何利基金科学与技术进步奖、"求是"基金青年科学家奖、上海市医学荣誉奖、上海市育才奖等，还荣获全国劳动模范、全国"三八"红旗手、全国十佳女职工、全国十大女杰等国家级荣誉称号，并当选第十届、第十一届全国人大代表、第十二届全国政协委员。

从纺织女工到医学高材生

一个冬日的上午,我走进一位院士的办公室,房间不大,约15平方米。一张办公桌上放着一台电脑、两门电话,还有各种文具用品。一面墙是顶天立地的大书橱,略略一看,中文版的有《临床血液学》、《现代出血病学》、《邓家栋临床血液学》、《人类孟德尔遗传》、《中国科学技术前沿》等,还有外文版的,以及《新法汉词典》、《牛津高阶英汉双解词典》等工具书,更多的书,还有文件、稿子散放在桌几、沙发,甚至地上,仔细看来却井井有条。

房间里的一切似乎看不出主人的性别,可透过书橱的玻璃,我一眼看到了一瓶香水,圆圆的瓶肚上是细细的瓶颈,就像一位窈窕淑女,亭亭玉立。香水给这间书屋带了一股温馨的气息,我似乎还能闻到它那淡淡的幽香。这间办公室的主人叫陈赛娟,她是我国一位著名的女科学家。

陈赛娟,一个十足女性化的名字,然而她却拥有许多通常是给男性的头衔:中国工程院院士、上海交通大学医学院附属瑞金医院上海血液学研究所所长、医学基因组学国家重点实验室主任、国家转化医学研究中心(上海)主任等。另外她获得国家自然科学二等奖、国家科技进步二等奖、上海自然科学奖特等奖等重要科技奖励以及全国先进工作者、全国十大女杰、全国十佳女职工等荣誉称号。

我和陈赛娟面对面坐定,开始采访。我打量着眼前这位不平凡的女士。她身材娇小,五官端正,说着一口流利的上海方言。她已经50多岁了，身着一件深色的上衣，系着一条彩色丝巾，庄重而典雅，江南女子的婉约与科学家的大气在她身上融为一体。我不由得想到了玻璃橱中的那瓶香水，于是问道："我看了一些有关于你的报道，有人说你口袋里经常放着一支口红。"

她浅浅地笑了，说道："那是记者创造的花边新闻，我平时不化妆，除非是有重大的活动，如我们精英代表团到台湾去的时候，才涂上一点口红。"

1951年，陈赛娟出生在上海太仓路上一家普通的工人家庭里。

太仓路以前叫白尔路，有条河，小桥流水，风景很美。小河的两岸住了些手艺人，主要是打铁匠，给人铸造剪刀、锉刀等，因此小河有了名字——打铁浜。小河由西北向着东南方流淌，也就是从现在的金陵路、重庆中路口，流到重庆南路、太仓路，再流向顺昌路、自忠路口，与晏公庙浜汇合。

陈赛娟院士

20世纪30年代有人出资造了12栋新式里弄房子，一排6栋，坐北朝南，为砖木结构的三层楼房。底下有个小天井，朝北的二楼亭子间上有个阳台，并建了大小卫生设备。走进太仓路98弄，经过过街楼，往左拐弯到底，便是12号的前门，这儿就是陈赛娟小时候住过的房子。

　　陈家父母生育了五个兄弟姐妹,陈赛娟排行老二,上面一个哥哥,下面是两个妹妹和一个弟弟。他们一家住在30平方米的底楼,进门右边是厨房间,左边是客堂间,也就是主卧室,后边有个小间,原来是个厕所,由于一家7口人住得太挤,因此将它改建成一个房间,小时候,陈赛娟和妹妹就住在里面。

　　这个不足6平方米小房间的天花板,隔了一层薄薄的木板,就是二楼人家的小阁楼。由于房间里没有窗,大白天里面也是黑漆漆的,不开灯,什么也看不见。小房间挨着楼梯,每天都有人上下楼梯,声音就好比咚咚咚的"交响乐"。

　　陈赛娟在陈家的女孩子里是老大,从小就特别懂事。她知道爸爸和妈妈工作是为了养活他们5个孩子,非常辛苦,而且妈妈的身体不太好,所以她每天一早起来,倒马桶、洗衣服、烧早饭,让父母吃了以后可以上班去。下午放学回家先做功课,完了之后还得帮助妈妈做家务,带弟弟和妹妹。

　　小赛娟看见同学穿新衣服、新鞋子,一点也不羡慕,如果哪位同学功课比她好,心里就不服气,想自己一定要赶过那位同学。在父母的记忆里,陈赛娟从来没有向他们提过什么要求,除了一个,就是想要个小小的写字台,放在自己的小房间里,可以看书写字。父母满足了心爱女儿的要求。

　　1958年,陈赛娟进入上海市卢湾区顺昌路第一小学学习。那时的学习条件非常简陋,但课后学习方式与现在大为不同,不是请家教或家长辅导,而是同学组织的自学小组,互相学习,独立思考,碰到疑问,先问一个为什么,然后自己想办法解决。这种教育方法,使小赛娟从小养成了独立思考的习惯。

1964 年夏天,小赛娟小学即将毕业,由于家庭的经济情况比较拮据,小赛娟打算考技校,这样二三年以后就可以工作,为家庭减轻生活负担。当时的班主任周成熙老师看到小赛娟学习刻苦用功,是一个非常有潜质的学生,若报考技校的话,就太可惜了。周老师说服了小赛娟和她的父母,让小赛娟改考中学。

同年 9 月,陈赛娟以优异的成绩考入当时卢湾区重点中学——向明中学。当她沉浸在美好的读书时光里时,"文化大革命"的风暴席卷大地,美好的中学时光在初中二年级时即戛然而止。陈赛娟的理想破灭了,她很伤心,也很无奈,可是想读书的愿望一直萦系于心。她想,不在学校读,我可以在家里读;没有书,我可以问别人借。于是陈赛娟还是和平时一样,每天做完家里的事情后,就躲在小房间里看书。就这样,过了两年,她的生活有了变化。

1968 年,17 岁的陈赛娟被分配到上海纺织局属下的上海第六印绸厂,当了几个月的车工,后因工厂合并,进入上海第五丝织厂,成为一名纺织女工。陈赛娟在准备车间工作,由于还未到法定上工的年龄,厂里只给小赛娟安排摇纡子、扦经等较轻的劳动,可是陈赛娟人小志不小,总想多学点本领。她常常利用休息时间到力织车间去学习挡车,身边总带着几件工具:一把小剪刀、一根小棒针,打蚊子结,将断了的线结起来,随时随地盯着不断运作的机器,若有断线必须立刻处理好,而且要不露痕迹。

虽然劳动辛苦,小赛娟却从未放弃学习。在繁忙的工作间隙，她常到街道图书馆和卢湾区图书馆去借书。"文革"中，可阅读的东西很少，除了毛泽东著作和马列主义著作，小说很难借到。有一次，同学借给她一部《红岩》。陈赛娟捧

终身教授陈赛娟

着这本《红岩》，读啊读，被里边的许云峰、江姐等英雄人物迷住了，心想，他们这样抛头颅、洒热血，还不是为了我们这一代吗？她决心积极争取成为工人阶级先进组织中的一个成员，终于于 1970 年加入中国共产主义青年团，1971 年加入中国共产党。

工厂离家较远，每天步行需 45 分钟到厂里，其间要路过坐落在重庆南路的上海第二医学院（现为上海交通大学医学院），看到校园里的师生们，陈赛娟非常羡慕医生这个崇高的职业。毕业之后，穿上白大褂，戴上口罩，胸前再挂上一个听诊器，当个医生为病人治病该有多好啊！没想到梦想竟然变成了现实。1972 年，厂里将唯一一个上大学的名额给了勤奋好学的陈赛娟，就这样，陈赛娟被推荐进入上海第二医学院，实现了走进大学校园的梦想。

能成为一名医学院的学生，这让陈赛娟兴奋得一连几宿没睡好觉，她想：自己凭着对工作的一腔热情，成了一名好工人，现在将从一个好工人转变成一个好学生，乃至一个好医生，这当中要学的，要做的，会有很多很多；自己只读到初中二年级，一下子跳到大学，困难会很多，能行吗？当时社会

上流行一句话：前途是光明的，道路是曲折的。需要拿出极大的毅力和耐力去取得成功。经过几天的思考，陈赛娟下定了决心：当年在丝织厂，能用一个纺织女工的真情编织着人间的温暖，今天也一定能够用自己的勤奋获取知识。

重新坐入明亮的教室，陈赛娟感觉到一种以前没有过的快乐，心里像灌满了蜜似的甜。窗外阳光灿烂，一只小鸟正在树枝上向她欢快地歌唱，她好像又回到童年的时光。同时，陈赛娟感到肩上的担子很重很重，她意识到这次能上大学，是全厂工人对她的信任和厚望。她忘不了厂领导对她的嘱咐，忘不了小姐妹对她的期望。虽然她只有初中学历，但她相信自己一定能赶上。

陈赛娟张开了身上所有的求知触角，像海绵一样吸取着每一点医学知识，她知道，这不是一般的知识，这些知识是可以救命的。在陈赛娟清澈的双眸里，显示出越来越多的自信。

那时的大学都提倡开门办学，工农兵大学生到各个基层单位去实习和锻炼。陈赛娟所在的班在三年级时到安徽的绩溪县和歙县去实习，两县地属皖南徽州，山明水秀，人杰地灵。历来徽商名闻天下，文房四宝中的徽墨和歙砚，就在陈赛娟去实习的皖南山区。皖南一带到处可见名胜古迹，城乡居民也都有较高的文化层次，陈赛娟同他们朝夕相处，学到了不少知识。

由于地处山区，陈赛娟和同学们天天爬山去给贫下中农看病。早晨，当露珠还沾在映山红上的时候，陈赛娟他们就出发了，还说好看谁最早爬到山上。晚上，比谁先回到住宿地。陈赛娟从小养成了吃苦耐劳的精神,在这种比赛中往往总是个赢家,又因为她精力充沛,同学们打篮球或者排球时,只要缺人,总是叫陈赛娟来当替补队员。陈赛娟从小学时就是个活跃在操场上的运动员,参加过跳远比赛和 100 米赛跑。别看她个头不高,一到运动场上,雄赳赳气昂昂,像是变了个人。

在山区的那些日子里,陈赛娟觉得自己收获很大,既长了见识,又锻炼了身体。更重要的是掌握了不少临床经验,除了那些常见病、多发病,还有平日里不太见到的疑难杂症,在治病救人的过程中,让陈赛娟得到了许多在课堂上想不到,也学不到的知识。

枫叶绿了又红,红了又绿,春去秋来,陈赛娟挂帆远航,在医学知识的海洋里尽情地遨游。1975 年陈赛娟大学毕业,由于成绩优秀,被分配在瑞金医院当内科医生,她终于等到施展才华、为人民服务的时候了。

上班的第一天,陈赛娟对着镜子穿上神圣的白大褂,把头发梳了又梳,戴上帽子,脸上充满了自信,她对着镜子里的自己说:"我用自己的勤奋获取知识,现在我要用真情去温暖病人的心,治

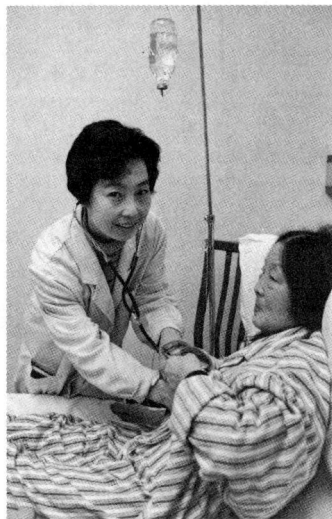

陈赛娟看望病人

好他们的病。"

然而踏进病房,陈赛娟的心缩紧了。她看到的是血液病患者痛苦的病容,看到的是病人家属乞求的目光,那目光紧紧地勾住她,好像她是一根救命稻草。她这才明白,此生只要有这样的目光跟随,她就不会真正轻松,当她披上白大褂的同时,也就将沉沉的责任披在了肩上。

在瑞金医院的病房里工作了1年后,陈赛娟到上海市松江县新浜公社赤脚医生大学去教学,那段经历也给陈赛娟留下了深刻的印象。她说:"广大赤脚医生活跃在农田里为群众服务,深受农民们的欢迎。我承担了赤脚医生大学大部分医学基础和临床课,包括病理生理、生化和内科学,既培养了赤脚医生,又使我进一步巩固了大学期间所学的课程。"

1978年,党的十一届三中全会的春风,吹遍了祖国大地,在邓小平同志的倡导下,全国研究生考试恢复了。

从报名到考试只有短短的两周时间,究竟考还是不考?

陈赛娟毅然把握住了这个时机,一边上班,一边紧张地复习,她心中始终有一种当好医生的神圣使命感,催发她向一个更高的目标迈进。果然,功夫不负有心人,在600多位考生中,陈赛娟脱颖而出,顺利考取了瑞金医院血液学专业硕士研究生,成为"文革"后的第一批女研究生。

人生贤内助　事业好伴侣

这一届的血液学研究生一共只招两名,除了陈赛娟,还有一个便是陈竺。在之前陈竺被推荐到上海瑞金医院内科进修时,陈赛娟就已经认识陈竺了,而这时候陈赛娟和陈竺没想到,日后两人的命运还将更紧密地连在一起。

说起他们的导师王振义教授,可是个了不起的人。王振义是我国著名的血液病学专家,1948 年毕业于震旦大学医学院,获医学博士学位。毕业后到广慈医院(即现在的瑞金医院)工作,曾任上海第二医科大学校长、上海血液学研究所所长,现为瑞金医院终身教授、中国工程院院士。王振义的夫人谢竞雄,也是一位医学博士,与他是同班同学,后担任儿童医院的医生。1986 年 5 月,上海市儿童医院血液病房收进了一位名叫严怡君的小女孩。她患的是急性早幼粒细胞白血病,病情很重。这种病正好是王教授研究的课题对象。谢竞雄教授知道后,立刻告诉丈夫,两人研究了这个 5 岁女孩的病情后,果断地决定马上让病人口服全反式维甲酸。奇迹出现了,小女孩的病渐渐好转起来,最终恢复了健康。这件事被人们广泛传颂,成为医学界的一段佳话。

王教授培养了 20 多位博士、30 多位硕士,他传学育人,识才用才,甘为人梯,培养造就了一批国内顶级的血液学研究俊才,陈赛娟和陈竺便是其中的两位。

读研求学期间,陈赛娟深深感受到导师堂堂正正做人、踏踏实实做学问的高贵品格。王教授虽然学识精深,但他对学生的教导从来不居高临下,经常和学生们平等地探讨学术问题,遇到一些难题,总是心平气和地与学生商量,例如分子生物学的结构、显微镜下观察细胞、X 线片显影结果等,还有多媒体制作中颜色是否协调、英文论文中哪些单词用得不够确切、英语口语中的语音缺陷等,若遇有解释不清的,即使是再小的环节，王教授总会要求学生们再做一次。

陈赛娟和陈竺在一起上研究生专业课，一起看显微镜，一起做实验，也许是应了一句老话：日久生情。有人认为王振义教授是陈赛娟和陈竺的"月下老人"，是他牵出了一条长长的红线，连着这头，又连着那头。王教授解释道："不能这么说。1978年我招研究生时，的确只招了他俩，但这仅仅是外因，内因还是他们真心相爱，强扭的瓜不会甜。我一直以这两名学生为荣。"

辛勤耕耘的结果是丰硕的收获。1981年陈赛娟交了一篇研究血液的"高凝固状态"的硕士论文。高凝固状态广泛见于包括冠心病、糖尿病、肾脏病在内的多种常见病。这一研究涉及当时不少比较先进的生理、生物化学理论，需要进行大量统计学分析，从一定意义上讲是个具有挑战性的交叉学科课题。陈赛娟通过了论文答辩，获得了血液研究硕士学位。硕士阶段的学习使陈赛娟比较系统地掌握了现代生物学和血液学的基础理论和科学研究方法，为日后发展奠定了基础。

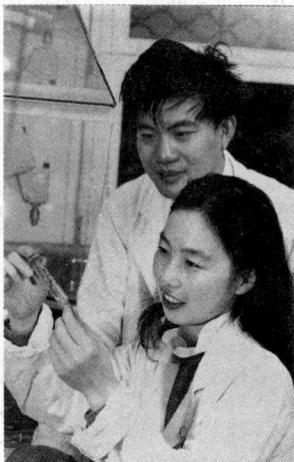

陈赛娟与陈竺一起工作

陈赛娟的导师曾经这样夸奖过她："赛娟不逊于陈竺，不远的将来，她肯定也会成为一名院士。"王教授之所以如此自信地预言，是因为他清楚这位女弟子有的不仅仅是机敏聪慧的良好科研素质,在她身上还蕴涵着一种坚韧不拔的品质,那是成就一名优秀科学家不可缺少的。

1983年3月,正是桃花盛开的季节,陈赛娟与陈竺在这一片明媚春光之中喜结良缘。那年陈赛娟已经32岁,过了而立之年,正应了一句老话:先立业,后成家。

陈赛娟庆幸自己的命运,丈夫陈竺是多年老同学,知根知底,常常互相不用开口,便知道对方想说什么。公公陈家伦和婆婆许曼音都是我国著名的医学专家,生活在如此浓浓的科研学术氛围的家庭,陈赛娟不仅能够潜心于自己心爱的事业,而且得到了一种来自家人的信念上的支持和帮助。

陈赛娟以有这样的公公和婆婆感到骄傲,陈家伦夫妇也为有这样的媳妇感到庆幸。许曼音教授曾说:"当我知道儿子陈竺的对象是他同班硕士陈赛娟时,我和赛娟已是瑞金医院内科的同事了。早就听说她孝敬父母,爱读书,还是我们二医掷铅球的运动员,我当然为陈竺庆幸。"

她还说:"我有两个儿子和一个女儿,赛娟嫁到我们家,给我的感觉好像我们原本就是一家人,没有丝毫生疏。我们家有个传统习惯,白天上班,晚饭前后围着一张长桌子看电视新闻,边看边聊天,其乐融融。九点钟声一响,个个趴在一盏盏小台灯下看书、写文章、备课……互不干扰,各人按时就寝,不用道'晚安'。我们家好几次被评为卢湾区'读书乐之家'、'五好家庭'。"

"我的三个孩子和媳妇、女婿,平时好得就像亲兄弟、亲姐妹一样。可是对自己的事业、工作,却认真得不容半点虚假。"

　　陈赛娟与陈竺刚刚结婚时,住在公公和婆婆家,那时候,陈竺的弟弟妹妹都还没结婚,一家六口都住在家里。虽然白天忙各自的工作,晚上大家总是在一起无拘无束地谈自己的学习和工作情况,甚至谈自己碰到的困难。这时候,作为长辈的陈家伦教授夫妇会与孩子们一起研究、探讨。有时大家还会互不相让,为了维护自己认定的道理而争得面红耳赤。有时还需要爸爸妈妈出来当裁判。大人在孩子们的争执中,突然发现他们都长大了,思想成熟了。而孩子们也在互不相让的争执中学到了很多。当大家在讨论中各有收获后,又开始准备下一轮的争执、成长和进步。其实,陈竺夫妇和弟弟妹妹都已二三十岁,可是在爸爸妈妈的眼里,他们永远是小孩子。

　　善良的人常常忘记自己给过别人什么,却永远记得别人给过自己什么。陈赛娟记得陈竺的弟弟陈箴曾经帮她布置新房,为她搬运家具物品等。陈箴在美术方面很有天分,曾就读于上海戏剧学院舞台美术系,1985年被录取到巴黎高等美术学院进修。这时候陈箴已经订婚数年,出国前想结婚,但是苦于没有房子。

　　陈赛娟看在眼里,急在心里。当时,陈竺已去法国留学,一晚陈赛娟独自躺在床上,环顾四周,忽然灵机一动:我的房间为什么不能让一半给弟弟呢?

　　第二天,陈赛娟早早起来,把婆婆领到自己的房间里,说:"妈妈,你不用着急,弟弟的新房已经有了,就在这儿。"

　　"这儿?"婆婆被媳妇搞得糊涂了。

　　陈赛娟见婆婆丈二和尚摸不着头脑,便笑着说:"妈,这个房间隔开来,不就是两个房间了吗?"

陈赛娟在上海市科学技术奖励大会(2015 年)

"啊,原来如此!"婆婆高兴地笑了,立刻把陈赛娟这个决定告诉了小儿子。

晚上,陈箴和家人一起把大衣柜和屏风搬到屋子的中间,把东西一整理,嘿,新房就出来了。在陈箴结婚的时候,陈赛娟回娘家住了 1 个多月。婆婆逢人就说:"赛娟的宽容和体谅,她对弟弟的真情友爱,令我非常感动。"

陈竺听到人们夸奖陈赛娟,有时会摇摇头,半开玩笑地说:"陈赛娟事业心强、个性强、性子急。为一件小事和我面红耳赤地争,是家常便饭。"

陈赛娟一听,急了,反驳道:"你陈竺生活上马虎,一向对我欠缺点'人性化'关怀。"

"请您举例说明。"陈竺一本正经地说。

"我怀孕的时候,人家先生都对妻子关怀备至。你倒好,注意力还在研究上。"

"就是嘛!"婆婆站在媳妇一边,"1984 年赛娟生下大孙子陈硕,产后第 3 天患了乳腺炎,发热、疼痛,连开了 3 次刀,她都不叫一声苦。"接着,婆婆又为陈竺说了几句公道话:"陈竺那时候正在进行一项重要的研究工作,这也怪不得他。"

陈赛娟和陈竺有着共同的事业和生活,平日里虽然有争执,更有彼此深深的理解和支持。

那时,陈竺刚刚被任命为上海市人类基因组研究重点实验室主任,由于实验室的工作人员操作不慎,发生失误,出现了一个不实的数据,得出了一个令陈竺兴奋不已的数据,陈竺当时没有进一步再做核算,就向美国的合作者魏克斯曼教授通报了"喜讯"。当得知这个数据不实时,陈竺的心情坏透了。他平时总是教导学生要精益求精,做实验时来不得半点马虎,可是他自己……却出了这么大的差错。出于对工作的责任,他决定引咎辞职。

陈赛娟当天就知道了陈竺的事,晚上回到家里,看到丈夫正趴在桌上写什么,就凑上前去看,见他正在悄悄地写辞职书。便严肃地对陈竺说:"你不能写这样的报告!"

陈竺低头不吭声。平时他可不是这样,见到妻子回来,总是与她谈笑风生,有着说不完的话。现在,他看上去,就如霜打的茄子——蔫了。

陈赛娟知道现在丈夫的内心非常痛苦,便安慰道:"你要是辞职,那就是错上加错。面对挫折你不要丧失信心和勇气,而应该分析这次错误的原因,找出根源,那才是正事。"

"我怎么那么昏哪，一拿到数据，就高兴得像什么似的，因为这正是我梦寐以求的结果，根本没有想到再做一次实验。"

"现代科学研究往往是多学科运作，学科带头人不仅要具有学术水平，还应该具备组织、管理、协调等综合能力。"

"这些道理我都懂，可是一到实践中，就什么都忘了，唉！"

"只要不断总结经验教训，加强学习，这类错误是完全可以

陈赛娟

避免的……"陈赛娟说着说着，忽然笑了起来，丈夫一脸茫然地看着妻子："你笑什么？"

"你看我说话，像不像做政治报告啊？"

"像，像，像极了！"丈夫也笑了起来。笑声抚平了陈竺脸上的眉头，熨平了陈竺心头的痛苦。等两人笑够了，陈赛娟一本正经地说："竺，医学事业离不开你啊！"

陈竺会心地点点头，这时夜已深，当空的一轮明月正柔情地注视着这对心心相印的夫妇。

在丈夫和婆婆的眼里，陈赛娟是个好母亲。婆婆说："她爱儿子从不摆在脸上，对儿子的读书和生活上的要求都非常严格。陈硕小学五年级时，考取了上海外国语学院附中预备班，一直住校，每周末返家。除了最初几次由家人接送外，以后都是他自己乘公共汽车独来独往，学习上也鼓励其主动，

因此陈硕的成绩总是名列前茅。"

可是陈赛娟总觉得对儿子亏欠得太多，自己是个不称职的母亲。1986 年陈赛娟到巴黎去留学时，儿子才 2 岁不到。1987 年，陈赛娟夫妇得到一个机会，陪法国代表团回国。为了能早点见到儿子，他俩托人买票，提前一天回家。陈赛娟和陈竺走进家门时，3 岁的儿子正在吃饭，他不认识进来的两个人，只看了他们一眼，便继续埋头吃饭。陈赛娟忍不住上前一把抱住儿子，叫着："儿子，儿子！"

在一旁的爷爷和奶奶赶紧让陈硕叫"爸爸"、"妈妈"。小陈硕望着两个陌生人，心想这是谁啊？既然爷爷让我叫，我就叫一声吧。于是，儿子羞涩地叫了声"爸爸，妈妈"，叫过之后，忽又面露喜色，对陈赛娟和陈竺说："我们明天要到飞机场去接爸爸妈妈了。"小陈硕这是想起了事先爷爷、奶奶曾经告诉他，你的爸爸和妈妈明天回来看你。3 岁的小孩子没有能把爸爸妈妈和眼前的两个陌生人联系起来。

陈赛娟听到此话，禁不住泪如泉涌，她一把将儿子紧紧地抱在怀里，哽咽着说：

陈赛娟担任奥运圣火传递
火炬手(2008 年)

"傻儿子,我们就是你明天要到机场去接的爸爸和妈妈呀!"

几天后陈赛娟要回法国了,在机场又面临着别离。经过几天的亲密相处,儿子已经离不开妈妈了。他拉着妈妈的手不放,哇哇大哭,最后在爷爷奶奶的说服下,才勉强松了手。这哭声久久地留在了陈赛娟耳边⋯⋯

陈赛娟既是科学家,又是媳妇、妻子和母亲,要同时担当起这几种身份,谈何容易,陈竺十分体谅她。陈赛娟说:"我先生在吃的方面很随便。他总说:'我上山下乡都去了,还有什么苦不能吃?'他回家后,还与我抢着干家务活。当他看到我在科研上碰到困难时,他也很着急,帮助我解决问题。我们俩志同道合,互相谅解。"陈赛娟的脸上,洋溢着幸福、满足和欣慰。

"科学无国界,科学家有祖国"

1984年10月,陈竺在邝安堃先生的推荐下,作为我国第一批赴法担任外籍住院医生人选,到法国巴黎第七大学圣·路易医院血液病研究所进修。

陈竺到法国后,立即投入到紧张的科研之中,并不断将有关的医学信息发回到国内,包括陈赛娟正在研究攻关的白血病信息。这时,陈赛娟正在家里照顾刚刚出生的小生命,她抱着儿子,抚摩着他的小脸蛋、小手和小脚,可是心里却牵挂着自己的研究课题。看着丈夫的来信,陈赛娟想了很多,她认识到细胞和分子遗传学是白血病诊断的重要依据,也是白血病分子机制研究的突破口。陈赛娟决心以细胞遗传学研究为切入点,架设一座血液学临床和分子研究的桥梁,探索白血病的发病机制,然而国内血液学界尚缺少这门学科。

陈赛娟想带着这个课题到法国去研读博士。在家庭会议上,陈赛娟征求公公和婆婆的意见。两位老人都非常支持她的想法,鼓励她到国外去,愿意承担照顾孙子的责任。老人虽然苦一点,但只要后辈能在学术上有所建树,对人民有所贡献,老人心甘情愿。此外,婆婆心里还有一个"小算盘",媳妇与自己的儿子在一起,可以照顾他的吃饭和穿衣等日常生活。

飞机腾空而起,冲向蔚蓝的天空,向着巴黎飞去。舷舱边的陈赛娟一会儿打开随身携带的丈夫信件,仔细地阅读着;一会儿又拿出2岁儿子的照片,看着,亲吻着,她带着母亲之爱、夫妇之情、科学的使命、医生的责任,飞往遥远的法国。

丈夫从飞机场接回亲爱的妻子,走进巴黎大学城一间小小的公寓时,陈赛娟见房间里到处堆满了各种书籍和资料,禁不住惊叫道:"我的天啊!难道你只吃书,不吃饭吗?"

"哎,你别乱叫,好吗?"陈竺笑着揽住陈赛娟的肩膀说,"走,我带你去吃正宗的法国大餐,一来为你接风,二来庆祝你来法攻读博士学位,三是祝贺我们的团聚!"

陈赛娟到来后,陈竺再也不用为吃饭伤脑筋了。平时他们到住院医生的食堂里去吃饭,伙食还不错,大部分是西餐,一周中总有一次是中餐,吃米饭。刚到巴黎时,陈赛娟不太习惯吃西餐,西餐的第一道总是冷盆:生蔬菜、拌色拉;第二道是热菜:猪排、牛排、鸡腿;第三道是各式奶酪;第四道是水果。酒是可以自己随便倒的,可陈赛娟一般不喝酒。

　　到了休息日，陈赛娟便到中国商店去买菜，有青菜、黄芽菜、胡萝卜等，如果有朋友来，陈赛娟就会烧几个家常菜和包饺子，吃得那些外国朋友不亦乐乎，跷起大拇指，连声说："好！好！"

　　陈赛娟到法国的头一件事就是过语言关。不会说法语，等于是聋子哑巴，寸步难行。陈赛娟在读研究生时，法语作为第二外语，学了点儿，但不会开口。虽然陈竺的法语很好，但他不可能陪着妻子上课。到了法国，有了良好的语言环境，于是陈赛娟就与同事们说话，翻词典，用尽一切办法学法语。没过多少时间，当她用法语与导师——国际著名的细胞遗传学洛朗·贝尔杰交谈时，导师大为吃惊，简直不敢相信。眼前这位女士不久前说话还结结巴巴的，怎么没过多久法语就如此流利了呢？

陈赛娟教授获得发展中国家科学院(TWAS)年度讲演奖(2014 年)

在生活上，陈赛娟从来不挑剔，可是在学习上，她总是以最高的标准来要求自己。虽然她过了语言关，但是在通往成功的路上，还有许多的锁等着她去一把把打开。

陈赛娟把自己关在图书馆、资料室、实验室里，巴黎城的美丽风光，凯旋门、埃菲尔铁塔，对她没有任何吸引力。她几乎将所有的时间都用于与丈夫一起埋头于各种书本、各种实验、各种试剂中。

1989年1月，陈赛娟以最佳评分通过论文答辩，获得法国巴黎第七大学科学博士学位。参加博士论文答辩委员会的一位法国专家说："我也做过类似的研究，知道要攻克这项难题非常不容易，要付出很多很辛苦的劳动。"这时，陈赛娟的导师则开玩笑地说："我不能直接称她是居里夫人，但她是一个非常有韧性的女性，与居里夫人相像。"

对于自己在巴黎的这段日子，陈赛娟说："这个阶段是我的科学研究生涯逐渐走向成熟的阶段，也使我第一次了解了西方世界，并且进入学术圈，结识了不少法国朋友。"

获得博士学位后，陈赛娟决定回国，回到生她、养她的上海，回到上海血液学研究所。这个决定，是她与陈竺共同商量的结果。当陈赛娟将这个消息告诉自己的法国导师时，导师低头不语，好半晌才吐出一句话："别走了，这里你会有非常灿烂的前程。"一些好心的朋友也向他们提出了建议，认为陈赛娟在西方国家发展机会将会更多。许多法国同事都劝陈赛娟夫妇改变主意，说："不要回去了，留在这里，你们肯定能拿到终身职位，会有非常好的前途。"还有人则露骨地说："回国，你们将一无所有！"

　　对于陈赛娟夫妇回国的决定，国内也有很多人不理解。他们回来的时候，国内刚刚掀起了一股"出国风"，陈赛娟夫妇在这时刻毅然返回祖国，让有些人大感意外，还有人甚至以为他们在法国混不下去才决定回来的。

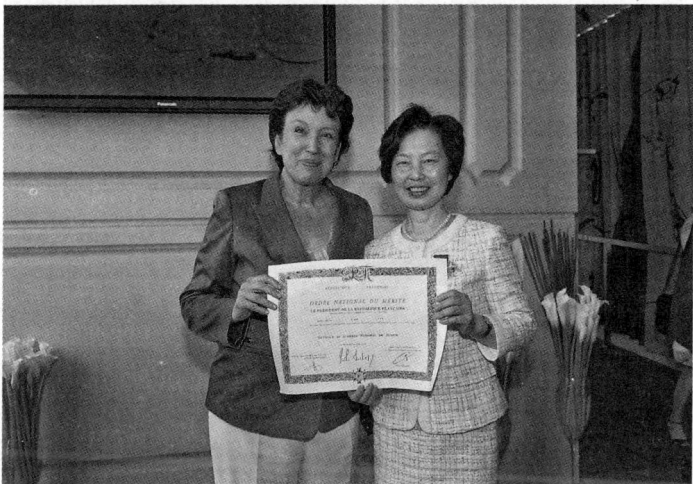

法国卫生体育部长 Roselyne Bachelot 向陈赛娟颁发法国国家功绩军官勋章

　　陈赛娟说："不管人家怎么说，历史证明我们选择了一条正确的道路！至于科研条件，没有也可以创造。我们不讲大道理，但我们都不能违背中华民族的古训：滴水之恩当涌泉相报。祖国养育了我，我要为祖国服务，尤其在祖国处于困难的时刻。"

　　是啊，留在法国可以过舒适的生活，进行得心应手的科学实验，但是祖国的科学事业更需要人才。他们喜欢法国和法国人民，可是他们仍然要回到热爱的祖国。陈赛娟在博士论文的首页上写的第一句话,就是:"谨以此献给我的祖国!"

因此陈赛娟斩钉截铁地对朋友们说:"即使一无所有,我们也要回国。原因很简单:科学无国界,科学家却有祖国。"

陈赛娟的法国导师贝尔杰得知自己的学生坚持要回国的真正原因后,非常感动,也非常理解。他亲自带着陈赛娟夫妇到法国癌症基金会,说服基金会的负责人,争取到一笔10万法郎的基金,资助他们回国创建实验室。

这10万法郎在当时可不是一笔小数目。陈赛娟兴奋极了,握住丈夫的手,连声说道:"陈竺,我们回去一定要好好干!""那当然,要干出点名堂来!"四只手紧紧地握在一起。陈赛娟夫妇原定1989年6月回国,并预定了机票,可是由于这段时间内的回国航班被取消,他们焦急地等待了1个多月,终于在1989年7月4日乘上了回国的飞机。

波音飞机在蓝天上飞翔,机身在空中闪闪发光,就好像一条银鱼在云海里乘风破浪。飞机上只有寥寥的十几个人。此刻,陈赛娟的心早已飞回了上海。人常说归心似箭,她想着5岁的儿子,不知他长得怎么样?还认识不认识妈妈和爸爸?她还特别想吃生煎馒头、小笼包子和大饼油条,再来一碗咸豆浆,啊,味道好极了!

陈赛娟心底在呼唤:亲爱的祖国,伟大的母亲,我回来了!我们要创出中国自己的白血病治疗模式,造福于全人类。

不断超越的美丽人生

1989年,取得法国医学博士学位的陈赛娟与丈夫陈竺回到了祖国，回到上海血液学研究所。在以后的10多年时间里，陈赛娟、陈竺和恩师王振义一道，结合基础研究与临床医学，携手开展白血病细胞分化和凋亡诱导的分子机制研究。

当时，血研所的科研条件非常艰苦。所里既缺人又缺设备。陈赛娟和陈竺要建研究室，瑞金医院却没有多余的像样的房子。两人小心翼翼从法国带回的试剂也没有低温冰箱来存放。一个星期后，价值10万美元的试剂全部报废！由于没有相关设备，两人只能到外边的实验室"借做"；没有交通工具，陈竺只好骑着自行车，把贵重娇气的标本、试剂、试管及实验材料轻轻放在车筐里，四处奔走。

但是，艰苦的条件没有吓倒陈赛娟夫妇。在王振义的带领下，血研所的科研工作有条不紊地进行。在各方面的支持与帮助下，陈赛娟、陈竺仅用了两年时间就建成了系统的白血病标本库，细胞遗传学实验室和分子生物学实验室。多少年来，陈赛娟夫妇和导师王振义以及同事们寻找各种"武器"，攻克白血病。终于，他们用全反式维甲酸治疗急性早幼粒细胞白血病（APL），在临床上获得了很大的成功。论文在《血液》发表后，在国际上产生了很大的影响。

1990年，陈赛娟和同事们在临床上发现了一种急性早幼粒细胞白血病的"特殊亚型"，该类患者经过维甲酸治疗后病情没有任何好转。陈赛娟发现这是由于17号染色体的维甲酸受体与11号染色体上的一个基因发生融合，形成了一个新融合基因，正是这个新的基因导致癌细胞对维甲酸的耐药性。她继而克隆了这一新基因，并将之命名为早幼粒细胞

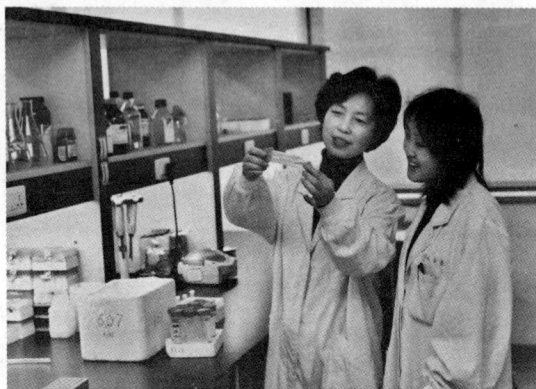

陈赛娟在实验室工作

白血病锌指蛋白基因(PLZF)。这是中国人在生命科学领域发现的第一个人类疾病基因,实现了"零"的突破。这一发现在国际上发表后,引起了世界各国肿瘤病专家的高度评价。

在科研过程中,陈赛娟将目光投向了中医,查阅了大量的有关资料典籍。她想,中国的中医中药有着悠久的历史,中医学的辨证论治很有道理,砒霜(砷剂)本是一种毒药,而医生们却常常把它拿来治病。那么能不能利用砒霜的毒性来个以毒攻毒,治疗白血病呢?然而,我国的传统医学往往注重现象而忽视原理,虽然许多中药治病有奇效,但医生却往往知其然而不知其所以然。而根据西医的理念,凡要用于临床必须有充分的科学依据。为此,在1994年的国内血液学会议上,陈赛娟与哈尔滨的同行共同组织了一个攻关小组。经过两年的努力,他们用现代研究的手段,科学地陈述了中药砒霜的机制,发现砒霜与全反式维甲酸一样,都作用于急性早幼粒细胞白血病致病基因产物,相关的第一篇文章刊登在 1996 年 8 月 1 日的《血液》上，该期的封面上还刊登了文中的一幅实验结果图。第二天，国际著名杂志《科学》进行了专题报道。

白血病治疗成功的关键在于早期足量联合治疗。2004年，他们又获得了突破性进展，对初发的急性早幼粒细胞白血病患者联合应用全反式维甲酸和三氧化二砷，使得 90% 以上患者获得 4 年无病生存，使该类白血病成为国际上第一个可以治愈的急性髓细胞性白血病。陈赛娟在治疗急性早幼粒细胞白血病获得的突破，为其他类型的白血病和肿瘤治疗提供了成功的范例。

成功来之不易，背后有着太多的付出！陈赛娟为科研几乎付出了全部心血！回国后，夫妇俩有一段时间住在漕河泾，为了争取更多时间搞科研，每天天还没亮，陈赛娟就要把儿子叫醒，匆匆地吃完早饭，就将儿子放在自行车后边，急急地向着皋兰路出发，皋兰路地处复兴公园的后门，陈硕就读的卢湾区第二中心小学就在这条路上。每天早上总有许多家长送孩子来上学，有的坐自备小汽车，有的用摩托车，有的路近，就走过来，而陈赛娟到学校时，门口几乎无人，因为实在太早了。陈赛娟就请门房的同志帮助照顾一下儿子，自己匆匆骑车赶去上班。

到了放学的时候，陈赛娟的同事轮流帮忙去接孩子，接来后让他在实验室里做功课。因为出门早，小陈硕常常写着写着就呼呼地睡着了。等到他们回到家时，天已经很晚了，陈赛娟还得忙着解决一家三口的肚子问题。他们往往买点熟食，再添上一碗快速面。直到现在，一家人闻到快速面的味道,就会倒胃口。

为了弥补昔日对孩子照顾不够的遗憾,陈赛娟到外地开会的时候,有时就会带上这个"小尾巴"。开会时,六七岁的儿子在后排打瞌睡。只有到开会的最后一天,做妈妈的才有时间带他去玩。

对儿子来说,陈赛娟是个好妈妈,对学生来说,她是一个优秀的老师。

陈赛娟在紧张而繁忙的研究工作中,还带着 30 多个博士生和硕士生,对他们撰写的每一篇论文,她都从头到尾地仔细修改,至少 5 遍,直到每个标点符号都准确无误、每条参考文献都引用确切,她才放心。

作为上海血液学研究所的所长,陈赛娟对同事们的关怀也常常是"润物细无声"。曾有一位外地研究生的爱人到上

陈赛娟在上海血液学研究所 25 周年庆祝大会上发言

海来治病。陈赛娟听说后，连夜到宿舍去看望他们。她一进门，发现一家三口只有一床被，连枕头也没有一个，转身就往外跑。急得那学生拉住陈老师的手，说："陈老师，先坐一会儿再走嘛。"

陈赛娟笑着说："不忙，我过会儿就来。"

那时商店枕头只卖一对，不卖 3 个，于是陈赛娟就买了两个，又回家去拿了一个，然后直奔学生的宿舍。那学生捧着枕头，眼里闪着泪花，激动得好半天，才吐出两个字："谢谢！"

陈赛娟拍拍学生的肩膀，说："谢什么，你只要把书读好，老师就高兴了。"

陈赛娟的一位研究生说："陈老师给我们上的第一课，是讲关于如何做人，如何对待荣誉和挫折。作为科学家陈竺的妻子，尽管他们在相同的研究领域中可以并驾齐驱，但有时也会遭人误会，承受微词。可陈老师心里永远装着的都是学科建设、人才培养、管理水平等问题，她没有因为误会、微词而放弃自己终生的追求。"

除进行科学研究工作，陈赛娟身上还有不少社会职务，如全国十一届人大代表、中国科协副主席等。通过这些身份与平台，陈赛娟为社会公共卫生事业的发展贡献出自己的力量。作为人大代表，她多次提交建议和议案，呼吁出台"公共场所禁烟"的全国性法规，将办公楼、餐厅等场所纳入到禁烟区范围，有效减少"二手烟"的危害；由政府支付公立医院中医生的工资、奖金，彻底切断医生与创收的利益关系……她还呼吁多组织科普活动，把健康的生活方式教给人们，从而远离癌症。

祝贺陈赛娟当选院士

2003 年,陈赛娟当选为中国工程院院士。至此,上海血液学研究所拥有了王振义、陈赛娟两名工程院院士和陈竺一名中科院院士。师徒三人被誉为国内血液学领域的"梦之队"。成为院士后,陈赛娟心里仍然牢牢记着恩师王振义对她和丈夫陈竺说过的一段话:"评上院士很难,而要保持院士这个荣誉更难。虽然这顶'帽子'是终身的,但不代表你对国家的贡献是终身的,并不代表人们对你的赞誉是终身的。科学研究容不得半点懈怠,每一项工作都要尽自己最大努力去做。"

2003 年,陈赛娟领衔的医学基因组学国家重点实验室正式获得国家科技部批准。由于陈竺担任中科院副院长以后,多数时间在北京,为了保证上海血研所工作不受影响,陈赛娟接替陈竺,被任命为血研所所长。陈赛娟成为继王振

陈赛娟与血液研究所团队合照

义、陈竺之后，血研所的第三任所长。

排除一切外在干扰，达到崇高的科学境界。陈赛娟在不断地超越中，演绎着自己美丽的人生。

科研领域有一个现象，越到高层，女性人数越少。有统计表明，诺贝尔奖男性获得者为 435 人次，而女性仅为 12 人次，只占总数的 2.7%。当陈赛娟被问到对这 2.7% 的看法时，她认为，这 2.7% 恰恰证明女性的智力、能力、创造力和忍耐力绝不低于男同胞。在事业的道路上，如果男女双方同处在一条起跑线上，那么女性比男性往往要承受起更重的负担。21 世纪的生物医学和信息技术会发生前所未有的、突飞猛进的发展，在需要付出长期努力和需要巨大的专注力、细致观察和精细实验的学科领域，女性的长处将会得到最充分的发挥，女性在其中将扮演越来越重要的角色。

　　陈赛娟的成功令人瞩目,有人将其称之为"陈赛娟现象"。在"女人干得好,不如嫁得好"甚至要"妇女回家去"的社会思潮中,"陈赛娟现象"召唤女性走出传统的社会家庭角色,克服自身的心理弱势,去学习、创造、释放自己的潜能和才华,为实现自身价值拓展更大的舞台。正如陈赛娟本人所说:"我首先是科学家,然后才是女性。女性只有自尊、自信、自立、自强,才能真正得到社会的承认,也才是一个完整的女人。"

（丁言昭）

淡泊儒雅的医学人生
——记中国工程院院士项坤三

项坤三，1958 年毕业于上海第一医学院。曾任上海市糖尿病研究所所长、上海市糖尿病临床医学中心主任、上海交通大学附属第六人民医院内分泌代谢科主任、亚洲分子糖尿病研究会副主席、中华医学会理事和理事会学术工作委员会委员、中华医学会糖尿病学分会主任委员、上海医学会常务理事和理事、上海医学会糖尿病学分会主任委员、上海医学会内分泌学分会副主任委员和《中华糖尿病》杂志副总编辑等职。现任上海市糖尿病研

项坤三院士

究所名誉所长、上海市糖尿病临床医学中心名誉主任、上海交通大学附属第六人民医院内分泌代谢科名誉主任、上海交通大学医学院教授委员会委员和《中华糖尿病》杂志名誉总编辑等职。

项坤三教授长期以来从事糖尿病临床及科研工作。20 世纪 80 年代首先在国外进行华人 2 型糖尿病分子遗传学研究，并率先在我国开展糖尿病分子病因学系列研究。在国内，项坤三教授创建了中国首个大数量的糖尿病群体和家系 DNA、血清和临床资料库；首先发现中国人线粒体 tRNALeu(UUR)基因突变糖尿病家系患者，开创了国内基因

诊断用于糖尿病日常临床诊疗的先例;首先通过全面筛查确认中国人MODY型糖尿病的基因突变谱;对中国人复杂病型2型糖尿病进行分子病因、病理生理和流行病学系列研究中,揭示了中国经济快速发展和生活方式明显变动的情况下糖尿病和相关代谢病(代谢综合征)患病率急剧增长的严峻形势;结合上述研究体验撰写了中国首部"特殊类型糖尿病"专著。迄今发表研究论文300余篇。以第一完成人获国家、省部级及市级科技进步奖11项。

项坤三教授先后于1981年和1982年获上海市先进工作者称号,1981和1989年获上海市劳动模范称号,1983年获全国卫生先进工作者称号,1990年获全国优秀医务工作者称号和全国五一劳动奖章,1990年获全国卫生系统优秀回国人员称号,1990年获人事部中青年有突出贡献专家称号,2003年获上海市医学荣誉奖,2009年获中华医学会内分泌学分会终身成就奖和中华糖尿病学分会终身成就奖等殊荣。

项坤三教授于2003年当选为中国工程院院士。

"选择了一条不平坦的路"

一口语速缓慢的吴侬软语,爱喝现磨的咖啡,爱穿吊带裤这样的老牌绅士装,爱好摄影和古典音乐和轻音乐,爱看原版的外国影片,这就是中国工程院院士项坤三。

家庭的熏陶在项坤三的生活习惯中留下了很深的烙印。父亲是个银行家,谈吐高雅,性格温和;母亲是位传统妇女,善良贤惠,勤劳温柔。看书和集邮是父亲工作之余的爱好,所以家中藏书很多,内容涉及哲学、经济、历史、文学等方面。受父亲的影响,项坤三自小就博览群书,直至今日,已年逾古稀的他,每天仍保持一定的阅读量。"很多看似相对独立的东西,其实都有千丝万缕的联系。"项坤三认为,"文学与艺术在潜移默化、触类旁通中会对医学研究带来帮助。"中国古代的名词名句,他常常信手拈来,说起鲁迅、茅盾、狄更斯、巴尔扎克等文学名家的作品更是津津乐道,从中亦可见他深厚的文学功力。他跟随父亲在集邮中学会了系统整理和有序安排的方法。

家庭的教育、对知识的广泛涉猎和思维的训练使得项坤三在学业上如鱼得水。初中时,他考上南洋模范中学,高中时又被华东师范大学附属中学录取。因为对古老而美丽的建筑十分着迷,项坤三最初的志向是成为一名建筑设计师。但是,在高中毕业体检时,他被查出是"扁平足",当时是不能报考建筑设计专业的。于是,他改选医学专业,报考了上海第一医学院(现复旦大学上海医学院),被成功录取。"扁平足"改变了项坤三的生命轨迹,也使得若干年后的中国多了一名医学专家而少了一位建筑设计师。但无论从事什么专业,有一点项坤三始终十分肯定:在自己的人生中始终保持本色,既坚持对工作的执著,又不放弃对生活的热爱。

进入大学后,在上海第一医学院名师授课指导下,项坤三刻苦攻读,出色地完成了学校规定的课程,理论基础非常扎实。毕业后,他被分配到天津市第一中心医院任内科医生。在经历了 5 年的临床工作后,他感到,要想在医学领域有更大的作为,需要继续深造。于是,他又考回母校,师从我国著名的内分泌代谢病专家钟学礼教授,攻读内分泌代谢专业的研究生。此时,一场席卷全国的"文化大革命"中断了项坤三的求学之路。

　　改革开放后的 1985 年，年近 50 的项坤三考取了世界卫生组织奖学金，得到了出国深造的机会。在美国旧金山加州大学和美国芝加哥大学 Howard Hughes 医学研究所，他与世界糖尿病分子病因学研究创始人之一 Graeme I. Bell 教授一起工作了 3 年。已经从事内分泌代谢病研究多年的项坤三敏锐地注意到，糖尿病在分子病因机制上与恶性肿瘤、冠心病、精神分裂症、高血压等病均属复杂性状病，而这些严重威胁着人类健康与生命的复杂性状病的分子生物学研究，当时在国际医学界还是一片尚未开垦的处女地。一些有前瞻意识的医学科学家已经把目光投向这片分子生物学研究领域，项坤三也成了这支研究大军中糖尿病专业分子病因学研究的一员。怀着强烈的民族自尊心和爱国心，在国外他选择了"中国人糖尿病的分子遗传学"作为研究课题。项坤三几乎把全部时间都留在了实验室，面对这位虽年长但依然勤奋

项坤三在实验室

的中国学者,连一些卓有成就的美国专家也感叹不已:"项医师太辛苦了!"当那一串串闪耀着智慧光芒的数据在他手中诞生时,一切努力都是值得的。

20 世纪 80 年代,世界上对糖尿病的分子生物学研究还处于空白时期。项坤三选择了一条还未有人留下足迹的崎岖山路。他通过大学医院门诊及当地华人社区医院门诊,搜集到了一批美籍华人的血液样本,经过 DNA 基因分析后获得了有关中国人糖尿病基因变异研究的宝贵数据。在 80 年代至 90 年代初,国际上基因多态性研究的初创时期,他通过对 11 个糖尿病候选基因筛查,以第一作者报道了 6 个酶切多态位点,被收入 Human Gene Mapping 中。他应用 6 个糖尿病候选基因上的 20 个多态位点(当时的研究多数只用一个候选基因的 1—2 个多态位点)进行世界上首次中国裔(美籍华人)2 型糖尿病分子遗传学研究。1989 年该论文发表在国际权威性糖尿病专业期刊 Diabetes 上。随后研究成果被写入 Rifkin H 及 LaPorte D 主编的国际权威性糖尿病专著"Diabetes Mellitus, Theory and Practise" 第 4 版及第 5 版内。在美国进修期间,他还应邀参与了《病毒感染与糖尿病》专著中关于胰岛素基因多态性研究章节的写作。1991 年,他与 Graeme I. Bell 一起首先将青年发病的成人型糖尿病(MODY 型糖尿病)的第一个基因(MODYI)定位于 20 号染色体。从此,项坤三的名字开始被国内外同行所熟悉。

项坤三作为主要参与者和著名世界糖尿病分子病因学研究先驱者 Graeme I. Bell 一起应用一个 5 代近百个成员MODY 型糖尿病大家系中的 89 个成员样本进行 75 个基因

STR 多态标记检测，经家系连锁分析运算将致糖尿病 MODY1 基因定位在染色体 20q。这是世界上第一个致糖尿病基因的基因组染色体定位，由此在全球开启了寻找致糖尿病基因的研究时代。

在成绩面前，项坤三只有一个心愿——让中国跻身于国际糖尿病分子遗传研究的先进行列。在美国两次进修期间，项坤三始终牢记自己是一名中国共产党党员，在向院党委写的 40 多封信里，充满对党、对祖国的一片赤子之心。在一封给院领导的信中，项坤三这样写道："专业上我虽然不能一口气吃成一个胖子，但总得在现有的胃口上多吃几口，才会逐渐胖起来。我选择了一条不平坦的道路。也许是我本性难移的缘故吧，我喜欢憋着一股劲向前走。到了美国以后，我看到了我国医学科研的落后状况，也看到了我们完全有可能赶上世界先进水平的前景。只要我们刻苦、不自满，我们的社会主义制度一定可以使我们的医学科研发展得更快。"朴实无华的语言中，闪耀的是一名党员医生对医学科学追求的百折不挠、勇往直前的精神。

全面开拓国内糖尿病研究新领域

在国外充分学习掌握最新知识和技能后，项坤三回到了他魂牵梦萦的上海市第六人民医院。20 世纪 80 年代末，上海市第六人民医院内分泌代谢病专业附属于内科，只有两名兼顾内分泌代谢病的内科医师，没有专科用病床，没有专业实验室，更没有研究室，一切都要从零开始。

项坤三除了带回一批糖尿病分子遗传学的研究成果外，还带回了用他省吃俭用余下的美元购置的一些在国内买不到的试剂和研究用具。回国后，来不及整顿休息，他做的第一件事就是创建糖尿病分子生物学实验室。

项坤三在看片

实验室的布局、人员、设备，这一切项坤三在美国进修期间已反反复复考虑、酝酿过无数次了，但最缺的还是经费及实验设备。当时，他向国家自然科学基金会、卫生部、上海市科委、市卫生局申请的5项研究课题全部中标。为了将有限的经费用在刀刃上，他带领科室成员，冒着酷暑和严寒，跑遍上海所有的仪器、试剂商店，以及展销会、订货会。在那段连实验室辅助人员亦不足的时间里，常能看到他和他的同事们肩扛手提，将仪器、试剂搬运到医院，而试管架、紫外线防护罩等一些比较简易的辅助设备，往往是他自己动手制作。科

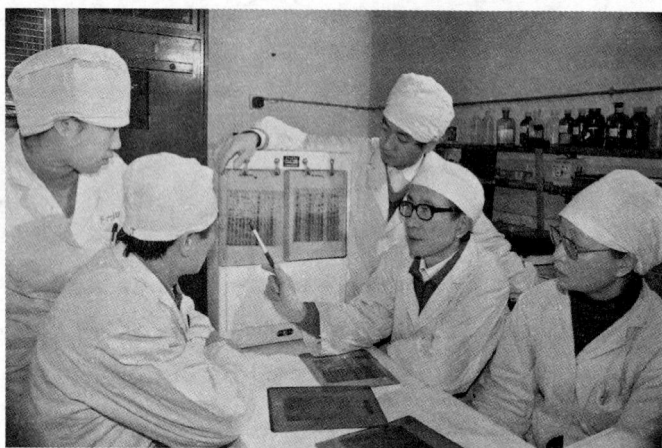

项坤三和同事们在讨论病例

研需要测定健康者的血液,项坤三又带领科室人员去采血。不够用时,他和全科人员毅然自己捋袖献血,甚至动员家属也来献血⋯⋯

就这样,项坤三带领全科人员,在较短的时间里创建了糖尿病分子生物学实验室,在一个一平方米的实验台上,进行了第一次研究试验。以此为起点,项坤三为之后 20 余年来上海交通大学附属第六人民医院开展的糖尿病临床分子病因学研究打下了基础。三年后,他获得了第一个国家科技进步奖。

当时是改革开放初期,但项坤三已想到中国社会经济和人民生活水平的增长有可能导致糖尿病和相关代谢病与合并病,如肥胖病、血脂异常、动脉粥样硬化性心脑血管病等,的患病率增长。当时,中国糖尿病患病率仅为 1%,远低于发达国家。他大胆作出预测:"中国人的糖尿病患病率将在短期内追上发达国家。"经过仔细思索,他认为进行糖尿病研究的关键在:首先要从本质上、源头上深入认识糖尿病的根本病理生理现象——血糖增高的机制;其次,在防治中国人的糖尿病时应认识中国人血糖增高机制的特殊性。在策略上,则要从两方面起步:一方面要应用最先进的手段来研究血糖增高的病因和病理生理机制;另一方面应掌握中国人群中糖尿病与相关代谢病的基本流行病学情况,并从基础糖尿病诊断防治手段规范化做起。上述两方面的逐步靠拢和接近的结果将促使中国人糖尿病诊断和防治水平不断提升。

按照这样的思路,项坤三在主持上海市领先专业内分泌代谢重点学科和上海市糖尿病研究所期间,亲自主持、指导并直接参与,经过艰辛跋涉,初步建立了符合上述目标的糖尿病研究和临床防治体系,并取得了丰硕的成果。

从1996年起历时8年,研究所收集了中国第一批千余个糖尿病患者家系及成员的万余份DNA和血清样本(以后不断添加),以及葡萄糖负荷试验、空腹血糖、血脂、体计量测定、胰岛B-细胞功能和胰岛素抵抗简易参数等数据,在此基础上建立了中国人糖尿病家系DNA及血清样本、临床资料库,这是国内建立的首个大数量、临床资料齐全的中国人糖尿病家系样本库。此外,还开发了一套家系库管理系统软件。研究所同时也建立了大数量中国人社区人群正常人和糖尿病及相关代谢病者DNA、血清样本及临床资料库,积累了社区中国人群的血糖、血脂、简易体脂积聚和体脂分布、血压、胰岛素分泌和胰岛素抵抗的基线数据。该家系库样本曾参与国际2型糖尿病分子病因学协作研究。目前这个糖尿病样本库已经在先进管理手段下得到极大扩充。

应用收集的样本研究分析得到：在社会经济迅速发展的上海人群中的糖尿病在 21 世纪初已达 9.76％，为上海人群 20 年前患病率的 10 倍。糖尿病和糖尿病前期（即所有的高血糖者）的患病率为 16.7％，中心性肥胖为 33％，高血压 26％，血脂异常 38％，代谢综合征 17％。尚见到中国人中，90％糖尿病者伴有高血压或血脂异常，其中 50％有代谢综合征。此项研究揭示了我国经济发展情况下糖尿病和相关代谢病患病率急剧增高的严峻形势，印证了项坤三早年的预测。

项坤三所在的糖尿病研究所进行糖尿病分子病因学研究已 20 余年。就各个时期及阶段国内和国际 2 型糖尿病相关研究情况来说，研究所的研究在规模上可以说是国内最大，成果最多，在国外也被同道称颂，项坤三经常被国外同道邀请在学术会议上讲演，介绍研究成果和与国外同道进行合作研究。

项坤三在国外确认了第一个 MODY 基因的染色体座位，回国后他又进行了中国人糖尿病家系中 MODY 基因的患病率调查。在筛查 MODY 基因中见到中国人中 MODY 基因的患病率与白种人之间有极大差别。中国人中 6 个 MODY 基因突变在所有 MODY 家系中不及 10％，而欧洲白种人 MODY 家系中占 80％以上，表明中国人有其独特的致 MODY 基因。

1995 年，项坤三发现了首例中国人线粒体基因 tRNA Leu(UUR)突变糖尿病患者家系。随之进行了第一个规模

项坤三在学术会议上讲演

较大的中国人线粒体基因 tRNA Leu(UUR)突变糖尿病的患病率调查,确认了该病的患病率。并且,在临床工作中对线粒体基因 tRNA Leu(UUR)突变糖尿病进行常规检测和院际推广。这是国内第一次用基因检测手段确诊病因的糖尿病,在糖尿病患者中检出了长期被误诊为 2 型糖尿病或1 型糖尿病的患者,使患者得到了正确的治疗。

在项坤三的带领下,建立了完整的在临床不同病理生理状态下估测胰岛 B-细胞功能与周围组织胰岛素敏感性的精确和临床实用的检测方法,如高葡萄糖钳夹试验、扩展高胰岛素正糖钳夹试验、精氨酸、胰高糖素或静脉葡萄糖刺激1 相胰岛素分泌、胰岛素原和中间产物测定、中长期血糖监测和动态血糖检测等临床检测方法,确认了中国人的正常值以及在糖尿病病理生理状态下胰岛 B-细胞功能和周围组织胰岛素敏感性(胰岛素抵抗)的变化。利用这些技术,项坤三阐述了中国人在血糖增高和 2 型糖尿病发展过程中胰岛素敏感性(抵抗)的发展与胰岛 B-细胞功能缺陷两者间动态变化的相互关系。

项坤三还带领研究所对自行研制的胰岛 B-细胞自身抗体——抗 GAD、抗 IA-2 和抗 IA-2B 检测,在临床诊断为 2 型糖尿病的中国成人糖尿病患者中,发现有 12%并非是 2 型糖尿病而是晚发型免疫中介 1 型糖尿病。

为了探索中国人体内脂肪分布的特点,项坤三与贾伟平等从 1999 年起,首先在上海选择了两个社区的居民进行了大规模调查,在收集详细临床及实验室信息的同时,又在国内率先采用核磁共振影像检查详细研究中国人体脂分布与临床糖尿病及相关代谢综合征的关系。应用 690 例中国社区人群进行核磁共振影像体脂分布检测研究中国人的肥胖病模式,发现中国人的肥胖病模式主要是中心性肥胖(腹型肥胖)而并非总体脂增高。即使在总体脂不高的中国人中亦有 12.4%有中心性肥胖,即腹腔内脂肪绝对或相对于股部脂肪而言呈现过多的脂肪积聚是中国人主要的肥胖病模式。此种体脂分布模式是 2 型糖尿病和相关的代谢综合征的特征性体脂分布模式。个体糖尿病合并相关代谢病数目越多,中心性肥胖模式越明显。这项"体脂、胰岛素抵抗与代谢综合征关系的研究"在 2004 年获得了国家科技进步二等奖。

早在 20 世纪 80 年代,项坤三已经在关注对糖尿病患者和家属成员以及民众传授糖尿病防治知识和生活指导。1989 年,他创办了糖尿病专题门诊,亲自绘制了一套 60 多张的《糖尿病防治知识》幻灯片,编印了彩色的"糖尿病患者须知宣传册"及糖尿病防治知识问卷,还研制了适于当时临床应用的中长期血糖监控技术来观察防治知识普及的效果。这种分文不取的义务教育一直延续至今。在此基础上，科室现今已经专门成立了糖尿病生活方式指导部门。

基于以上的工作，项坤三所在单位的临床糖尿病病因诊断、病理生理状态分析、代谢监控及防治措施规范不断完善，临床糖尿病防治规模不断扩大。

项坤三在此期间发表论文 300 余篇。仅以第一完成人获得的科技奖项计算，从 1991 年起，项坤三获国家、卫生部或中华医学会以及上海市科技进步奖共 11 项。其中，国家科技进步奖为 2 项，卫生部或中华医学科技进步奖为 4 项。

项坤三领衔的团队所取得的研究成果得到糖尿病学界较广泛的认同，他本人应邀在国际及国内重要学术会议中作特邀讲演并应邀或受学会委托主办或主持国际学术会议。由此亦确立了上海市第六人民医院糖尿病专业在全国的地位。1998 年项坤三被选为中华医学会糖尿病学会副主任委员，2000 年被选为亚洲分子糖尿病研究会（Molecular Diabetology in Asia）副主席，2002 年被选为上海医学会糖尿病学会主任委员，2003 年被选为中华医学会糖尿病学会主任委员。

项坤三教授医德高尚、治学严谨、认真求实、为人师表，在 1981 年和 1989 年获上海市劳动模范称号，1983 年获全国卫生先进工作者称号，1990 年获人事部中青年突出贡献专家称号，1990 年获全国五一劳动奖章，2003 年获得第四届上海医学荣誉奖。项坤三教授所领导的内分泌代谢科被评为 2000 年度上海市劳动模范集体。

2003年,项坤三教授当选为中国工程院院士。

甘为人梯 大师风范

项坤三院士从零开始,在将第六人民医院创建成中国糖尿病专业的前沿阵地以后,对如何使这块前沿阵地经久不衰,进行了认真思索。根据国内外学科发展的实例,项坤三认识到前沿阵地的保持在于各代领导者的前仆后继,及早让贤是必要步骤之一。

项坤三院士自2004年起以身作则,两年一次、连续三次主动让贤。这种高风亮节、培养新人、甘当绿叶的精神让后生晚辈肃然起敬、高山仰止。国内外学者在赞许上海市第六人民医院上海市糖尿病研究所、上海市糖尿病临床医学中心取得令同行瞩目的非凡成就、竖起了糖尿病专业研究领域丰碑的同时,更羡慕地说:"该研究所和临床医学中心有一位德才兼备、德高望重的学科带头人项坤三院士,他是中国糖尿病研究的领军者。"每每听到有人这般夸奖,淡泊而儒雅的项坤三总是谦虚地说:"这是集体努力的成果。一个人要想有所作为只有融入到集体中去才行,团队精神是最重要的。"

确实,在这个团队里项坤三以身作则、为人师表、甘为人梯,始终保持着热衷于工作的本色和一丝不苟、严谨治学的作风。在他主持工作期间,他经常深入研究现场指导研究人员的工作,为团队每一篇学术论文逐字逐句逐个标点地修改。他还经常亲自设计参加学术会议的电子讲稿,为讲稿的表现形式和效果操心。对于同事和学生,他从不摆架子,连说话声音都是轻轻柔柔的，仿佛是在和你商量些什么，平易近人的风范让团队里的每个人心悦诚服。

在这个基础和临床紧密结合的团队里，项坤三选才用人，不唯学历，不论资排辈，只要求勤于思考、为人正直、踏实肯干，他会为每一个人都寻找到一条适合发展的道路。他将团队人员送往国际糖尿病研究的前沿机构去学习、深造，为他们提供更为广阔的学术发展空间。

项坤三和他的科研团队

上海市第六人民医院院长、现任上海市糖尿病研究所所长、上海市糖尿病临床医学中心主任贾伟平教授说起受人敬重的项坤三院士时感慨万分。她说："这个两年一次、连续三次的主动让贤举动，让我肃然起敬、高山仰止。"

项坤三院士的举止彰显了甘为人梯的大师风范，同时证明项坤三院士举措的正确。由他开创并领衔的上海市第六人民医院内分泌代谢科、上海市糖尿病研究所和上海市糖尿病临床医学中心接班已后继有人,并欣欣向荣。

项坤三院士虽然已将职务让贤,但在上海市糖尿病研究所和上海市糖尿病临床医学中心还是能看到他不断忙碌的身影。他在以另一种方式为他心爱的阵地进行奉献。

2011年6月,由项坤三编著的《特殊类型糖尿病》(糖尿病的第三种类型)一书经历十年的精心准备和撰写,在无任何国内外同类专著可以借鉴的情况下,终于完成并成功出版,可谓"十年磨一剑"。为了本书的出版,他深居简出、潜心思考,结合了自己的研究成果和多年临床经验,尽可能地涵盖了各种特殊类型糖尿病的各方面知识。他写该书的目的之一是要提醒糖尿病专业工作者:他们在日常临床工作中遇到的糖尿病患者并不只是1型糖尿病、2型糖尿病或妊娠期发生的糖尿病患者,还要注意患者中可能隐藏着未被他们认识的第3种类型糖尿病,即上百种不同病因引起的"特殊类型糖尿病"。

今年已77岁高龄的项坤三院士,每天仍神采矍铄、孜孜不倦地驰骋在糖尿病专业领域中。在医学领域里,他挖掘着糖尿病的致病根源;在人生舞台上,他感受着雅致生活的情趣,这就是中国工程院院士项坤三淡泊而儒雅的医学人生。

(沈 艳 杨 静)

勤于探索　明道优技

——记中国工程院院士戴尅戎

戴尅戎（1934—　），福建厦门人。1955年毕业于上海第一医学院。现为上海交通大学医学院附属第九人民医院终身教授、博士生导师，上海交通大学医学院附属九院临床医学院名誉院长，医学院骨与关节研究所主任、上海市关节外科临床医学中心主任、教育部数字医学临床转化工程研究中心主任、上海交通大学转化研究院干细胞与再生医学转化基地主任、上海交大九院3D打印技术临床转化研发中心主任。

戴尅戎院士

通过医工结合，在发展我国人工关节、生物材料、骨再生与修复等方面作出了贡献，是我国著名骨科学、骨科生物力学专家。2003年当选中国工程院院士。2014年当选法国国家医学科学院外籍通信院士。

戴尅戎曾获国家发明二等奖等国家与部市级科技进步奖30余项、获得授权及申请专利40项。共发表论文600余篇（第一作者或通讯作者170余篇），主编、参编专著60本。曾被授予首届上海市发明家、1997年香港杰出中国访问学人、上海市医学荣誉奖、上海市科技功臣、何梁何利基金科学与技术进步奖、吴阶平医学奖、法国地中海大学荣誉博士、澳大利亚西澳大学 Raine 教授等荣誉。

化艰辛为动力

　　1934 年 6 月，戴尅戎出生在厦门鼓浪屿。父亲希望在常年军阀混战和日本侵华战争前夕诞生的儿子能在和平的环境中成长，遂给他取名"尅"（意为制服、战胜）"戎"（战争）。然而，戴尅戎的童年却是在战火和苦难中度过的。1937 年，抗日战争爆发，战争的硝烟弥漫着整个中华大地，年幼的戴尅戎不得不跟随家人四处漂泊，屡经危难。从抗日战争开始到结束，戴尅戎全家共经历过三次大灾难，身外财物荡然无存，但人却幸运地活了下来。他们毫不气馁，一次又一次重建家园。

　　医乃仁术，渡人渡己，或许战乱中长大的孩子对生命和健康有着更多的体味。受医学家庭的熏陶，高中毕业时，戴尅戎毫不犹豫地报考了上海第一医学院医疗系。1955 年大学毕业，他和班里另外两名同学联合贴出了"决心书"，铁了心要去"最艰苦的地方"，在他看来那个地方就是新疆，因为那里"最遥远"，那里的病人最需要好医生。事实上，于情于理他都有充足的理由留在上海：毕业前一年，父亲被发现患了喉癌，作了部分喉切除；与此同时，母亲患有心脏病，而妹妹也在此之前启程去了山东医学院……病中的父母看着热血沸腾的儿子，目光里有不舍更有理解，放他远行。但最后的分配结果却让戴尅戎滚烫的热情跌至谷底：他被分配到了大城市北京。与他一起写"决心书"的另两名同学被分配到了内蒙古,这更让他在内心中觉得自己当了"叛徒"。

　　到了北京以后,戴尅戎再三表示还是要到边疆去。领导问边疆是哪里? 他回答说边疆就是新疆。领导说新疆今年没有名额,但他依然执着坚持要去艰苦的地方。4 天以后领导问他宝成铁路去不去,戴尅戎立即同意了。

戴尅戎大学时代

　　宝鸡到成都的铁路建设,是当时国家最重大的工程之一,工程队人数庞大,吃喝拉撒都在工地。工地医院随着工程队,在崎岖的秦岭山区内推进,条件艰苦,环境闭塞,道路和交通工具都很简陋。戴尅戎乘火车到了宝鸡后要自己找交通工具。工地医院不通铁路,汽车也很少,主要是工程车,当时戴尅戎找了一部装石头的大卡车。司机说:"你不能坐在我旁边,我旁边有人,要不你跟石头一起坐在后面的敞篷车厢里。"12 月的秦岭冰天雪地,所有的树上都结着半透明的冰凌子,就这样,他坐在敞篷车厢里翻越了秦岭,开始了在艰苦的地方贡献力量的日子。在秦岭南麓,他住了将近两年用竹子搭建的临时活动房。回顾那段艰苦的岁月,戴尅戎至今仍觉得受益良多:"我做的是外科,在工地从头到脚的外伤都会碰到,接骨、开胸、开腹,甚至一年后我就独立开颅了。"

　　1957 年,戴尅戎的第一篇论文《胸震荡与肺挫伤》发表在《中华外科杂志》上。在他们那一届,在"中华系列"杂志上发表论文的,他是第一个。戴尅戎是怀着激情来回忆那段生活的:"地处山坳,前不着村,后不着店,碰上家属分娩难产,你就得上产钳、做'剖宫'。附近百姓的牲畜难产,请你帮个忙,你能说不帮吗?工地没有血库,病人被抬来,要输血,一验血,是 B 型,好,就是我了!伸出胳膊抽完 400 毫升后便上台做手术。术中发现病人血压不好,还得输血,便又放下手术刀再抽 400 毫升,然后再上台接着手术。"那段生活不仅仅锻炼了他的技术和思想,也锻炼了他在艰苦环境中开展工作的能力。

宝成铁路竣工后,戴尅戎又扛起背包跑到太行山区修铁路了。这个时候,他父亲患喉癌的事情让铁道部的领导知道了,当即决定调戴尅戎到上海铁道医学院。医院给戴尅戎看了调令,但建议他最好别回上海,他二话没说答应了。1961年,铁道部有关领导发现戴尅戎还"赖"在太行山区,随后他又被调到汉口铁路中心医院并参加武汉铁道医学院的新建工作。在一次干部会上,领导颇为严厉地说:调一个"小"医生就难到这个程度啊!如果不是这样,谁也不知道他会在"艰苦的地方"待多久,终于戴尅戎被"强制"调回了上海铁道医学院。

1974 年,高等院校大调整使戴尅戎又一次面临人生的选择。他与部分同事被分到了上海第二医学院,要他在四个附属医院中选择一个。戴尅戎执意要求调到上海第二医学院附属第九人民医院,理由仍离不开他那个"迎难而上"的指导思想:"二医的附属医院中,只有九院还没有独立的骨科,最需要人!"

当时,九院的骨科只有 6 张床,归外科管,戴尅戎调来一个月后,科里原来唯一的一位骨科医生也请了长病假,很长一段时间里骨科就只有他一个"光杆司令"。他并不气馁,因为原本他就是知难而来的! 他先后与外地来沪进修的医师轮流隔日值班长达两年余,随后在医院支持下新增了住院医师。在单独建立骨科病房的基础上,又建立了科研小组,就在这个时候,报纸上的一则新闻报道引起了戴尅戎的关注。美国阿波罗登月计划结束后,许多科学家转向一个新兴学科——生物力学。有着前瞻意识的戴尅戎,发现在宇航事业中应用的许多精确技术和理念完全可以移植到手术室和病房里,使其为病人服务。于是他马上加强这方面的学习,并着手成立了国内第一家在医院里开设的生物力学研究室,聘用了理工科方面的工程师,请他们一起从事工程技术与医学结合的科学研究,在此基础上最终形成了国内医院中最早成立的骨科生物力学研究室。

由于当时的科研资助很难申请,即使申请到经费,也非常有限,所以那时候戴尅戎的团队基本上没有买过什么高级设备。一般来说一套步态分析系统动辄几十万、上百万,而九院骨科的这些仪器都是在上海的一些工厂、北京体科院、清华大学等帮助下,自己搭建起来的,仅仅花费了几万块钱。戴尅戎就是带领团队依靠着这套分析系统,用了近 10 年,整理出国内第一批步态参数,发展了步态与平衡功能的定量评定技术。

谈起最初的创业艰辛,戴尅戎依旧是一派乐观:"苦出身也有苦出身的好处,因为这个科室是从小一点点变大的,大家齐心协力，白手起家，使九院骨科就像一个大家庭，彼此感情深厚。"

化需求为动力

20世纪80年代末，身为九院骨科主任的戴尅戎，每次为骨肿瘤患者做完手术后，内心深处总会感到隐隐不安。这些必须切除大段骨头甚至截肢的病人，尽管保住了生命，但也落下了终身残疾，有的永远只能与病床和轮椅为伴。戴尅戎不由得想，骨科治疗的目的是保全肢体和功能，能不能用大段的定制人工关节，替换那些被切除的骨头，以便提高这些病人的生活质量？

然而，现实的难题却摆在了眼前。肿瘤或严重病变的骨与关节被截除后，使用通用的假体，很难符合病人的不同需要。有人到国外去定制人工假体，但沟通困难，很难说清病人的具体需要，而且费时、费钱，支付的费用都在10万以上，这样的费用对有些病人和他们的家庭来说简直就是毁灭性的，有的病人为了治病而卖房子、借钱。为了一个病人，可能全家一辈子就翻不过身来。如果能够节省费用而且提供质量优良的假体，对病人、家庭和社会都将是福音。

一向喜欢挑战的戴尅戎，又给自己出了一道难题，他决心通过科研为病人设计和制作便宜适用的定制型人工假体。但这样的系统工程靠一己之力是远远无法实现的。人体骨骼精密复杂而又各不相同，每块骨骼和每个关节在不同姿势下的受力状况也都不相同，无论对哪段骨骼或关节进行替换,都需要对其受力和运动特点做出精准的测算,这是力学研究要解决的问题。而制作人工骨与关节所使用的材料,又属于材料学的范畴。要设计出符合个体需要的人工骨胳并成功地植入人体,需要医学与工程学、生物力学、材料学等诸多学科的结合。

这种多学科的交叉研究,进展异常艰难。从 20 世纪 80 年代初,九院骨科实验室就一直保持有工程师在室内工作,没有间断过。戴尪戎的话很形象:"医工结合就像谈朋友一样,不同背景、不同专业走到一起从事科研工作,并且要形成碰撞,产生思想火花,还要进行互补合作。这当然需要一段时间相互了解,建立共同语言后,才能取得成果。"

80 年代中期,已经在骨科领域颇有成就的戴尪戎赴美国留学,学成回国后,他把国外医工结合最先进的理念带回到这间小小的实验室里,在这里,医学与工程学、材料学和其他前沿学科,一次次实现了成功联姻,一个个身处绝境的病人也因此获得了重生。在他的带领下,20 世纪末,一套完善的计算机辅助个体化人工假体的设计、制作和应用流程成功用于临床。

2002 年,一位来自江西的病人,右侧骨盆生出了一个头颅大小的肉瘤。按常规治疗,他将被截除右侧下半身和右侧下肢。戴尪戎打算给他施行人工半骨盆置换以保全他的臀部和下肢,重建运动功能。然而,传统的半骨盆假体很难与患者残留骨盆完全吻合,有很高的失败率。在上海交大王成焘教授等专家的合作下,用计算机信息技术取得患者骨盆的数据,再通过快速原形等手段用纸状材料叠加重建了一副与病人骨盆完全一样的骨盆模型。在模型上进行模拟半骨盆切除,然后进行计算机辅助设计和制造出与病人残留骨盆精确匹配的半骨盆假体,再在骨盆模型上进行模拟安装和改进。随后,戴尅戎亲自主刀为病人做骨盆置换手术,术后一个多月,患者便能下地行走了。

医工结合诞生出了丰硕成果,为那些特殊需求的病人定制个体化假体,以满足重建身体结构与功能的需求。戴尅戎团队的医学成果是"独一无二"的,因为他为每一个病人安装的人工假体互不相同,完全个体化,一个萝卜一个坑。而每一次"独一无二"的成功都需要戴尅戎和他的团队耗费大量的时间和精力。

几年前,一位母亲带着 19 岁的女儿前来求医。漂亮的女儿从小一条腿严重畸形,不能着地走路,治疗难度特别大,许多医生看了说没法治。母亲不知找了多少家医院,无人能治,最后找到了戴尅戎。戴尅戎一句"确实没见过"让这位母亲心里凉了半截,但戴尅戎却接着说:"让我们共同努力,我再和同事们商量商量。"

这句"再商量商量"给了患者巨大的希望,但也耗费了戴尅戎莫大的精力。女孩的小腿骨和大腿骨分别有畸形,更严重的是,大小腿之间的膝关节有 60 度以上的旋转,下肢就成了麻花形状,当膝盖朝前时足尖部朝向外方,而且膝关节只能伸直到 90 度。仅仅纠正膝关节扭转畸形,就要切断所有的关节韧带,而这样一来,关节的稳定性将几乎完全丧失。同时,还要把膝盖骨移到前面去,并且纠正大腿骨和小腿骨的畸形。女孩腿骨多处生长肿瘤,导致扭曲变形,不但要切除肿瘤,植入人工关节,同时还要能对腿骨进行矫形,但没有一种现成的内植物能同时精确地完成这些任务。

披荆斩棘,方显英雄本色。最终戴尅戎和他的团队首先借助于"快速原形"技术,做出了女孩全下肢畸形的模型,在模型上对畸形进行逐个分析并制订了治疗计划和相应的内植物设计。传统的矫形钢板、制约式长柄人工膝关节加上少量特殊部件,集成为一组个体化的内植物系列,成功地按术前计划有序地一次完成了矫形。1个月后,女孩10多年来第一次在拐杖帮助下双下肢着地走路。手术后11个月,她已在大学里读书,生活和以前大不一样了。一般不用拐杖,必要时用一根拐杖走路和上下楼梯。2010年女孩来上海复查,还逛了世博园。

戴尅戎进行短柄髋假体的力学测试

设计制作个体化人工关节,所花的工夫要比通用型大得多,因为要根据病人的骨骼形态、缺损情况,度身打造最适合的假体。从设计到制造的整个工艺流程非常复杂,要花费大量时间、精力和资金,一般公司不会愿意去承受,因为这仅仅是针对一个特定的人群,而且往往是特定的一个人,利润空间是很小的。

如果不把解决病人的难题作为一种追求,就会安慰一下病人,不作努力,放弃算了,那创新也就不存在了。因此戴尅戎一直说他创新的原动力其实来自病人。他对病人有深厚的爱心,理解、同情病人的痛苦。他说实际上好多人做一件事的时候,离成功只差一小步,但他们却看不到,在离开成功一步之遥的时候退缩了。只有最后再努力一下子的人,才能到达成功。现在,由戴尅戎、王成焘领衔的团队,正在为"个体化产品批量化生产"的目标前进。近1年多来使用的个体化产品是由许多共性化部件与少量定制性部件组合而成,加快了制造周期,节省了成本,还更有利于保证质量。引入了3D金属打印技术以后,可以用3D打印机根据计算机辅助设计直接打印出假体,使治疗质量又取得巨大进步。

化魅力为引力

法国文学大师罗曼·罗兰认为:称为英雄的,并非靠思想和强力称雄的人,而是靠心灵而伟大的人。大家虽然与英雄不同,但道理是一样的。大家并非那些靠权力强迫别人称其为大家的人,而是靠人格魅力吸引他人的人。

戴尅戎喜欢广交朋友,尤其喜欢与专业领域之外的人士交往。1978年的一天,上海钢铁研究所的杨海波工程师来九院口腔科作讲座,介绍了一种用于飞机或宇宙飞船的金属

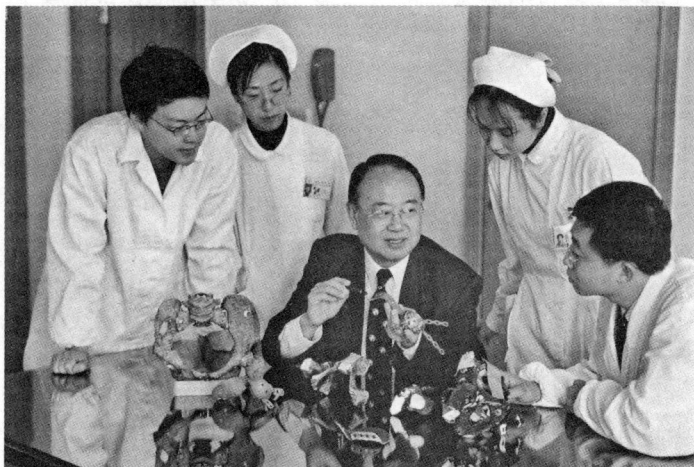

戴尅戎与工作团队

材料。散会后戴尅戎正巧在候诊大厅里碰到了这位工程师，他主动搭讪，短短 5 分钟的沟通，双方一拍即合，享誉世界的形状记忆合金人体"订书钉"就此诞生。

　　戴尅戎最早的一批学生，如今都成了九院骨科骨干，他们跟了老师 30 多年。在他们眼中，老师就是自己的兄长。他对这些学生，都像大哥对小弟那样照顾。20 世纪 80 年代初，国内医学界西风压倒东风，有点才华的小医生，都想着出国深造。当时，各大医院许多刚工作几年的青年医生就是以这样的方式"人才流失"了。戴尅戎手下的学生，几乎全都在那个时期出过国，但没有一个滞留海外，他们全都回到了老师的身边。

　　戴尅戎的办公室外间是一间会议室，陈设简单，一副人体骨架，一架投影仪，此外就是一张拼接而成的硕大会议桌，上面罩着白色的桌布。桌旁坐着一位老先生躬着背裹在白大褂里,聚精会神地看着手中的资料,他身形有些发福,满头银丝显得有些乱,脸上微微罩着一层疲倦。眼前这位院士像邻家大伯一样笑容可掬。那么,这个模样平凡的老人为何有如此大的魅力,让几乎所有认识他的人都那么始终如一地跟随他呢?或许他自己的感悟能解读这一切。

戴尅戎说他最喜欢的艺术家是伟大的音乐大师贝多芬。做医生和搞艺术其实是相通的。贝多芬一生作曲无数,却无权无势,但其拥趸数以亿计。罗曼·罗兰更是在其《名人传》中将贝多芬树立为英雄,这是对传统英雄史观的颠覆。贝多芬一生坎坷多难,晚年连耳朵都聋了,但他不向命运屈服,靠自身的努力把握自己的命运,其第三"英雄"交响曲、第五"命运"交响曲、第六"田园"交响曲、第九"合唱"交响曲,以丰富的情感,大气磅礴的气势,及对民族、生命等命题的激情诠释,获得了世人情感上的共鸣。

戴尅戎的生活经历本可以没有那么跌宕起伏,他的医学道路还可以走得更为顺利。父母都是医生,他从医是家学渊源。他本来可以选择跟着父母一路安稳地走来,也许现在医术更为精湛。可是,他却有点"不安分":年轻时,可以留在大城市的他偏要到偏远地区去吃苦;有机会调到条件好的大医院去工作,他偏要选择到不熟悉的地方白手起家。在九院,他更是"不安分",总喜欢给自己出难题、找别扭,好不容易"熬"到院长了,却又嫌政务太忙,没时间搞科研,多数时间仍然待在病房里。问他为什么要这样做,他回答:"没有这些个不安分,就不是今天的戴尅戎了。我就是喜欢给人看病时的那种感觉！"

贝多芬的《第七交响曲》，是他九部交响曲中最独具特色的一部，乐剧大师、交响诗之父瓦格纳对这部交响曲推崇备至，认为作曲家已经可以做到抛弃凡尘俗念，一心沉浸在音乐创作中，享受着音乐的快乐。戴尅戎就是在谱写他自己的第七交响曲。他说："我并没有感觉到我有多困难多艰苦，因为我喜欢做这行，所以我只有快乐！我快乐，我身边的人就会感到快乐，事情也会做得出色！"这或许就是他魅力的源泉。

化荆棘为花园

1981 年 9 月，在上海第二医学院附属九院手术室内，一台骨折固定手术被载入医学史册。患者分裂成两瓣的膝盖骨，被几支看似平平无奇的小钉子咬合在了一起，这种钉子被称为骨骼的"订书钉"。

这枚有记忆效应的钉子如果放到冰水里面去，在低温下就可以用扩张器把这枚钉子撑开，它的跨距比起原来就要大得多。然后如果再给它加温，钉子就会像变魔术一样，缩到原来的形状。在手术中，用降温伸长的钉子固定骨折两端，然后复温，就能对骨折进行加压固定。这神奇的"订书钉"后来被国外专家誉为"魔术般的金属制品"，制作它的材料叫形状记忆合金，曾被应用于航空、航天工业，而世界上第一个把它引入到人体内部治疗疾病的医生，正是戴尅戎。

在别人眼中的荆棘领域、研究陷阱到了戴尅戎这里，好像总有办法把它变成科研花园、研究乐土。材料的形状记忆效应是美国人发现的,上海第二医科大学的生物材料专家做了动物实验。1978年起,戴尅戎与工程师、医疗器械厂共同设计制作了多种医学植入物,然后和同事们一起用在病人身上。结果他们共同获得了国家发明二等奖,戴尅戎成了第一完成人。他自嘲地说这有些讨巧。但科研就是如此,敢于站上前人的肩头,并且能够依靠团队,有所创新,戴尅戎的成功绝非偶然也不是巧合。

从47岁时将一枚会随着温度"闭合"的"订书钉"放入一位病人左膝盖处,实现了形状记忆合金"固定骨折"起,戴尅戎"用医学以外的技术解决医学问题"的种种神思妙想,一发而不可收。也正是由于善于借鉴前人成果,敢于开创全新工作,他领衔的上海第九人民医院骨科,从当年只有两名医生6张病床,发展成为国家重点学科、国家"211"工程重点建设学科和上海市医学领先学科。

"对于人生目标,我有过3句话——青年时'勤于探索',壮年时'精益求精',中老年时'明道优技'。今天我要加一句,加一句针对我现状的,就是'乐在参与'。"年过七旬,戴尅戎离开上海第九人民医院院长的岗位已经很多年了,现在又过了八旬,他更乐意像现在这样,在医、教、研的第一线工作。他说自己不一定要挂"头牌",不一定要求"功名",只要"挨得进去(能够参加)就行",他工作的热情、创新的动力仿佛永不枯竭:

——在国际上首先将形状记忆合金制品用于人体内部,相继研制的"加压骑缝钉"、"锯齿臂环抱内固定器"等,大大提高了困难的关节内骨折、长骨干骨折、假体周围骨折的治疗成功率，曾在全国 340 多家医院推广应用。

——在国内率先开展微机化人体步态和平衡功能定量评定，使骨科检查及功能评定由定性上升到定量水平。在国际上首先提出"应力松弛接骨板"、"选择性应力遮挡"等概念，为推进我国骨科生物力学研究作出重要贡献。

——在国际上首先研发了应用于人工关节固定和肿瘤刮除后骨缺损修复的"骨粒骨水泥"。开创性地提出"优先区定制"概念，实现了计算机辅助定制型人工髋、膝、肩、踝、肘、腕、骨盆、长骨假体，为众多严重关节毁损和肿瘤患者争得了重建关节骨骼、恢复肢体功能的机会。

化行动为教材

2005 年 9 月，现任中国科学院深圳先进技术研究院转化医学研究与发展中心执行主任、硕士生导师的张鹏，怀着美好的憧憬来到了上海交通大学医学院附属第九人民医院骨科，在恩师戴尅戎的指导下开始了博士研究生生涯。3 年之中亲历了恩师孜孜不倦的教诲，直到毕业工作后仍然激励着他不断奋进。点点滴滴的记忆如同流淌的小河，不时泛起闪亮的浪花。张鹏认为"谈笑杏林，举重若轻，追本求源"是对恩师戴尅戎学术思想及临床带教的最好写照。和蔼可亲的话语处处流露着他对学生和晚辈的关爱和鼓励，仿佛置身于杏林深处，谈笑间传道授业解惑，让后辈在以后的经历中逐渐领会其中的奥义。

　　张鹏的话代表了戴尅戎的学生们对恩师的感受。戴尅戎教导学生"举重若轻",将复杂而棘手的临床问题简明化,提取事物的主要矛盾加以解决,是辩证法临床应用的典范。"学高为师,身正则范",他始终是引导学生前进的指路明灯。

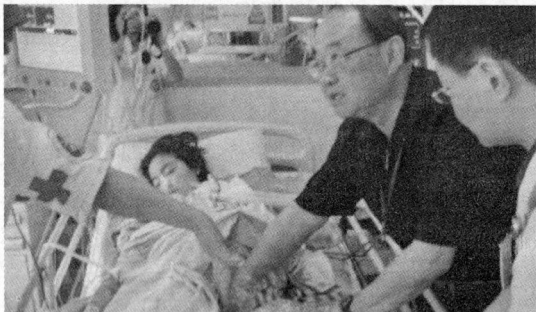

戴尅戎在汶川地震期间救治伤员

　　上海交通大学医学院附属第九人民医院骨科护士长杨志英,在日常的临床工作中与戴尅戎的接触颇多。她说:"戴医生很喜欢别人用'医生'称呼他,因为这代表了病人对临床工作者的信任和期待。""大医精诚"是对戴医生临床生涯的最好概括,他以一颗为患者的安危而时刻跳动着的热忱之心,无时无刻不在感染周围的人。2008年,汶川地震中,戴尅戎作为专家亲临一线,不顾个人辛劳和安危,其忙碌的身影感动了伤员和同行。高超的技术、超人的胆略使他创造了一个又一个医学奇迹。新时代的"大医"精神在戴尅戎的身上得到了最好的诠释,也成为医学晚辈争相效仿和学习的楷模。

　　凡见过戴尅戎的人,无一不为他的风度气质和人格魅力所折服,那是一种大师风范。戴尅戎可谓才华横溢,出口成章,似乎他身上的每一个细胞都渗透着学术和文采。年轻医生们都表示,跟随戴尅戎查房,不仅学识长进,而且也是一种艺术享受。一种骨科疾病,一种检查手段,一种手术方法,其历史演变、当代进展等来龙去脉,经他细细讲解,可以让人过耳难忘。

戴尅戎就任世界华裔骨科学会主席

如果说戴尅戎的人文底蕴厚重而深邃,那么他的手术在后辈们的眼中更是一部值得回味的艺术品。手术方案时常在戴尅戎头脑中不断升华,进而折射出一种艺术感。手术中的戴尅戎,一改其平时的沉稳斯文,每个动作都是那么迅速、准确、细致、到位,每个动作都做到脑、眼、手、口协调一致。在戴尅戎手下,手术似乎变成挥洒自如的艺术创作,助手们在悉心学习的同时也得到了美的享受。细节可以决定成败,细心的戴尅戎在手术前还会亲自在病人身上用龙胆紫定好切口入路,有时还会在术中关键步骤放慢操作节奏,甚至会反复对比或透视一下假体的位置如何。这在一般医生眼里,可能觉得是多此一举,但殊不知"工夫在诗外",戴尅戎就是这样一位呵护生命的医学大师,润物细无声。在他身上映射着医生善良的品质、丰富的心灵以及高尚的灵魂。

戴尅戎的治学严谨更让医学后辈们深有感触。一名年轻人请戴尅戎帮忙审修一篇骨科专业文章,他一口答应,并很快在电话中告知文中存在的问题,应该如何解决和补充材料,后又寄来修改稿,文稿上他用铅笔作了密密麻麻的修改,有几十条之多,包括遣词用句都一一斟酌,甚至细到咬文嚼字,连标点符号也不放过。特别是文中有一处统计数字似乎有误,戴尅戎发现后又反复琢磨,确信肯定有问题时才明确指出,并再三叮嘱作者要及时更改。

戴尅戎"为学不作媚时语",总有一股"英雄气",纵横捭阖,在人工关节、髋部损伤、老年骨质疏松、形状记忆合金在骨科临床应用等领域,先后获国家发明二等奖、全国科技进步二、三等奖等30余项。他还是我国首例计算机辅助定制型人工髋关节与半骨盆的设计者和临床应用的开拓者。优秀的大师可以改变人的一生,戴尅戎首先完善自己,同时也改变影响着很多人。

如今的九院骨科,有着一批德艺双馨的医师,有的已经是有特长的专家,他们都是戴尅戎的学生,不少人跟了他二三十年。谈起老师,学生们第一反映不是老师取得的辉煌业绩,而是他与病患之间的故事。

上海交通大学医学院附属第九人民医院骨科主任医师孙月华说:"现在的床边 X 射线检查有较好的防护措施,甚至可以到隔壁房间去操作。但以前我们都是自己操作,手术时或晚间在病房里,熄了灯推着机器逐个病人透视或拍片,我们自己拿着片盒或荧光屏,陪着病人一起吃射线,病人偶尔被辐射一次,我们几乎每天要一二十次,如果没有奉献精神,是不可能坚持的,但戴医生带头做,我们小医生也学着做。"

上海交通大学医学院附属第九人民医院骨科主任医师郝永强说:"我们知道换药是年轻医师做的事情,年资高一点的就很少再换药了。但戴尅戎只要有空,他都会亲自换药,重点病人他会天天挤出时间换。这样的示范,令我们所有的学生都汗颜。只要对病人有好处的事情,他都愿意干。"

戴尅戎与《中国少年报》小记者们(2007年,上海)

2003年年底,戴尅戎当选为中国工程院院士。消息传到上海,许多熟识他的人,这样总结戴尅戎成功的三大因素:一是对病人的拳拳爱心,二是执著的敬业精神和耕耘不歇的奋斗精神,三是开阔的眼界和创新能力。戴尅戎行医50多年,从来没有间断过学习专业领域之外的知识。他身上总是带着卡片,一有想法就记在卡片上。卡片按分类存在卡片盒里,那是一个被分成几格的抽屉。有需要时,例如要报科研题目了,他就翻卡片,或者拿一沓出来,一张张像发牌一样看一遍。这些卡片绝大部分都是废纸,但只要看到一张有启发性的,可能就会带出一个有新意的念头或课题来。

2004年,戴尅戎受邀到母校南洋模范中学演讲,他送给全体师生这样一段话——公爵是靠他的出身成为公爵的。他是长子,他的爸爸是公爵,那他一定是公爵。那是靠命运,他恰巧生在这个家庭里。而贝多芬是靠自己的努力成为贝多芬的,他的儿子就不是了,他的爸爸也不是。他就是靠自己的努力,耳朵聋了还成为音乐家,能够写出交响曲。做贝多芬,做自己命运的主人,戴尅戎是这么说也是这么做的。

在选择与舍弃中构筑人生,是戴尅戎对自己大半生行医生涯的总结。他每一次做出选择,都喜欢把自己逼入艰难困苦的境地,而每一次走出困境,他又能征服一座医学高峰,领略到"一览众山小"的无限风光。

（徐　英　吴莹琛　朱伟燕）

执着、坚守、美丽的人生

——记中国工程院院士王红阳

王红阳(1952—)，生物化学和分子生物学家，肿瘤学家。山东威海人。1977年毕业于第二军医大学临床医学系，1984年获第二军医大学消化免疫学专业硕士学位，1992年获德国乌尔姆大学临床生化博士学位。现任国家肝癌科学中心主任，上海交通大学医学院附属仁济医院上海市肿瘤研究所癌基因及其相关基因国家重点实验室教授、名誉主任，第二军医大学国际合作生物信号转导研究中心主任、教授、博士生导师，东方肝胆外科研究所常务副所长、东方肝胆外科医院综合治疗二科主任，兼任国家自然科学基金委医学部主任、国家传染病重大专项技术副总师。2005年当选中国工程院院士，2011年当选发展中国家科学院(TWAS)院士。第十届、十一届、十二届全国政协委员。长期从事肿瘤信号转导的基础与临床研究，对肿瘤医学研究有重要建树。在国内外著名期刊发论文200余篇，总影响因子达1 345分，SCI引用达5 000余次，获国内外发明专利授权13项、国际专利2项。获国家科学技术进步奖创新团队奖、国家自然科学二等奖、上海市自然科学奖一等奖、上海医学科技一等奖、何梁何利基金科学与技术进步奖、亚太杰出女科学家奖和树兰医学奖(2015)等。被评为全国三八红旗手标兵和优秀学科带头人。

王红阳院士

从卫生员到医生，人生的飞跃

1952 年，王红阳出生在南京一个普通的干部家庭。17 岁那年，随着一列运送新兵的列车，王红阳前往大西北，开始了她的军旅生涯。在六盘山脚下进行了新兵训练后就作为一名卫生员被调去参加了中央医疗队，开赴宁夏最偏远、最贫穷的农村，开展农村妇女病普查。在那个年代里，由于贫困，不少农民全家只有一床被子，春夏秋冬只有一身衣服蔽体。由于缺乏计划生育意识，有一位年仅 38 岁的妇女却已经是 9 个孩子的母亲了。现实深深地刺激了王红阳，能为她们做些什么成了萦绕在她脑海的问题。

那个年代，年轻人都很单纯，特别在部队这样的环境下，没有攀比，没有名利，王红阳凭着不认输、不怕苦、勤学好问的劲头，开始了她的医学工作。开始时，她只是小小的卫生员，但是她总是要求自己再做些什么，再学些什么，对知识和技能的渴望，使她经常在做完自己分内的事情后，学习抽血、打针、输液、换药。甚至她学会了心电图，不单是会做，她还去心电图室，跟着那里的老师学会了读心电图。这时的她可能还没发现，医学的种子那时已经在她心中悄悄生根发芽了。

转眼到了 1972 年的春节，已经是一名护士的王红阳兴冲冲地回南京探亲。没想到迎接她的是不幸的现实，当时刚从"五七干校"归来不久的父亲被诊断为肺癌晚期。那年冬天,她只能眼睁睁地看着父亲逐渐消瘦,把鲜血一口口咯在地上,眼睁睁地看着父亲呼吸微弱直到一步步离开她。对于刚刚成年的王红阳来说,父亲的离世是个巨大的打击,也让她感到了在疾病面前的无能为力。

回到部队,整整一周,王红阳沉默不语,人生的选择在她面前展开,她第一次认认真真地考虑了她的未来、今后的道路。一天傍晚,王红阳鼓足勇气敲开了队长的办公室,泪流满面,却无比坚决地说:"我要当医生!"我们都说,能把职业和事业合为一体的人是幸福的,而在那时义无反顾地选择了医学这个职业,并在后来把医学作为了终身奉献的事业的王红阳是幸福的。

卫生员王红阳

对于他们这一代人来说,生命中的转折点是和中国历史相连的。1973年正是这样一个转折点。这一年,邓小平同志复出主持工作,全国高校恢复招生考试,王红阳被推荐参加考试。她多么珍惜这来之不易的机会啊,考前半个多月,几乎每天只睡两个小时。功夫不负有心人,王红阳终于以高分考取了第二军医大学军医系。4年里,王红阳心无旁骛地专心于学业,毕业后,终于如愿以偿地圆了医生之梦。

自此,王红阳的人生展开了全新的一页,治病救人,解除病人的痛苦,成了她一生的主题。

从临床医生到基础研究,华丽的转身

从内科的轮转医生到消化科的专科医生,王红阳一路认认真真,全心全意地投入到了医生这个神圣的职业中。日日夜夜学习,不计休息和报酬的工作,使她逐渐掌握了扎实的临床基础,在临床工作中崭露头角,但是困惑也随之而来。她用心给每一个患者看病治疗,可事实上面对消化道肿瘤,临床诊断与治疗中许多问题得不到解决。原来的问题悬而未决,而新问题又层出不穷。很多时候,王红阳面对消化道肿瘤患者的病情变化束手无策,很多病人在发现肿瘤时已经是肿瘤晚期。王红阳面对大量饱受病痛折磨的病人和心力交瘁的病人家属,她一次次强烈地感受到人们遭受亲人离世时的那种无助与悲痛。她以医生身份坐在消化内科的诊室里,思绪万千,一位位就诊的患者竟让她眼前一次次地闪现出父亲的身影,还有宁夏田埂上那位可怜的农妇……

她发觉,单纯地当一个临床医生已经无法实现她治病救人的愿望。只要基础研究没有突破,那么医生在很大程度上其实是无能为力的。临床水平的提高必须有基础研究成果的依托,只有基础研究有所突破,应用技术才能有所飞跃,临床诊断才能有更先进的技术,临床治疗才能有更有效的药物。在临床工作第一线的王红阳越来越意识到科学研究的重要性,一个念头在王红阳心中暗暗形成。

她开始关注生物学、细胞学等医学领域前沿的最新动态,并成为发烧友。为了尽快掌握医学发展的前沿信息,王红阳千方百计搜寻追踪国内外的最新文献。当年大学毕业生的月工资才 54 元，为了换回一本英文原版的《内科学》，她花去了几乎一个月的工资，咬着牙一页一页地啃这块硬骨头。她每星期都把翻译的内容请老教授邓琨等专家修改，令她深深感动的是，邓教授不辞辛苦地逐字逐句地帮她把关。

有一件事，让王红阳至今记忆犹新："改革开放后，二军大办起了外语培训班。当时学校规定只有主治医师才可申请参加培训班的考试。这可急坏了我，情急之下，我去找杨院长提意见，希望校方也应该给年轻医生学习机会。我非常荣幸地遇到了一个思想开明的好领导。杨院长并没认为我的做法冒犯了领导，而是把我的意见认认真真地装进了心里。"结果，她十分争气地成为二军大那拨同龄人中第一个考上外语培训班的学员。为了参加上海市的培训班，执著的她白天坐一两个小时的公交车辗转于市区高校，忙着学外语充电、听讲座追逐生物医学前沿，晚上还得回医院坐诊，而当时的王红阳已经是怀有身孕的准妈妈。这些连续不断地"充电"与"吸氧"为王红阳日后考取研究生乃至出国留学做好了充分的准备，同时，执著也成为她以后一贯的学习、工作的作风。

为了实现她治病救人的理想，为了解决临床上很多令她困惑和束手无策的问题，王红阳选择了消化免疫这一临床与基础相结合的专业作为自己的硕士研究方向。1981 年至 1984 年，王红阳在第二军医大学消化免疫学专业读完了 3 年的硕士研究生课程。她在张国治、孔宪涛两位教授精心指导下完成的《肝炎免疫调节》硕士论文，获得了"全优论文"的评价,并有幸被推荐作为第三世界优秀青年学者代表,参加了1985 年在加拿大多伦多召开的国际免疫学研讨会作学术交流。一个星期的国际交流会议让第一次出国的王红阳大开眼界,看到自己的祖国与发达国家在科研上存在着不小差距,更激发了她奋起直追的勇气。

1989 年,在时任第二军医大学副校长的吴孟超院士和中德医学会主席裘法祖院士的大力推荐下,王红阳以优异的考试成绩获得了留学德国的机会。"9 年留学生涯,我的人生之旅开始了一个新的航程。从此,我与基因、与生物信号转导结下了不解之缘。"一个优秀的临床医生开始向优秀的基础研究学者的转变,成就了一段华丽转身。

从失败到成功,自我挑战之路

乌尔姆大学位于德国南部的巴符州,其所在的乌尔姆市是著名科学家爱因斯坦的出生地。在这座简朴的德国小城,王红阳度过了留学生活中最艰苦的三年。

王红阳深知我国是世界肝病发病大国,又是世界上肝癌高发地区,肝癌治疗困难,病死率高,被称为"癌王",是我国医学界基础和临床研究中面临的重大课题。她再一次转变专业,成为一名"临床生物化学"博士,开始对"癌王"发起全面挑战。

博士毕业后,她进入慕尼黑的德国科学院马普生化研究所做博士后研究。从此,她把探索的触角伸向一个更艰深、更前沿的领域——生物信号转导。在那里,她尝到了失败的苦涩,也品味了成功的喜悦。

时光在一点点地流逝,实验在一天天地进行……在这优越的科研环境和浓厚的学术氛围中,她的思维像长了翅膀,在奥妙无穷、变化莫测的生物王国里尽情地飞翔。探索的欢愉常常使她忘却了休息、就餐,更无暇光顾慕尼黑郊外那迷人的大自然风光。

王红阳认为,科学研究始终要给人以最大的关注,要热爱生命,要甘于寂寞,才能乐于将一生中最美好的时光、所有的激情和爱恋都奉献给科学事业。正是这种对生命的体验和感悟,让王红阳的人生远离名利和平庸,不懈追求,不断地攀登一座又一座科学的高峰。

1995 年 6 月 1 日,是王红阳生命中最刻骨铭心的日子。经过 500 多个日夜反反复复的实验,王红阳终于发现并克隆出了一个新的基因——胞浆型酪氨酸磷酸酶,并把它定名为"PNP - 1"。这标志着王红阳在与基因的漫漫对话中,实现了零的突破,取得实质性成果,具有里程碑意义,而且这个胞浆型酪氨酸磷酸酶,是当时人类发现的磷酸酶基因中最大的一个,有 8 000 个碱基。

当她兴冲冲地向马普生化所所长、德国导师 AXEL ULLRICH 报告时,导师却说,这个新基因被一名日本科学家刚在一个星期前发现了——载入史册的是日本科学家命名的名字,叫 BAS。王红阳一下子懵在那里,脑子里一片空白。周围的一切似真似假,恍恍惚惚,仿佛不存在了一般。

科学研究只承认第一,其他的无话可说。

王红阳泪流满面。但是,第二天她又开始了新的长征。

王红阳在德国马普生化研究所

她把自己关进了实验室，吃、住、学习，死死地傻傻地钉在那里，陷在那里。一位老德国博士对她说："别做了，肯定找不到新的磷酸酶基因了，不要浪费时间劳而无功了。"倔强的她坚信：别人能发现的，我们也一定能。比的是智慧，是毅力，是坚持，是等待。她性格中执著的特点又开始发挥作用。事情要么不做，要做就做到底。

　　也许，一个人的性格里是需要一点"把牢底坐穿"的傻劲。坚持性就是忠诚性。而这些，恰恰是力量感的来源。或者说，是骨头里的钙质，是精神的高度，是性格深处的力量感。令人感动的也正是这种一心一意，而恰恰不是聪明。

　　正是这种内在烈性、韧性和爆发力，王红阳才会在经历了被日本人先一周发现基因的打击以后，依旧不放弃，依旧坚持。"雄关漫道真如铁，而今迈步从头越"，一切不过是重新来过。人生之中一些意外的事情，需要有点傻气才能从中摆脱。

　　山重水复千万次，峰回路转姗姗来。

　　1996年初冬，王红阳终于在世界上首次从胰腺癌中克隆出PCP-2，即受体型酪氨酸磷酸酶，并提出MAM型酪氨酸磷酸酶家族新的概念。这一成果获得国际专利，并以王红阳的命名在世界人类基因库登陆。王红阳与她的同事又陆续发现了免疫抑制受体SIRP（信号调节蛋白）、受体型酪氨酸磷酸酶BDP-1、受体型酪氨酸磷酸酶PCP-1等新的重要功能基因，丰富了人类对基因的认识。

　　回顾这段激情澎湃、刻骨铭心的岁月时，王红阳并没有觉得自己有多么了不起。她说："科学研究本来就是要做别人没有做过的，而不是重复别人的成果。科学研究需要热烈的追求，需要不断的激情投入，需要有做研究的坚定的意愿，需要坚持不懈的精神。更重要的是，科学研究需要平和的心态，需要做好失败的准备和长期探索的准备。没有接受失败的勇气，没有耐得住寂寞的心态，就没有办法做好研究，也就没有办法得到最后的成功。而作为一个科学研究者，最幸福的时刻莫过于在经历了漫漫的探索研究之路后，终于可以把自己的研究成果展示在世人面前的时刻。这样的幸福最为珍贵，最为释怀。"

　　王红阳在德国科学院马普研究所的6年，还写了10多篇论文，她参与完成的《信号调节蛋白的负向调控机制》论文在著名的《自然》(Nature)杂志发表。王红阳的认真，契合了德国科学家那种认真到刻板的严谨精神，而一贯做人认真可信、做事踏踏实实的风格，以及准确的判断力与直觉，果断的行动力，更是受到德国导师Axel Ullrich教授的欣赏。他高

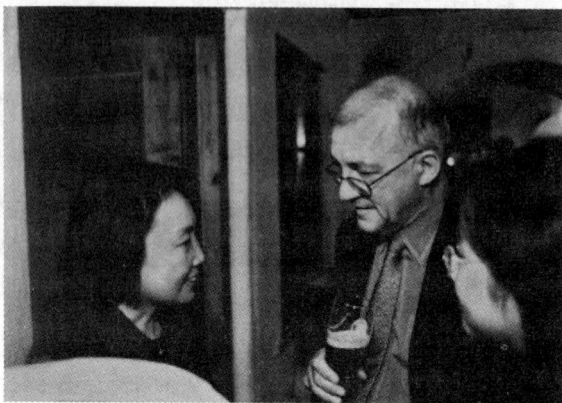

王红阳与德国导师 Axel Ullrich 教授

度评价王红阳的聪慧、能力和为人，"她的顽强决断能力，主动进取精神，对科研工作的渴求和奉献精神，使她超出我 25 年科学生涯中所交往的 90％的同行"。

报效祖国，组建一流团队

身在异国他乡，心系国家安康。王红阳带着在德国争取的 250 万元科研经费和仪器设备，于 1997 年回国创办了"国际合作生物信号转导研究中心"，向治疗困难、死亡率高的"癌中之王"——肝癌发起了全面挑战，致力于肝癌发生发展分子机制和早期诊断的研究。次年该中心被评为"全军医学重点实验室"，以后又筹建了 42 张病床的综合治疗病区，形成国内外两个研究基地和基础、临床交叉结合的崭新发展模式。

　　为提高肝癌的诊断和治疗水平，她首先开展肿瘤标志物的筛选，寻找特异性高、敏感性强、稳定性好的肿瘤标志物，从肝癌组织中分离和鉴定了肝癌高表达基因 MXR7/GPC3，从临床大样本验证到动物模型观察，详细论证了它在肝癌的表达与作用的特异性，尤其是在 AFP 阴性肝癌中的诊断价值，现已获得国内外的发明专利，开始产业化研发。

　　恶性肿瘤是一种多基因参与的复杂疾病，不同肿瘤有不同的标志物，不同阶段的肿瘤也有不同标志物。王红阳经分析认为，对肿瘤分子分型更有价值的是研究和确定特异性的肿瘤标志物群，她带领实验室人员运用基因芯片、双向电泳、色谱/质谱联用等技术筛选出一批新的、具有潜在肿瘤标志物价值的分子，对避免肿瘤"漏网"及临床分型、分期，指导治疗起到了积极作用。紧接着，她针对肿瘤磷酸化网络调控的前沿研究取得了重大成果，发现和鉴定了一组具有磷酸化调控作用的新的功能基因，丰富了人类对肿瘤发病机理的认识，为研发新的肿瘤诊疗策略提供了新的靶点，为肿瘤防治提供了新思路，得到了国际同行的认可，获得 2006 年度国家自然科学二等奖。

　　现代社会，越来越强调团队的重要性，有团队的合作感才有团队的力量感。优秀人物，必须带出一批优秀的团队。王红阳始终把打造一流的科研团队作为科研成果的人才支撑。

　　学生鄢和新在攻读硕士学位期间，展现出了在生物信号转导研究方面的特长和才华，王红阳便想把他留下来。但鄢和新留校工作时遇到了极大的困难，王红阳一次次做工作，前后用了 3 年时间,终于把鄢和新从原单位"挖"了过来。现在,鄢和新已经成为科室的学术骨干,每年都有高质量的论文发表,并以第二作者获得了国家自然科学二等奖。

34 岁的课题组长丁劲来自内蒙古,在纽约大学医学院生命科学系信号转导专业联合培养深造,他动情地回忆 2006 年纽约冬天,大雪纷飞,当时自己正在为去留问题纠结不下。获悉王红阳的"恶性肿瘤磷酸化调控的信号转导研究"项目获得 2006 年度国家自然科学二等奖,于是试探性地给王红阳打电话询问要不要人,他心情忐忑不安,也很迷茫。电话那头,王红阳结合自己留德 9 年的经历与心情,以及回国的感受,与他讲了好多,启发鼓励,声音亲切。"通话后心情很温暖,很难忘,心一下子踏实了,坚定了回国的决心。科研最重要的是研究的方向,王院士为我们提供了研究方向,我们是跟对人了。"是啊,有方向感才有热忱感,才有投入感,前方有个目标,心里有股劲,日子每天有进展,有盼头,有奔头。

王红阳说:"严谨诚信,既是做人的基本,也是科学家最基本的素质。"

因为工作忙,王红阳有时不能集中大量的时间指导学生,便制定了严格的管理制度:定期抽查学生实验记录;重要结果换人重复实验结果确认结果可信度;研究生实验结果定期汇报及前沿论文阅读汇报制度。利用这些小讲座、周汇报、定期抽查实验记录的机会,培养学生们的严谨学风和科学思维。她还利用学术交流的机会,经常邀请国内外知名学者给学生讲课。2001 年,诺贝尔奖获得者杨振宁教授在兴致勃勃地参观了王红阳的实验室后说:"这是一流的实验室,希望将来能介绍学生到这里做研究。"

　　在国际生物信号转导中心，王红阳要求每年选出一个"最勤奋奖"和一个"最佳合作奖"。她总是说：科研只承认第一，所以勤奋和努力必不可少，而"最佳合作奖"是想告诉年轻人做人要甘于做第二、懂得配合与协作。

王红阳在实验室

　　十多年来，王红阳利用自身优势多方引进人才，先后培养了硕士、博士以及博士后共计 100 余名。她领衔的生物信号转导实验室也多次获得国家科技计划执行突出贡献奖、何梁何利基金科学与技术进步奖、军队科技进步一等奖和上海市医学科技一等奖等；学生中多人入选国家"青优"、上海市浦江人才计划、上海市科技启明星人才计划、上海市曙光人才计划、明治乳业生命科学奖等，荣立集体一等功一次、集体三等功三次，打造了一支年轻、高素质的人才队伍。

科研中的严师，生活中的慈母

"学生们都很怕我。"王红阳说，"在学术和技术操作方面我对他们要求很严，犯错的男孩子也有哭着离开我办公室的。在和学生们讨论课题的时候，我总会连续问3个'为什么'，虽然这种'咄咄逼人'会给学生带来不自信甚至是畏惧，但是严格训练却会使他们更严谨、成熟，从而更加自信。"

王红阳要求学生在做实验的时候，做好每一次的原始记录，并定期进行检查。保证科学的真实性，"不允许实验与数据有水分，从我这里出去的每一个数据都要经得起检验"。她用这样的方法来培养学生严谨的作风、科学的思维方式。"科学家最重要的素质是严谨，粗枝大叶不可能成为科学家。"对于学生论文，更是要求他们精益求精，不允许随意马虎应付。王红阳经常对他们说："博士论文是一辈子的代表作，是一辈子保存在那里的，就像作家的成名作，一定要精益求精。要放在历史的框架中来看。导师不严格要求是不负责，严格就是负责。"

博士生陈瑶说："王院士治学严谨是出了名的，每次我们的论文送到她手中，都要进行仔细地修改，内容审查修改自不必说，就连图片制作、文字拼写方面的小错误都会一一指出。我的每篇论文都被王院士反复修改过，最后甚至面目全非。不过，这还算好的，经常有人被退回重写。"

就是在这样的导师带领下，整个实验室充满严格严谨的氛围，也使得王红阳的实验室成果累累，仅 2015 年度就以通讯作者发表 16 篇 SCI 论文，其中影响因子高于 10 的有 10 篇，包括《自然通讯》杂志和《肝脏病学》杂志等在她的研究领域最有影响力的期刊。

王红阳在组织学生学术攻关的同时始终教导学生们要有正确的科研心态，做研究要踏实，不能浮躁。"读研究生不是为了发表论文、拿个学位，而是要探索科学的奥秘，实实在在地解决临床病人的问题。"王红阳常常这样启发和要求她的学生，并且努力地培养学生对科学的兴趣和奉献精神。对于目前很多研究生和临床医生为了毕业或者晋升，草草地做个实验、写篇文章，甚至修改数据、抄袭论文等现象，王红阳院士非常反感，她说，科学研究有其特殊性，需要研究者有对科学的热爱和执著的精神，也并不是所有的人都适合做科学研究。对于临床医生而言，临床能力的培养非常重要，特别在年轻的时候，正是学习锻炼的大好时光，应该把时间用在

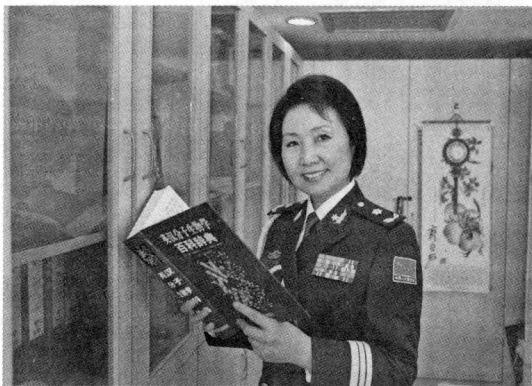

王红阳查阅资料

临床学习中。在工作一段时间后,才能明白什么是临床上最急需解决的问题,这时再去做科学研究更能把握课题,把科研和临床结合,真正造福广大患者。如果可以,让毕业的医学生先在临床上摸爬滚打几年,锻炼临床能力,然后再花3年的时间投入到科学研究中去。最后可以再有一次选择的机会,根据自己的能力、兴趣去发现自己更适合临床工作还是科研工作。

除了用心良苦的教育启发,王红阳还对学生倾注着慈母般的爱。

王红阳在繁忙的科研工作之余,还坚持亲自给学生上课、谈心,关心他们的学习与工作,关心他们的需要与诉求,促进了他们的快速成长。她常用自己的津贴给学生发奖金,为学生借房、落实待遇,为家属安排工作,已毕业分配出去的学生也常常来请求帮助和指导。她的学生一半以上来自外省,每逢佳节倍思亲。节日里,王红阳除了主动替回家探亲的学生值班,对留守的学生,王红阳则陪伴他们一起排解远离亲人的孤单。

实验的连续性经常让同学们错过吃饭时间。有一次,她看到一个家属来送饭,顿时深感愧疚,十分心疼。第二天,她就开始给学生们订工作餐,还去买了电冰箱、微波炉给大家使用。此后学生们即使做实验错过了饭点,依然可以吃到热腾腾的饭菜。

"崇拜王院士。"这句话是在读研究生们经常说的一句话,"王院士很能照顾每一个人的内心感受,即使是批评,也是不点名。要求学生做的,总是说:'我当时是怎么怎么做的……'她经常对我们说长大了要孝敬父母,你们现在是军人了，也有工资，过年过节再忙也要回去陪陪父母。"

"王院士在科研中是严师，在生活中像慈母。"学生任一彬说，"她非常注重丰富我们的业余生活，每到春秋，院士总是提醒组织学生们去郊游，她说平时忙碌的实验很枯燥，带大家出去看看风景，感受大自然的四季变幻，呼吸新鲜空气，回到实验室才能有干劲和灵感。"

王红阳除了在科研中对学生们要求严谨，也非常注重建设积极向上、丰富多彩的科室文化——她带领学生参加医院乒乓球比赛、篮球比赛，并获得了团体第一、单双打第一的好成绩；她组织学生们去郊游，照片中留下了她们一起开心游戏的笑颜；圣诞节晚会上，在她的鼓励下学生们自导自演，唱歌、小品、朗诵、舞蹈样样出彩；中秋佳节，她和学生们一起，每人做一个拿手菜，进行自助会餐，几十个地方特色的菜与点心一字排开在会议室，场面热闹，使学生们感受到家庭般的温暖。

借用实验室的学生们的一句话："爱科研，爱生活——是这位严师慈母教给我们的人生信条！"

别看王红阳对自己的研究生们、实验室的孩子们那么关心，对自己的孩子可真算得上"厚此薄彼"了。因为工作的特殊性，王红阳照顾家庭的时间非常少，出国、开会、加班加点是家常便饭。她总是挤出时间和儿子谈心，尊重孩子的选择，也让他有机会多接触社会。但是她也对儿子的要求非常高，言语间总会不自觉地严厉起来，在读博士的儿子经常会对母亲抱怨："你别老是把我当作你的研究生。"母爱是伟大的，而王红阳的爱分了好多份，让我们对于她作为一个大家的母亲的身份表示敬意。

宁静致远,感悟人生

王红阳认为,科学研究永远要对人给予最大的关注。如果你热爱生命,你就不会对科学无动于衷;你就会理解那些甘于寂寞的科学家们,为什么他们将一切都献给了科学事业,心甘情愿地忍受寂寞的煎熬。因为他们从单调的试管碰撞声中听到了病人的呻吟与挣扎,在漫长枯燥的重复实验中感受到了患者的期待与呼唤。正是这种对生命的体验与感悟,使她希望自己的生命能远离名利与平庸,以平和的心态面对诸多名与利的诱惑,不懈追求,去攀登一座又一座科学高峰。

"我怎会甘于平庸,打破常规的束缚是我神圣的权利。给予我机会和挑战吧……哪怕折戟沉沙,也要为争取成功的欢乐而冲浪。"这是王红阳非常欣赏的一段话。攻克肝癌任重道远,她将以此为激励,坚定地走下去,因为"有那么多的病人等着我们去救治,有那么多的难题等着我们去攻克,有那么多的挑战等着我们去迎接"!

经过了生命中的起起伏伏,品尝过了失败的苦涩、成功的甜蜜,找到了一条可以为之坚持奋斗一生的道路,王红阳的人生是美丽的。在她的生命中有着对人类生命的尊重,有着对理想的执著,有着永不言败的豪气,唯独没有对名利的追逐,没有轻言放弃的颓唐。美哉,壮哉,如此绚丽的人生!

(刘　黎)

临在病床边的医生
——记中国工程院院士宁光

宁光教授，1963 年 6 月出生，山东省滨州市人。1987 年本科毕业于山东医科大学，1994 年获上海第二医科大学博士学位，导师为陈家伦、许曼音和罗邦尧教授。现任上海交通大学医学院附属瑞金医院副院长、上海市内分泌代谢病研究所所长、上海市内分泌代谢病临床医学中心主任和国家代谢性疾病临床医学研究中心主任，兼任中国医师协会内分泌代谢医师

宁光院士

分会会长、《中华内分泌代谢杂志》总编辑、"*Journal of Diabetes*"共同主编及国际内分泌学会执委会委员。

宁光教授长期从事内分泌代谢病临床工作，在遗传性内分泌疾病与内分泌肿瘤诊治方面积累了丰富经验，同时致力于遗传机制研究，发现多发性内分泌腺瘤病 1 型、胰岛细胞瘤与肾上腺库欣综合征发病机制及致病基因，基于研究成果提出三类十种分子分型方法，规范并优化临床诊疗方案；通过大型队列创建生物样本库的研究模式，揭示中国糖尿病严峻形势及危险因素，并提出糖尿病及其大血管病变的临床防治新方案。宁光教授组织制定多部临床路径与指南共识，在 Science、JAMA 等 SCI 收录杂志发表论文 247 篇。2008 年、2010 年及 2012 年

分别获国家科技进步奖二等奖 3 项(2 项排名第一,1 项排名第二)。获评中国医师奖、吴阶平医药创新奖、美国临床内分泌医师协会 International Endocrinology Award。

"让病人获得健康,并把我获得的新知识与大家分享,这是我最大的快乐。"宁光院士出身于医学世家,从小就崇拜能够"起死回生"、创造生命奇迹的医生。1989 年宁光考取瑞金内分泌专业的研究生,师从著名的内分泌学家陈家伦、许曼音教授。1952 年,邝安堃教授带领他的两位学生陈家伦、许曼音通过嗜酸性粒细胞计数来评估肾上腺功能的工作标志着瑞金医院内分泌的起源,1957 年,他们成功诊治国内第一例原发性醛固酮增多症,瑞金医院内分泌从此走向辉煌。秉承创新求实、博采众长、海纳百川的精神,宁光从他的老师手上接过接力棒,带领瑞金医院内分泌开始新的征程。传承与创新,始终是宁光院士奋斗拼搏的主旋律。

"别人看病是对症治疗,他却喜欢追根溯源"

内分泌疑难杂症往往棘手,诊断疾病过程犹如侦探查案,须从蛛丝马迹中抽丝剥茧,层层筛查,找出病因。瑞金内分泌科主任王卫庆说,"别的医生看病只要能解决这个病人当下的症状就很好了,但是宁光教授看病喜欢追根溯源,这种执着的精神和由此获得的丰硕成果,使得我们每个人都受益匪浅"。

一次查房,主治医生向宁光汇报一位 30 岁左右的男性

宁光院士在样本库

甲状腺功能减退患者,已补充甲状腺素且效果很好。虽为例行汇报,但宁光还是很认真地为病人做甲状腺触诊体检,并问道"你们摸到他的甲状腺了吗?"又问,"为什么摸不到甲状腺呢? B超结果是什么?"B超显示甲状腺萎缩——这更让宁光警觉,立刻增加特异性的甲状腺显像检查,即碘131扫描,结果出乎意料,在正常甲状腺位置竟然没有甲状腺,却在舌根部有甲状腺显影! 原来这个病人是一例少见的舌根部甲状腺病例,由于甲状腺在发育过程中停留在舌根部,未能到达正常的甲状腺位置,因此不仅在正常位置找不到甲状腺,而且导致甲状腺发育不良而导致甲状腺功能减退,产生一系列的严重影响。这个病人30年的疾病总算得到了正确的诊断和治疗,但此前因为甲状腺功能减退而导致的身体和智力发育的损失已无法挽回。宁光说,"有些病是会隐藏的,医生问病的时候,就该多听、多想、多思考,透过现象见本质,想想为什么会产生这些症状,往往就会有新的发现。"

2000 年的一天,医院外科收治一名甲状腺肿大的 12 岁男生,主刀医生总觉得这个病人有点特别,于是邀请宁光教授会诊。这个病人长得很像"马凡综合征"的样子,四肢极为瘦长,而且脖子很粗,嘴唇特别厚,口腔内还有很多粘膜瘤。宁光将此例罕见病例转到内分泌病房,以期查清病因并进行更彻底的治疗。很快在临床上做出多发性内分泌腺瘤病 2B 型的诊断,宁光又为男生做外显子基因测序,发现他的 RET 原癌基因的第 918 位点发生了基因突变。最后病理证实,该患者是甲状腺髓样癌伴有粘膜神经瘤,正是多发性内分泌腺瘤病 MEN2B 型! 也因此,宁光通过基因诊断了国内第一例多发性内分泌腺瘤病。如今精准医疗是业界最火热的主题,

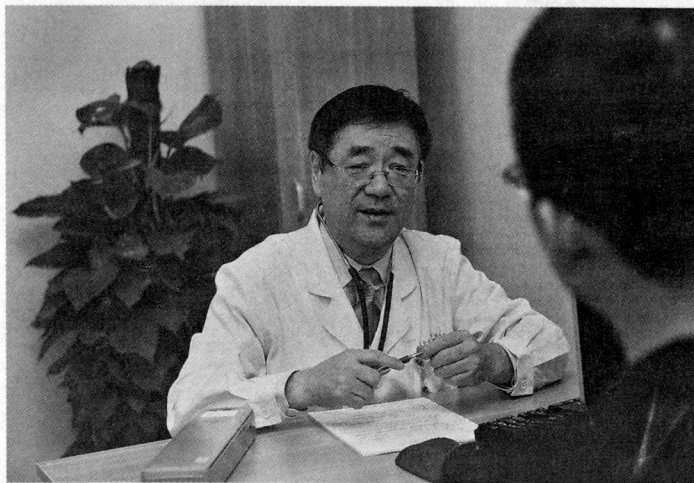

宁光在诊治

而宁光院士十年多前就已经开始身体力行基因检测和治疗，开始探索精准医疗的雏形。

在认识了这种疾病以后，宁光教授团队建立了基因诊断、整体治疗的理念，也因此诊断并治疗了多种遗传性内分泌疾病。内分泌病房里一位患有高血压的 65 岁女病人，每天吃四五种高血压药物也无法控制血压。每周三是宁光教授固定的查房时间，宁光问她："你结婚了吗？怀过孕吗？以前希望怀孕吗？"于是这位女病人讲述了自己多年求子却从未怀孕的故事，宁光立即为她开出一系列检测，最终确认这个病人是患有一种因为缺乏 21-羟化酶而导致的罕见先天性肾上腺皮质增生症，只需要服用低剂量的地塞米松就可以完全控制血压。患者出院时拉着宁光教授的手说，"如果我早三十年到您这里来看病就好了，我就可以做一名母亲了！"

还有一位 20 岁的"女"病人一直没有发育。初步检查，宁光教授发现病情并不简单，于是进一步核型分析。令人惊讶的是，"她"基因里竟然存在 Y 染色体！众所周知，人拥有 23 对染色体，22 对是常染色体，1 对是性染色体，"XX"为女性，"XY"为男性。这个女病人是男性！但由于"她"缺少一个相关酶的基因，体内无法合成雄激素因此无法正常发育为男性。在得知自己患上"17α羟化酶缺陷症"的病后，患者提出继续做一位女性的愿望，于是宁光团队通过药物帮助她发育，完成了她"从男到女"的蜕变。

甲状腺肿大、不孕症、不发育，以上三个病例虽然疾病表现各有不同，但都属于遗传性内分泌疾病。宁光院士清醒地认识到，长期以来由于该类疾病发病率相对较低而缺乏系统

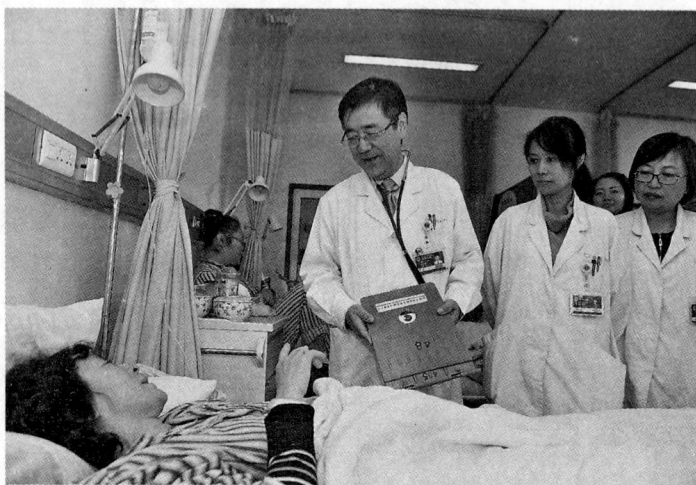

宁光在病房

性研究,常易误诊漏诊,必须有所改变!为此他经过 7 年潜心研究,在总结大样本临床病例的基础上,构建并逐步完善 3 大类、10 小类的分类体系,理清并提出全新的诊断思路,极大地提高了遗传性内分泌疾病的检出率。宁光又通过对临床诊治技术的整合与规范,形成程式化基因诊断流程,使该类疾病基因诊断的周期从 30 多天缩短为 4 天~6 天,疾病确诊率也由原来的不足 40%一举提高至 90%以上。目前,宁光团队已诊断出 30 种单基因遗传性内分泌疾病,发现 66 种基因突变类型,其中 26 种在世界上均属首次报道。同时,他们还在国际上首次构建病种丰富、管理规范的遗传家系库,这对保护遗传资源、探讨疾病发生机制及高危人群预防都有极其重要的意义。内分泌肿瘤种类众多,诊治异常困难,而其发病机制更是有许多未知。为此,宁光与他的团队在临床建立多种敏感的诊断方法，在提高诊断水平的基础上，又发现了胰岛细胞瘤和肾上腺库欣综合症的致病基因，并继而完成它们的分子分型，实践精准医学和个体化医疗的新理念。

为使患者获得更好的个体化、综合治疗，宁光早在十年前就率先建立了"内分泌代谢病学科群"，将心血管科、神经外科、泌尿外科、病理科、放射医学科等各科专家汇聚在一起，每周共同研究治疗疑难杂症的对策。也因此，瑞金内分泌成了国内的"疑难杂症终极汇聚地"。

"我喜欢做科研，跟别人分享崭新的知识"

"今天的临床知识大多是昨天的科研成果，而今天的科学研究技术必将走进临床一线，为民众的健康服务。"宁光坚

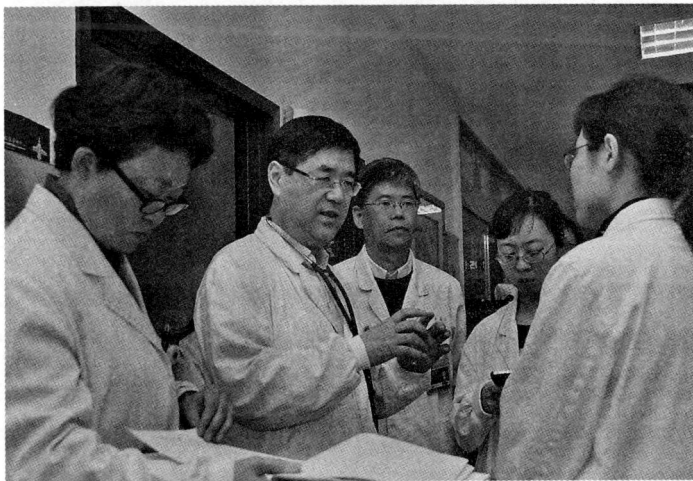

学术讨论中的宁光

信,要把握医学未来的发展走向,必须将临床和基础研究结合在一起。在临床发现问题,在实验室中解决问题,然后回到临床用于诊断和治疗,这是医学发展和进步的根本。

中国已经成为全世界糖尿病人最多的国家之一,为了寻找质优价廉的糖尿病治疗药物,宁光致力于中药治疗糖尿病的研究。黄连素,这个非常普通的治疗腹泻的药物,早在魏晋时的《名医别录》中就有记载:可治疗"消渴症"。经过两年的努力,宁光通过多中心、分层随机、双盲和安慰剂对照等方法,并结合高胰岛素正葡萄糖钳夹技术精确评估胰岛素抵抗状态,创新性地研究黄连素有效成分小檗碱治疗初发 2 型糖尿病合并血脂异常患者的有效性,并证实了黄连素的降糖作用,该篇论著得到国际同行高度关注。

上海已步入老龄化社会,许多病人同时患有多种疾病,尤其很多糖尿病患者都合并心血管疾病,糖尿病的药物对于这类患者有什么影响呢? 如何为广大糖尿病患者找到更安全,对心血管更多保护的降糖药呢? 为了比较双胍类和磺脲类这两种最常用的降糖药对 2 型糖尿病合并冠心病患者的长期影响,宁光教授进行了一项多中心、随机、双盲、安慰剂对照的临床试验,研究发现与格列吡嗪相比,连续服用二甲双胍 3 年能显著减少平均 5 年的心血管事件的发生,这也表明使用二甲双胍治疗有高危因素的 2 型糖尿病患者,可以使患者在心血管方面获得长远益处。

宁光还致力于通过大型队列创建生物样本库的研究模式,揭示中国糖尿病严峻形势及危险因素,他率领团队通过 3 个大型队列,建立有 45 万人 500 余份标本组成的瑞金代谢

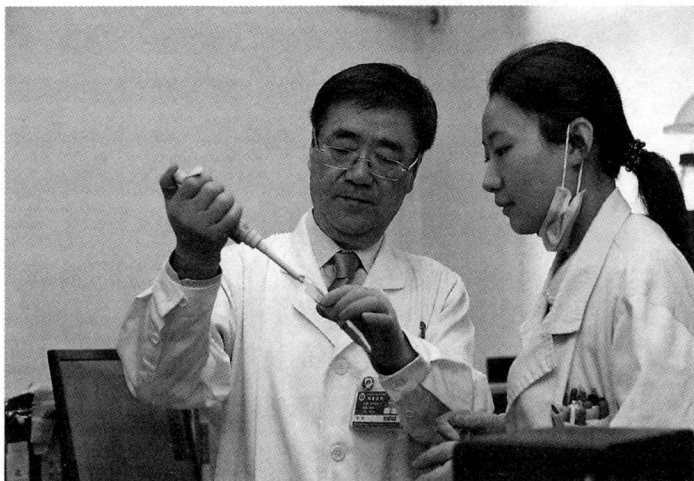

宁光在实验中

疾病生物样本库，对20余种糖尿病危险因素进行细致研究，提出糖尿病及其大血管病变的临床防治新方案。

常有人质疑医生为什么要做科研？"临床上发现问题，到实验室去分析原因，并寻找方法来解决，然后回到临床来解决病痛，最终提高疾病的诊断率、治愈率和生存率，这是一个完美的循环，也是转化医学的真谛！科研不仅使我们对致病机制的理解更深刻，而且有助于新诊治方法的发现，提高工作效率，从根本上解决临床问题。作为国内顶尖医院的医生，我们有责任也有义务为医学的发展做出努力。做出成果，通过发表论文、转化成果来和全世界的学者一起分享新的知识，这是人生一大乐事，我做科研，我很快乐"。宁光教授在前不久举办瑞金医院青年论坛上对大家说出了肺腑之言，赢得满场掌声。

"跟着他,我知道我会成功"

提到宁光院士,瑞金内分泌科副主任刘建民教授打心眼里佩服,"跟着他,我知道我会成功的",一向内敛的刘建民教授说出这句话让大家都感到动容,"宁光教授视野开阔,高瞻远瞩,经常有许多富有创意的金点子,而我们整个内分泌科团队也在他的激励下锻炼出超强的执行力,许多我们原本认为不可能完成的任务最后都成为现实,宁教授对我们最常说的是,要上一个能级,想别人所未想,做别人所未做,我们才能实现跨越式发展。"

瑞金医院内分泌始于上世纪 50 年代,经几代人努力而声名远播,在垂体肾上腺疾病、糖尿病、甲状腺疾病等诊治上均处于国内领先和国际先进水平。作为团队领军人物,宁光教授深感责任重大,他对科室的医生们在生活上非常和蔼宽容,但在工作上却严格要求。一方面,他打造良好和谐的环境,给年轻医生各种锻炼机会,使得他们知识全面、经验丰富,又能学有专长、术有专攻。另一方面,他在学科内建立了竞争机制:首先是学科成员个人竞争,鼓励学科成员申请课题、发表论文,建立工作量考核制度,进行考核奖惩;其次是不同课题组间竞争,值得一提的就是课题组长负责制——课题组长负责基础或临床科研的一个主题,向学科负责人和学术委员会负责,不仅可自主使用课题经费,还有决定聘用课题组成员的权力,但当课题组 1 年以上未能申请到足够数额的课题经费时,此课题组就自动取消,实验室及仪器设备等

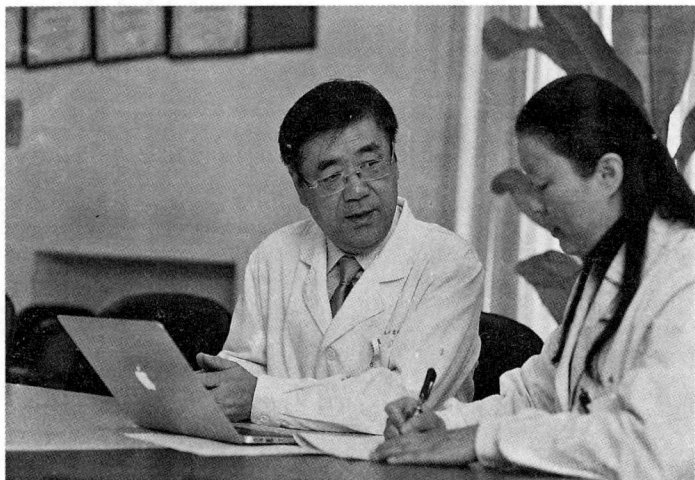

宁光与学生

转给其他课题组。通过这种合作—竞争的机制，内分泌科人才快速成长，目前内分泌科的第四梯队平均年龄只有 30 岁左右。

　　宁光院士的学生毕宇芳说，"宁教授让我体会最为深刻的就是他矢志不渝地对青年人才进行培养。为年轻人创造最好的环境和氛围，科里从周一到周四，每天中午都排满科研活动，周一是科所研讨会、周二是外请专家报告、周三是宁院大查房、周四是研究生工作汇报，宁院每个月都不定期地找我们这些课题组长探讨小组工作情况可以说我们完全是在他的推动下大踏步地前进。而许多课题都是他提出的理念并在他的指导下推进并获得成功的，但是他总是把通讯作者让给我们，这不但是鼓励，更是鞭策！"

　　"宁光教授好像内分泌科的大兄长，他心胸宽广，乐于助人，营造了瑞金内分泌团结和谐的氛围，自己特别认真钻研，我们内分泌十个亚专科他每个专科都很精通，每个课题组他都很关心，哪怕不是他的研究生也都一样可以获得他的帮助和指导。而每个内分泌研究生所做的工作都会有所延续，作为铺垫给师弟师妹继续传递，所以瑞金内分泌虽然每年都成果斐然，每个人都感觉到压力，但大家都特别开心地一起工作、一起学习，这就是宁光教授的魅力。"王卫庆主任赞叹。

"如果一个学科后继无人，哪怕自己一个人做出再大的成就，从本质上来说也是失败的，我的老师在培养我时不遗余力，我也会传承这份精神，让瑞金内分泌永续发展。"宁光教授如是说。如今，瑞金内分泌学科人才济济，形成了国内罕见的内分泌"人才高地"。现在，宁光、王卫庆、李小英、刘建民已担负领导学科发展的重任，而洪洁、毕宇芳、顾卫琼、王启迪、赵红燕、王晓已能独当一面，同时崔斌、张翼飞、顾燕云、曹亚南、王计秋、张志国、苏鋋为、蒋怡然、刘瑞欣、徐敏、徐瑜、朱巍等一大批青年才俊已展露头角，这些闪亮的名字在各大人才项目榜中熠熠闪光，而且，这个名单很长很长……

"中国内分泌因为有他更强大"

"内分泌学科牛人辈出，以前也曾有过文人相轻的个别现象，但是每位学界大佬都对宁光教授心悦诚服，因为他乐于助人，不但对科内每位医生都坦诚以待，哪怕是学科竞争对手也都毫无保留，"王卫庆主任讲了个小故事，"有一次外

地一家医院想派人来学习我们最新的一项实验室技术,这种
操作不像临床技能那样需要经验,抛开理念不谈,操作技术
很容易就能学会。我有点担心从此我们就少了一个拳头产
品,但是宁光教授很高兴地接受了对方,他说,"别人的进步
可以促使我们更向前进。"因为他的大气谦和,团结了所有的
中国内分泌人,在宁光教授任中华医学会内分泌学会主任委
员的时候,他成功地申办了 2016 年的国际内分泌年会,这也是
每个内分泌人梦寐以求想要参加的盛会第一次在中国举行。

宁光与同事

　　宁光教授为中国内分泌学科做了许多突破性和开创性
的工作,他推动成立了内分泌中国医师学院,并带头编写教
材、设计考题,对全国的内分泌医师进行培训和考核,以期使
得国内基层内分泌医生的诊断和治疗都达到规范和统一;他
组织了地级市内分泌医生联盟,培养他们的临床研究能力,

以提升全国内分泌医师的整体水平。"中国内分泌因为他而变得更强大。"上海医学会内分泌学会主任委员王卫庆教授如此评价。

瑞金内分泌有一本引以为豪的国家核心期刊——《中华内分泌学杂志》,刘建民博士开始接受杂志的编辑工作时,正逢国人追捧 SCI,中华期刊的投稿质量也参差不齐,正当刘建民感到困惑时,宁光教授找到了他,叮嘱道:"办好这本杂志就是给中国内分泌医生办好舞台",并递给刘建民写得满满的两页纸,里面有许多建议,比如走出编辑部,主动向各地内分泌医生约稿;开发新媒体,通过新媒体来传播杂志的影响力等,更提出了办刊目标:全球内分泌代谢新知的中文传播者。刘建民感到了压力,更被深深地感动。他说,"宁光教授对我们提出的要求从来都不是轻而易举就能做到的,但我们感受到更多的是他的全力支持,让我们感到做事有方向,背后有支撑。"

其实,瑞金内分泌还有一本英文学术杂志——*Journal of Diabetes*,早在 2009 年,当国人连发表 SCI 都还很稀罕的时候,宁光教授就提出要办一本英文杂志,当时每个人都觉得不可思议,而当宁光教授提出 5 年内要把杂志办进 SCI 的目标时,大家更加觉得不可能,但是秉持着一颗要"发出中国内分泌应有声音"的理想和坚持,这本新生的杂志 2 年就被 pubmed 收录,3 年就进了 SCI,成为了亚太地区最重要的国际糖尿病杂志。

"我们的成就应该和中国的地位相匹配,国家富强了,内分泌学科也应该在国际上发出中国声音,也应该有与国力匹配的国际地位。"宁光教授身体力行，他带领的团队因为创新性的临床、科研以及大样本的研究工作，产生了糖尿病危险因素调查、双酚 A 研究、白色脂肪棕色化等一系列国际瞩目的成果，引起国际学界高度重视，也使得中国内分泌学研究跻身国际领先行列。为了表彰他对内分泌学做出的贡献，美国内分泌学会 2014 年为他颁发"国际内分泌学大奖"，以色列内分泌学会也颁给他终身成就奖。

宁光与学术团队

胸有凌云志，勇向险峰攀。宁光院士始终如一，他不会因为艰难险阻，而动摇攻关克难的决心；他不会因为过往功勋，而收敛不懈追求的热情；更不会因为功名利禄，而迷失奋斗拼搏的方向。医学，因为有他而更精彩！

（朱　凡）

踏踏实实做事　规规矩矩做人

——记中国工程院院士张志愿

张志愿院士

张志愿(1951—　)，江苏吴江人，中国特色口腔颌面外科传承和发展者之一。1975年毕业于上海第二医学院口腔系。曾任上海交通大学医学院附属第九人民医院院长，现任国家级重点学科-口腔颌面外科学科带头人，上海市口腔医学重点实验室主任、中华口腔医学会副会长；中国抗癌协会常务理事，中国抗癌协会头颈肿瘤专业委员会名誉主委，主任医师、教授、博士生导师。擅长口腔颌面部与头颈部肿瘤的诊治，尤其是口腔颌面部晚期恶性肿瘤侵犯颅底的颅颌面联合切除术、侵犯颈动脉的颈动脉移植术以及口腔颌面头颈部血管瘤、大型血管畸形的诊断和手术治疗。

从医40余年来，以第一完成人获得国家科学技术进步二等奖2项、上海市科技进步一等奖2项，教育部提名国家科学技术奖自然科学奖二等奖、上海市医学进步一等奖、中华医学科技奖三等奖、《口腔科学》(第6版)全国统编优秀教材奖二等奖各1项。第一负责人承担国家"863"、"十一五"支撑计划，国家自然科学基金重点2项、面上5项等部、委级课题共 19 项;已发表学术论文 313 篇(SCI 收录 76 篇),主编专著 11 部、副主编 5 部和参编专著 11 部(英文 2 部)。《上海口腔医学》主编,全国统编教材《口腔颌面外科学》《口腔科学》主编。获何梁何利科学技术进步奖、全国优秀科技工作者、第四届中国医师奖、卫生部有突出贡献的中青年专家、上海市领军人才、上海市十大科技精英、上海市高校教学名师奖,上海市"银蛇奖"特别荣誉奖等,是第十三、十四届上海市人大代表。

2015 年张志愿当选中国工程院院士。他是国际牙科研究会(IADR)中国分会主席;国际牙医学院、英国爱丁堡皇家外科学院和香港大学牙医学院 fellowship。

不忘初心,攻克口腔颌面动静脉巨大畸形难关

张志愿是 67 届的初中生,由于受到"文革"的影响,他只得在家乡江苏吴江华莺村做农民,还兼任着村团委书记、小队会计。1972 年 4 月,作为工农兵大学生进入上海第二医学院口腔系学习,他深知自己文化基础知识薄弱,心里总有一种紧迫感,想把错过的时光补回来,于是读书格外用功勤奋。

1975 年 7 月大学毕业后,他以优异成绩被留校进入上海第九人民医院口腔颌面外科工作。整整 7 年,张志愿是一位名副其实的"住院医生",几乎日日都是宿舍、手术室、病房三点一线,跟着我国口腔颌面外科开拓者——邱蔚六教授做手术,还一个人分管负责病区的十多张床位。晚上有急诊,他也随叫随到,哪怕只是在一旁做助手,他都视之为难得的学

习机会。

7 年的时光，打磨出一位开刀好手。可张志愿并不甘于只做一名"开刀匠"。"目睹邱蔚六教授的独具匠心，我一心想成为他的研究生。"张志愿终于在 1986 年 9 月,36 岁那年放弃了医院党委副书记兼党办主任的职位，攻读邱蔚六教授的硕博连读研究生，成了班级里年纪最大的学生。

聆听导师邱蔚六院士教诲

"当时在口腔颌面外科领域，大面积口腔颌面动静脉畸形被视为手术的禁区，直径超过 10 厘米的畸形瘤几乎无人敢碰。而病人只能忍受病痛的折磨，不仅难以入睡或进食，还有可能随时突发出血，危及生命。我清晰地记得，邱老师给我的第一个课题是攻克口腔颌面动静脉巨大畸形研究，特别叮嘱我是'攻克'。"他回忆道。

36 岁的"老张"，如同"老牛不怕虎"，不畏难，也不犹豫。

"领了课题后,我全身心地投入'攻克',白天开刀,晚上就一头扎进实验室,为了学习插管手法还专门跑到上海中山医院相关科室求教专家,并先后共在 15 条狗身上练习股动脉插管。"

就这样,在邱蔚六教授的指导下,3 年后的 1988 年,张志愿在国内首创"三合一"方法治疗口腔颌面部动静脉畸形,即"栓塞＋病灶切除＋整形修复组织",用一次手术就摘除病灶,圆满完成了邱蔚六教授要求"攻克"的难题。接着一篇题为《颈动静脉结扎术和栓塞后的血循动力学变化》论文,在《中华口腔医学杂志》上发表了,还得到了该杂志主编的高度评价。

向来高标准、严要求的邱蔚六教授被眼前这个硕博连读的研究生折服了。张志愿"在硕士生期间即已聘任为主治医师,在博士生期间,由于医疗成绩优异,科研成绩也好,被破格提升为副主任医师。张志愿医师在研究生期间,负责一个大组(25 张床位)的医疗工作,他胜任副主任医师职责,5 年间施行联合根治术 100 余例,并在临床带教进修医师、住院医师和实习医师。他的课题与临床工作结合紧密,对经股动脉插管栓塞技术掌握熟练,效果良好,在教学上已能独立进行大班讲课。在临床工作期间还结合课题进行动物实验研究,从理论上及其机制上阐明了栓塞技术及颈外动脉结扎后的血液循环动力学变化,在国内外均未见报道。"导师对张志愿的临床能力、科研能力做了如此高的评价,更激励张志愿在口腔颌面外科勇往直前。

理解互信，勇担风险，给予病患生的希望

"你的肿瘤已经转移到口底和颈部淋巴结，手术风险太大，为安全起见已不能……"还未等张志愿把话说完，堂堂一名男子"噗通"一声跪在了张志愿的面前。

"快快请起！"张志愿起身扶起这位病人。

原来，这名男子在一年多前就被诊断为口底癌，张志愿在门诊建议他"赶紧住院手术"，可是他怕手术后会影响自己的生活，犹豫再三。这次他向张志愿倾诉了心里话："我是一位钢琴演奏者，当时放弃手术是希望能保留艺术生命，可是怎么也没有想到病情竟发展得如此迅猛。请求您为我动手术，即便我倒在手术台上了，我也不会责怪您和您的医院。"

面对病人强烈的求生欲望和赤诚的信任，尽管明白这样的手术意味着怎样的风险，张志愿还是答应了病人的请求。张志愿组成了 6 人的手术团队，经过反复讨论制定了周全的手术方案，最终历时 23 个小时完成了这场艰难的手术。

张志愿回忆说："手术中，我和我的团队医生先将病人口底原发病灶及被肿瘤破坏的舌头、下颌骨、咽喉和颈动脉成功切除，食道后壁仅保留了三分之一左右。接着又采用病人的胸大肌、背阔肌修复了患者的舌头、口底和食道，还取了病人小腿的腓骨做了下颌骨。就这样，再造了病人被破坏了的面部和口底结构。"

手术成功了，这位钢琴家在两年后又重新登台弹起了他心爱的钢琴。

　　张志愿说："钢琴家重获新生，梦想成真，我们当医生的就觉得先前艰难付出的 23 个小时的劳累都值了，满满的成就感充盈着内心。"

　　回忆此次手术经历，张志愿在电脑里找出了当时手术的珍贵照片。当时，团队骨干医生在法国召开的国际口腔颌面外科大会上报告了这一病例后，引起了全场轰动。不久，顶尖的《口腔颌面外科杂志》也发表了该病例的学术论文。

　　"这个临床成果值得好好总结，它给了我们许多启迪。"张志愿说："其中重要的一条是我们做医生的要理解病人，医生眼中不但要有病人的病灶，更要有理解病人的需求。我们要感谢病人的信任，没有病人，哪里还能体现出我们做医生的水平。"

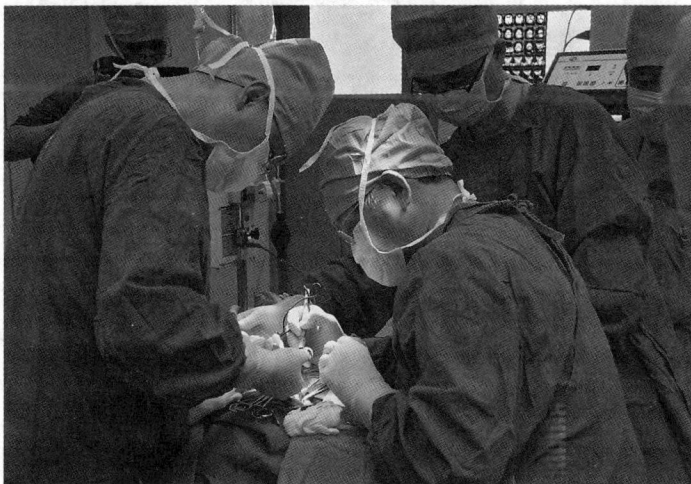

张志愿(中)在手术中

医者本能，挽救病人的生命是天大的事

在上海九院口腔颌面外科手术室里，几乎天天在演绎一些高难度的手术。

40 岁的中年男子因左耳后侧不断长大、出血的血管瘤，在当地医院接受了一次左下颌骨瘤切除术，术中为应急止血，结扎了左颈外动脉。其后，左耳后的斑块开始慢慢长高，呈瘤体，皮肤也时不时因破溃而发炎、出血。他来到上海九院口腔颌面外科求治。经检查诊断，这个巨大隆起型肿物为巨大的动静脉畸形，血供丰富，并伴有感染。会诊中，包括中国工程院院士邱蔚六教授在内的专家都认为，这是一例临床上十分罕见且极其棘手的巨大动静脉畸形，决定采用先堵后切的治疗方案。

这天手术，张志愿领衔的口腔颌面外科手术团队医生，先为患者施行术前逆行插管，用明胶海绵阻断瘤体部分侧枝血供。然后，张志愿率两名医生联手上台，术中首先保护瘤体已粗达 7 厘米、薄如纸的颈内静脉，避免颅压增高，接着分离动脉并结扎，然后在保留患者左耳的前提下，完整地切除了巨大动静脉畸形。最后医生取下了患者约 20 厘米×14 厘米的胸大肌，作修整后游离穿过锁骨，成功地覆盖于患者左耳后侧组织缺失的部位。这台手术，团队医生花了 12 个小时才取得成功。

又一天，张志愿正在手术，突然听到隔壁手术室传来紧急呼唤"张医生，快去看看，隔壁出事了。"一台手术刚告一段

落的张志愿,听到这呼唤,赶紧示意同事接过手术刀,快步奔向另一间手术室。一进门,只见一位病人口唇青紫,脖子肿得厉害,呼吸极其微弱。原来是一位舌下腺手术的病人术后结扎的动脉重新开始出血,刚送进手术室就开始窒息,因抢救人手不足,负责医生大声求救。病情危急,张志愿冷静作出判断:只有一个办法,就是立即做气管切开。他接过主刀医生递来的手术刀当机立断地飞速进行超常规手术——气管切开术。随着手术刀进入,病人呼吸困难顿时缓解了。病人的一条命,回来了。

回忆这一"飞刀"过程,张志愿的心情难以平静。"要是这一刀用力过猛,就会造成气管食管瘘;要是稍微偏一点,旁边就是两侧的颈动脉,后果不堪设想。不过那时我一点杂念都没有,救人要紧,也容不得我考虑利弊。"危急时刻的这一刀,不仅关系着病人的生命,也关系着主刀医生和自己的职业生涯,因为那时恰好处在张志愿申请主任医师的重要时期。但张志愿心里明白,"关键时刻,时间就是生命,容不得任何的私心杂念。"对于自己在那一刻果断地冲进手术室,毫不犹豫地拿起手术刀的决定,事后多次想起时,他仍十分坚定,因为他庆幸自己听从了医者的本能。

"做医生就该这样,病人是第一位的,挽救病人的生命是天大的事,否则还要我们医生干什么?"张志愿如是说。

尊师重道,爱才如渴,"邱家军"一脉相承

2016年1月13日下午,上海交通大学医学院附属第九

人民医院为 86 岁的中国工程院院士邱蔚六举行从医执教 60 年学术思想研讨会。一门口腔颌面外科学，四代同堂。作为邱蔚六院士的学生、如今已接过导师接力棒的张志愿院士心中无限感慨，他在研讨会上朝恩师邱蔚六院士深深鞠了一躬。回忆起当初师从邱老师的情景，他感谢恩师在医术、仁术、做人、做事等各方面带给他的指引和启迪。同时，他也期冀"邱家军"弟子们将恩师钻研创新的精神、大医精诚的理念代代传承。

从 1975 年融入上海九院参加口腔颌面外科医疗工作至今已经 41 年，如今张志愿已培养了 41 名博士、3 名博士后和多名硕士。他师从邱蔚六院士的经历，让他深深体会到一名优秀医生的成长离不开前辈的提携与帮助。

"我要像导师悉心爱护我一样，也百般爱护自己的学生。"为了学科的蓬勃发展，为了"邱家军"的代代传承，张志愿已把这句话深深地烙在了心坎上。面对学生，他既是严师，又是伯乐。

现已成为博士生导师的蒋欣泉医生说起了一则往事。那年，蒋欣泉刚刚获得博士学位，面临职业选择，回了一趟无锡老家。谁知刚踏进家门，门铃就响了起来。开门一看，竟然是导师张志愿来了，张老师是为了蒋欣泉的留校问题，专门从上海赶来。

蒋欣泉说："张老师不但重视人才培养，更加爱惜人才，他常说的一句话就是'人尽其才、才尽其用'。他深知留住人才是难题，所以以情留才，以心留人，只要是我们遇到困难了，他再忙也会放下手头的事来解决，哪怕是促膝长谈至深夜,也要解决思想上的困惑才放心。'经师易遇,人师难求。'张老师在学术上引领我们攀登一个个高峰,更在为人上教导我们要高调做事、低调做人。"

"'古之学者必严其师,师严然后道尊',这是对张老师做学问最真实的写照。张志愿用严谨到近乎苛刻的治学态度要求自己,对学生也很严格,但言之有理、言之有法。他给予学生更多的是关爱、宽容,但不迁就。张志愿还经常跟学生讨论课题、拉家常、谈发展,叮嘱学生们注意身体。在这个偌大的城市里,他像一位慈父,让学生们始终觉得有依靠有归属感。

"另外,张老师还注重学生的个性培养。适合的才是最好的,张老师针对每个学生的特点,个性化设计培养发展道

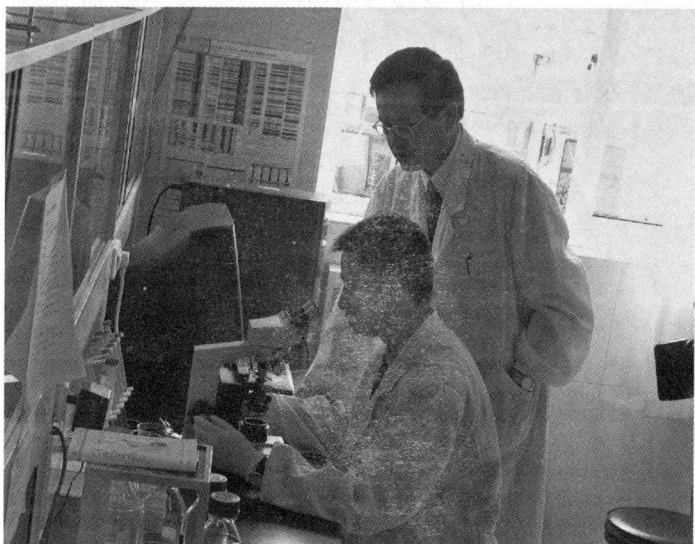

张志愿院士指导学生蒋欣泉

路,可谓用心良苦。如今张老师的硕士、博士和博士后学生已遍布全国各地,桃李天下。即使在上海九院也分布在口腔领域的各个科室,为口腔各专业的发展培养输送了大量的优秀人才。"蒋欣泉如是说。

张志愿登门访问蒋欣泉后,蒋欣泉不再犹豫了,毅然决然地留在上海九院。这件事如今已过去15年了,蒋欣泉不仅是国家杰出青年基金获得者,教育部"长江学者"特聘教授,科技部中青年科技创新领军人才,教育部新世纪人才,而且还成为中华口腔医学会口腔修复学专业委员会副主任委员、中国生物材料学会骨修复材料与器械分会口腔及颅颌面生物材料及应用专业委员会主任委员。还先后荣获国际牙科研究会(IADR)Hatton 大奖、上海市科技进步一等奖、上海市卫生系统青年人才最高荣誉"银蛇奖"一等奖等奖项。近日,又获得了第二届树兰医学青年奖。看着学生们取得的成绩,身为老师的张志愿为他们感到欣慰。

耐心倾听,搭建医患关系信任的桥梁

过去很长一段时间里,我们的医疗模式更多的是把病人视作一个客观的对象,大多数医生的眼睛里只看到病。而事实上,病人的心理状态、生理状态,还有他所处的环境以及他对于社会的理解等诸多因素都会影响他的病情,所以病人是一个整体。

张志愿常常说,医学院毕业的学生,智商都没有问题,但做临床医生则必须具备情商。医生是与病人打交道的职业,要倾听病人的讲述、要给病人做检查,这个交流过程很能体现出医生情商的高低。要想获得病人的信任,不仅要有智商,更考验医生的情商。

最近,上海交通大学口腔医学院张煦等5名学生完成了一项"医学生医患沟通能力评价"的调研,选取了上海交通大学医学院附属第九人民医院的实习生与住院医生共计400名左右参加调研。调研结果发现,在医患沟通行为量表六个维度中,"沟通意识"和"病情外关注"得分最低,"这正说明医学生在大学期间就应该上好《医患沟通》的人文课,而我们的临床医生则应该好好地在"沟通意识"和"病情外关注"等方面进行补课。"

张志愿是这样说的,也是这样做的。

"在临床上,我要求学生不要急着看病人的检查报告,而要耐心地倾听病人的讲述,特别是病情外的关注,往往细微的一句话背后,可能潜藏着疾病的蛛丝马迹。然后再仔细给病人做体格检查,结合主诉和体格检查结果进行综合分析判断后,才去看B超、CT或磁共振的检查结果,这样才能真正提高诊疗效果。"

张志愿还说:"耐心地倾听病人的讲述,不仅能帮助医生作出更为准确的判断,还能增加病人对医生的信任感,而这一点恰恰是当下的医患关系中最为缺乏的。我一直告诉学生,要想获得病人的信任,不仅要有智商,更考验医生的情商。医生所必须具备的情商,绝不是在于敷衍病人、打发病人的技巧,而是要真心和病人交流,取得他们的信任。有些医生可能会把理由归结于病人太多,没时间交流。确实,门诊时间是有限的,但在有限的时间里还是可以用浅显易懂的语言把病情给病人讲清楚。给病人信心,他就不会感到绝望,也就更能配合治疗了。"

"有一个案例:一位病人在某大医院排了 3 小时队挂上专家号,又等了 2 小时看上了病,结果就诊只持续了 3 分钟。他最终投诉了,但投诉的不是'只看了 3 分钟',而是专家在这 3 分钟里根本没有看他一眼。这则极致的案例很发人深省。同时,我很赞成上海交大医学院为临床医学八年制(法文班)和五年制(英文班)上《医患沟通》人文必修课。正如该院的一项研究表明,接受过培训的学生与未接受过培训的学生在沟通能力上有较大差异,接受过培训的学生医患沟通能力会更强,进入临床后他们会更耐心地看着病人的眼睛、倾听病人的讲述。"张志愿侃侃而谈。

承前启后,可持续发展中国特色
口腔颌面外科

张志愿在口腔颌面外科领域从医执教已 41 年,从住院医生做起,无论是做到科主任、院长、主任医师、教授,还是做到国家重点学科带头人、中华口腔医学会口腔颌面外科专业委员会主任委员、中国抗癌协会头颈肿瘤专业委员会主任委员,他始终坚持白天做手术,晚上做研究的师门传承,结合临床做基础研究,以提高临床疗效为己任,并以第一完成人获得"口腔颌面部血管瘤与脉管畸形的临床治疗研究""口腔颌面部肿瘤根治术后缺损的形态与功能重建"2 项国家科技进

习近平同志(时任上海市委书记)为张志愿颁发上海市科技进步一等奖证书(2007 年)

步二等奖,还获得何梁何利科技进步奖。

他的主要学术贡献,一是采用多个血管化游离组织瓣串联术、高位颈动脉重建术、个体化综合序列治疗的新策略,破解广泛侵及颌面颈部、颅底和颈动脉的晚期口腔癌的治疗难题,显著提高患者生存率和生存质量。二是采用栓塞供养动脉后病灶切除并即刻整复术、双介入栓塞术、瘤腔栓塞后病灶切除并即刻整复术,突破头颈部难治性血管畸形的手术禁区,变不治之症为可治之症。他首创的高位颈动脉重建术,得到了美国头颈外科学会前任主席的高度评价,称"对于全世界同行具有重要借鉴意义"。

2008 年 9 月 16 日—20 日在美国华盛顿西雅图召开了

第 90 届美国口腔颌面外科医师协会（AAOMS）学术年会。
中国口腔颌面外科学会（CSOMS）首次被邀与美国口腔颌面
外科医师协会（AAOMS）一起联会举行。中国内地代表 35
名，加上香港以及留学美国的医师和已在美国参加工作者共
40 余人参加了这次会议。在开幕式上，时任中国口腔颌面
外科学会主任委员张志愿教授作为 13 位主席团成员之一就
座主席台，以联合主席身份代表中方致辞，并受邀做大会主
题发言（Keynote lecture）。2003 年，中国口腔颌面外科学会
与中国香港口腔颌面外科医师协会联合申报 2009 年在上海
举办第 19 届国际口腔颌面外科学术大会（ICOMS），经过与
6 个国家的竞争，我们获得了主办权，大会有 78 个国家参加，
张志愿教授任大会组委会主席。邱蔚六院士评价为：从某
种意义上说，2008 年的西雅图会议和 2009 年的第 19 届国际

张志愿在西雅图会议做大会主题发言

口腔颌面外科学术大会,是我国口腔颌面外科学发展的第 3
个里程碑。

　　由张志愿作为学科带头人领衔的上海九院口腔颌面外
科 2010 年被 IAOMS 认证为国际专科医师培训基地,2014
年被英国爱丁堡皇家外科学院授予中国首个口腔颌面头颈
肿瘤培训中心,这个培训基地和一个培训中心的命名,标志
着我国口腔颌面外科学已走向世界,彰显了我国口腔颌面外
科学在国际上的学术地位和影响力。

上海九院口腔颌面外科被英国爱丁堡皇家外科学院授予中国首
个口腔颌面头颈肿瘤培训中心

　　张志愿的导师邱蔚六是我国第一位口腔科院士,他作为
邱院士的继承者,深感责任很重。他希望口腔颌面外科能有
一个可持续的发展,涌现出更多优秀的专家。

近年来,张志愿苦苦琢磨的是口腔肿瘤的治疗。为什么得的是同一种病,由同一位医生开的刀,但结果却那么迥异——有的病人可以活十几年,有的在手术后便匆匆离世?为了探究其中的个体差异问题,张志愿与团队开展了一系列研究。当问及他的愿景时,张志愿则坚毅地回答:"是争取国家级的口腔肿瘤重点实验室,同时在建立生物样本库的基础上,进一步探索肿瘤细胞对不同药物的敏感性,开展综合序列治疗研究,即探究化疗、放疗、靶向治疗等肿瘤治疗手段与手术如何结合,以提高患者生存率。"

先做人,后做事,规规矩矩做医生

作为上海交通大学医学院附属第九人民医院的第四位中国工程院院士。难免大家会将四位院士比较,每每此时,张志愿院士都会说,"张涤生院士、邱蔚六院士、戴尅戎院士是我的前辈,是我的老师,我是长期在他们的熏陶下成长起来的,不论是在行医还是做人方面,他们都深深影响着我。"

他常说,现在大家都提倡要以病人为中心,可总有医生做得并不尽如人意。过去很少有这种提法,而三位前辈却始终对病人怀有一种感恩之心,因为每一位医生的成长都离不开病人。他们对每一位病人极端认真负责,无论病人的贫富和职业差别,都一视同仁。哪怕是一个再小的手术,都十分用心。最重要的是,三位前辈都强调先做人、后做事。我也是按这个理念,自我要求并教育学生的:一定要规规矩矩做医生。

什么是规规矩矩做医生呢？张志愿说，有外地来求诊的病人，明明患的是早期肿瘤，做完切除手术后不必长期化疗，可当地医生偏要他长期化疗和大剂量放疗，结果病人不仅承受了诸多痛苦，还花了冤枉钱。这些过度治疗的行为，在他看来就是没有规矩。这种医生的医学知识何在？治疗理念何在？如果明知这不符合治疗规范，还为了经济利益这么做，那就根本不配当医生。如果连做人都做不好，还谈什么做医生。

记得一次午餐后，科里许多学生未把一次性餐具扔进垃圾桶里，甚至有人说出了"有保洁阿姨在啊"的话语。张志愿闻及，当时就严肃地指出："阿姨是你们的母辈，不要把阿姨当作你们的佣人。"不论是面对教授，还是保洁阿姨，他都要求学生们要有基本的尊重。因为在张志愿心里，做人不仅要看你怎么对待病人，还要看你如何对待身边的人。

练习书法，修炼心性，保持医术生命

张志愿院士的办公室并不宽敞，但却充满人文书卷气。书柜前铺着毛毡，摆放笔墨纸砚文房四宝及镇纸的一张桌子分外引人注目。儒雅且质朴的张志愿说："自己毕竟是六十开外的人了，要保持手术台上的活力，锻炼手指的灵活性，练习书法是一条保持医术生命的路径。早晨或晚间，特别是夜深人静的时候，我喜欢铺开宣纸蘸墨挥毫，尤其是书写小楷，更能增强自己作为开刀医生的注意力、观察力和思维力。"

不久前驾鹤西去的张涤生院士，曾在 98 岁高龄时用毛笔手书了一张自己的"人生踏步前进年历表",赠予张志愿。张志愿将这纸近百岁的人生感言裱了起来,放在自己的办公桌前。"张老师直到90岁还在手术台上为病人发挥余热,我将永远视其为楷模,活到老,学到老,做到老。医学没有止境,永远都有缺憾,我没有理由不努力。"

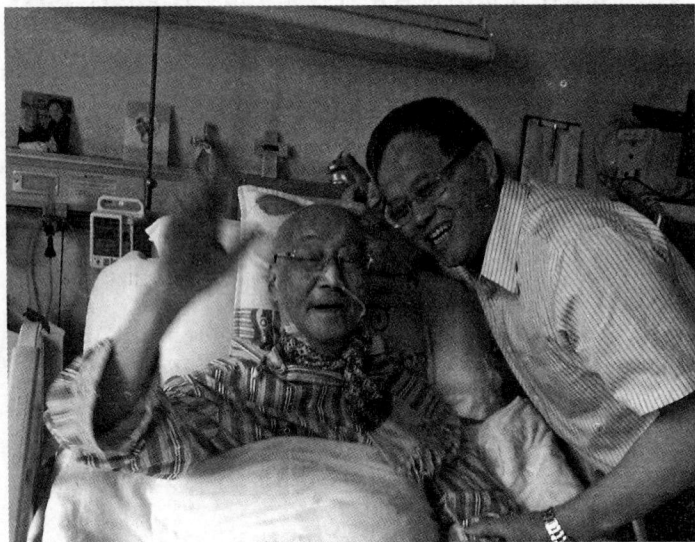

张志愿探望张涤生院士

凭着手里的一把刀,张志愿挽救过许多病人的生命,而他最大的心愿却是,有一天病人不再需要手术,他能"扔掉"手里的这把刀,让患者少吃苦头,甚至只需要服用个体化的药物就能战胜肿瘤。为着这个目标,他一直在路上。

（胡德荣　徐　英　吴莹琛）

后　记

　　《医源大家》是"医源"系列丛书的第二本,作为《医源传奇》的延续,它以同样的方式记录了当代上海一批医学大家的成长轨迹与杰出成就。这些著名医学家将所有的才智和热情都奉献给了他们终生热爱的事业,在救死扶伤的崇高信仰引领下,倾尽心力探索钻研,为我国医疗卫生事业的建设发展作出了不可磨灭的贡献。

　　与《医源传奇》中所记载的那些第一代学科奠基人不同的是,《医源大家》中的主人公们大多数从和平年代开始医学生涯,数十载光阴,几代人耕耘,他们的故事更多地与我们祖国的建设发展紧密相连,见证了新中国医疗卫生事业的历程,从一无所有到繁荣昌盛。这些"大家"就生活在我们周围,与我们朝夕相处,正因为如此,这些故事对我们而言,也更亲切,更有感染力。他们曾经从十平方米的实验室起步,他们卧病在床还坚持修改学术论文,他们以渊博学识为学生传道授业,他们更以独特的人格魅力组建团队刻苦钻研……

在医学科学领域如何走出一条创新之路，是我们面临的共同课题，毫无疑问，《医源大家》中的科学家们，用他们的严谨治学精神和杰出科研成就，为我们指明了未来的方向。

时光荏苒，岁月如歌，本书第一版出版时恰逢上海交通大学医学院建院 60 周年，这次出版增订版已是迎来建院 65 周年。除了在内容上有所修订，还增加了 2015 年底上海交通大学医学院新增的三名院士的介绍，全书共记录了中国科学院院士两名、中国工程院院士十三名的事迹。在此，我们满怀敬意，将《医源大家》作为一份献礼，献给为交大医学院建设发展作出贡献的医学大家，我们也真诚地希望广大医学同仁和莘莘学子能够从这些事迹中获得启迪，以他们为榜样，为攀登医学高峰而奋力前行。

最后，衷心感谢为本书编写工作付出辛勤劳动和不懈努力的各位同志！